誰與爭鋒

美國華人傑出人物

石麗東——著

臺灣商務印書館

萬卷書籍，有益人生
——「新萬有文庫」彙編緣起

　　臺灣商務印書館從二○○六年一月起，增加「新萬有文庫」叢書，學哲總策劃，期望經由出版萬卷有益的書籍，來豐富閱讀的人生。

　　「新萬有文庫」包羅萬象，舉凡文學、國學、經典、歷史、地理、藝術、科技等社會學科與自然學科的研究、譯介，都是叢書蒐羅的對象。作者群也開放給各界學有專長的人士來參與，讓喜歡充實智識、願意享受閱讀樂趣的讀者，有盡量發揮的空間。

　　家父王雲五先生在上海主持商務印書館編譯所時，曾經規劃出版「萬有文庫」，列入「萬有文庫」出版的圖書數以萬計，至今仍有一些圖書館蒐藏運用。「新萬有文庫」也將秉承「萬有文庫」的精神，將各類好書編入「新萬有文庫」，讓讀者開卷有益，讀來有收穫。

　　「新萬有文庫」出版以來，已經獲得作者、讀者的支持，我們決定更加努力，讓傳統與現代並翼而翔，讓讀者、作者、與商務印書館共臻圓滿成功。

臺灣商務印書館前董事長　王學哲

推薦序

王鼎鈞

　　石麗東女士是學院出身的新聞界精英，明理論而通實務，中英文俱佳，報導文學的名家，華文文壇的聞人。

　　近年來，她把注意力放在美國華人對美國的貢獻上，訪問許多位代表性的人物，出版專書。她的文筆融合了新聞和文學，兼二者之長，當行出色。我讀過她的《成功立業在美國》，分科學篇和人文篇兩冊，文采斐然，印象深刻；現在這本新著更有後來居上之勢。

　　這本新著的聚光燈射向另一層面：像諾貝爾物理獎得主丁肇中，第一位進入太空的華人王贛駿，芭蕾舞明星李存信，高分子物理學家韓志超，雕塑家王維力，製藥界女強人唐南珊，都是我們很想了解的人，我們那有機緣一一接觸他們？現在只要讀這一本書，豈止事半功倍，直可舉一得十。

　　都說讀名人傳記可以勵志，讀華人移民在美國成功人物的傳記，還可以加上：提升華人的地位，增強新移民樂觀奮鬥的意志。讀石麗東女士的人物訪問，如孤立獨行的人遇見堅強的同伴，親切中有見賢思齊的決心。尤其是讀用中文寫成的書，更覺得專為我而寫。

　　炎黃子孫，風播海漂，不如意事常八九，到底還是有許多人活出銅像的樣子來。中國國內的人讀這些著述，看見這些令人尊敬的形象，也得到很大的安慰。這樣的書不僅「為我而寫」，也為我們的子孫而寫，願皇天不負有心人。

細讀專訪採得智慧

喻麗清

2010 年海外華文女作家協會是在臺北召開，這次大會是二十年來，每兩年一次的大會中最圓滿成功也最令人難忘的一次，大會籌辦人就是時任副會長的石麗東。

當時來致開幕詞的是蕭萬長副總統，會議的最後一天，石麗東又宣布馬總統要在總統府召見作家代表，所有與會的女作家們都感到無比的驚喜與興奮，紛紛對她說道：「麗東，你的本事真不小啊！」

她的本事除了面子大肯辦事，辦起事來認真到不行，她還寫過一本重量級的新聞教科書：《當代新聞報導》（正中書局出版），印行五刷，被政大、臺師大、文化和成功大學等校新聞課程採作堂上讀物。這是一本高水準的專業書，除了新聞報導，她也擅長於人物特寫。

近年來報導文學成為文學創作中重要的一環，實在是順理成章的事，因為新聞和資料在電腦網路上找尋起來易如反掌，但是要把兩者結合成文學作品並不那麼容易。

石麗東在政大新聞教育受過七年的專業訓練，加上她從小對文學的酷愛與執著，自然的走上了這報導文學的路子。

此書共收錄三十餘篇專訪，每篇約四千字左右，包括科學家、作家、畫家、企業家及法官等，有些曾發表過，因採訪資料珍貴，具華人在美奮鬥的史料價值，故添加新頁，重新整理，留作紀錄，絕非閱覽網上資料可以成之。

從她的文章裡，我們不難嗅到新聞的時效性，可貴的是她還能讓讀的人得到智慧，並且從她深度的提煉中得到知識。譬如：寫丁肇中，她帶領我們進入宇宙探索反物質；寫第一位華裔太空人王贛駿，不僅讓我們知道被選做太空人的不易，還讓我們了解在太空中做實驗的艱難和實驗儀器發生故障時的驚險；寫韓志超，讓我們知道高分子學科可以應用到汽車的回收和人工皮膚上等等。

　　她寫太空與科學家似乎總能深入淺出，但她私下用功之勤，可能不是一般人所能想像的，她卻從不說教也不炫耀，平實穩重，情理相融。

　　報導文學的採訪有點像沙中取珠，如果不是她的精挑細選，凝聚與努力，我們也就沒有這本書可讀。

　　下筆有原則，文字功力深，讀完此書，我對她由衷的敬佩，她的執著與毅力，我望塵莫及，要我寫序，我一面汗顏一面沾光，但我真的覺得能被她寫進此書的人是有福的。

　　　　　　　　　　　　　　　　　2012 年 10 月 26 日

　　　　　　　　　　　　　　麗清 於加州柏克萊市

序〈石麗東作品集〉

少君

　　第一次見到石麗東，是在幾年前臺北的世華會議上。那天晚上，我們倆同時被我一直尊以為師的《聯合報》社長張作錦先生約出餐敘。在飯桌上，我才知道石麗東不但是當年政大新聞系的才女，亦是曾在《中央社》和《休士頓郵報》工作過的媒體人。雖然我們都來自美國，甚至一度都住在德克薩斯州，但由於各忙各的，前此未曾見過面。

　　當晚，石麗東給我留下的印象是細語輕聲和溫文爾雅。後來得知這位美南華文作協首任會長和海外華文女作家協會會長，在臺北成功地組織策畫了一次大型作家會議，全體代表還受到馬總統的接見和首肯，這真讓我對她不得不刮目相看。

　　現在，再看到石麗東的這些文字時，又是一番感慨。回溯以往，我們這些背井離鄉的人曾閱讀過許多華人漂泊海外的動人篇章。從上個世紀初郁達夫的《沈淪》，到了六〇年代末白先勇的《紐約客》、於梨華的《又見棕櫚，又見棕櫚》，再到八〇年代風靡一時的《北京人在紐約》、《曼哈頓的中國女人》等等。這些作品寫出了老一輩海外華人作為社會「邊緣人」和「無根一代」的精神痛苦，曾經滿足了許多讀者精神上的獵奇和窺視之欲。

　　隨著時光流轉，海外華文文學走過了追求傳奇性和揭示東西方文化的衝突與對立的階段，爾後開始著力於描述民族與社會的相融與和諧。正如本書所描述的那些故事和人：尋找另一

半宇宙的丁肇中、第一位華裔太空人王贛駿、高溫超導先驅朱經武、來自山東的芭蕾王子李存信、揚名異域的雕塑家王維力……等等。

這些人物的出現，所表現的是一個帶有普遍意義的主題，即人類的自信與地位在「漂泊」的現代生存環境中，只有越來越強，而不是越來越弱。

寫作是一個私人性的創作行為，但文字卻是大眾交流的工具。石麗東的文字樸實無華，但真實感人。其實我們每個人的一生都是一部作品，但人生中最難忘的時光是否能成為美好回憶？則取決於個人的情感和悟性。而讓一個人的人生成為千百萬人的記憶和感動，則取決於一個好記者或作家的文筆來描述，把這些令人難忘故事用文字存留下來，成為讀者心中永遠的記憶，同時也給這個世界留下了個體生命的斷面，猶如一張光盤，將回憶刻在歷史的畫卷之上。

看完石麗東的文字，品味她筆下那些精彩的人生，感嘆之餘，很欣賞太空人王贛駿的那句話：「一個人的生命很短，七十多年一眨眼就過去了，假如你做不喜歡的事會非常苦悶，假如做自己喜歡的事就很好過……因此我奉勸年輕的孩子，要做你喜歡做的事，如果你為別人過一輩子，就太可惜了，因為你只有這一輩子，不如替自己過。」

希望能繼續看到石麗東的文章，做她自己喜歡做的事。

2012 年 10 月 15 日

目次

行者無疆——
翱翔蒼穹的華裔太空四傑

遨翔蒼穹的太空人（太空總署照片）

自 1981 至 2011 年，美國探測太空計畫中的太空梭 Space Shuttle 總共飛行一百三十五次太空任務，其中有四位華裔太空人飛行十五次，佔去總飛行任務的十分之一強，這四人（王贛駿一次、張福林七次、焦立中四次、盧傑三次）都學有專精，獲博士學位，而焦立中在 2004 年 Expedition 10 任務中擔任「領導」——指揮官（Commander）進駐國際太空站。太空人同時也代表了人類探測太空的先鋒人物，他四人究竟如何在美國，以少數族裔的身分，獲得這份征空的殊榮，以下請先看筆者所鋪敘的歷史背景，再以時間先後為序，一一介紹華裔太空四傑的人生故事和奮鬥過程。

凡地球上生而為人的萬物之靈，十之八九有過「黑夜凝視星空」的經驗，自古以來，這件被重複億、兆回的「天人交會」的場景，忽然在半世紀之前，遭遇了一次重大的衝擊和變化！

　　就在 1969 年 7 月 20 日，當阿波羅 11 號登陸月球之時，它不僅代表人類的科學知識和技術達到空前的成就，同時也把你我和地球之外的星球，接連了實質關係，太空不再是一個代表「虛無縹緲」的名詞，月球不再是瓊樓玉宇高處不勝寒的神仙化境，而是一個實實在在的地方。

　　我們從螢光幕上看到自外太空傳播回來的畫面，眼見太空人尼爾・阿姆斯壯腳踏月球、創造歷史的那一剎，也對月球上的荒原、山丘和岩塊留下不可磨滅的印象，它重創了昔日騷人墨客對玉蟾桂魄所營造的遐想和勝境。令你此後重讀李白的〈月下獨酌〉，再也無法恣意捕捉「舉杯邀明月、對影成三人」的浪漫情懷！

　　但是人類編織故事的能力絕不因此而受挫，凡後起有關太空探險的科幻小說，依舊重複人類喜歡探險、說故事的文化傳統，新世代的作者，盡彼所能而馳騁其想像力，描繪未來的宇宙景觀。就像過去的詩歌、戲劇一樣，舉凡與科幻有關的後繼小說或電影，亦匯入眾人休閒生活中的自娛題材。

人類天生好探險

　　人類喜好探險的傳統確實有史跡的脈絡可尋？根據美國歷史學家派恩（Stephen Pyne）的觀察：西方世界的歷史共分三

個「大探險」時代，第一階段始自文藝復興的十四世紀到十六世紀，這時期的探險活動以航海為主，像哥倫布和麥哲倫諸人的冒險犯難，大致勾劃了地球上各大洲的疆域和形狀。第二階段發生在十六世紀和十九世紀之間，探險家如西班牙的 Coronado、法國的 La Sall、美國的 Lewis 和 Clark、英國的 Stanley 和蘇格蘭的 Livingston，他們的目標在於踏勘北美、非洲的內陸腹地。

　　派恩指出：第三階段始自二十世紀，探險的主要範圍是地球的南北極、海洋深處和浩瀚無涯的太空，此時期使用的工具為船隻和飛機，其中尤以「太空探險」對人類的生活產生最深遠的影響。

　　譬如現代人所使用的越洋電話和洲際電視轉播的奧林匹克運動會，都源自人造衛星的長程傳播科技。再如人在太空探測的過程當中，對宇宙、星系來源所增進的瞭解，以及氣象學上的新科技，使得人們對聖嬰潮加諸氣候的變化，臭氧層的減少、和生態環保，更能洞見癥結。凡此都因太空軌道上人造衛星所傳回的圖像與訊息，增加了學界及科研工作者對地球本身之瞭解。撇開眼前的益處不說，由於地球人口膨脹，資源殆盡，若干深謀遠慮之士，更希望能尋獲另一個宜居的星球，好替人類再造另一個安身落腳的家園。

　　希臘哲學家蘇格拉底在紀元前五世紀就說過：人必須飛騰到地球之上，俯視塵寰（哲人強調唯有如此），才能充分瞭解自己所寄身的地球。印證人類因太空探測活動所增加的科學知識，及其副產品對日常生活所帶來的便利，信哉斯言！然而太空探測活動，也反映地球上的人事紛紜和勾心鬥角的現實，譬

如太空軌道上用來做間諜、偵察的人造衛星亦不知凡幾，只因參與其事的科技先進國家皆三緘其口，一時找不著確切的統計數字。

曩昔探險家如欲向外拓展人類的生活空間，不能單憑一股雄心或滿腔熱情，首要條件是知識和技術，令打前鋒者在心理上有所依恃，勇往直前。更重要的，探險家背後還必須有一個穩定的政治環境、厚實的經濟基礎，同時社會領導重心或大眾，也能瞭解向外探測的重要，而給以支持。

鄭和發現新大陸？

事實上，華夏民族自古以來就是一個喜歡向外探險的群落，當其安內之後，必隨爾攘外；漢朝張騫通西域，大唐平吐蕃的事功，光耀史冊，直到十五世紀明成祖派遣鄭和下西洋之時，中國仍是一個無遠弗屆的海權國家，鄭和七度下西洋的傲人成就，在世界的海洋史上仍昭昭然刻記著一個重要的里程碑，1999 年 6 月 6 日的《紐約時報》由名記者克里斯多夫（Nicholas Kristof）對鄭和遠征非洲的路線和遺跡曾詳加報導，台灣的報章雜誌也因此掀起一陣鄭和熱！

尤有甚者，2002 年 10 月 31 日，有一則英國《路透社》發自倫敦的電訊指出：一位名叫曼齊斯（Gavin Menzies）的前英國潛水艇指揮官出版了一本新書《1421 年，中國發現了世界》，作者認為鄭和率領的中國船隊在哥倫布之前七十年就發現了美洲，並且比歐洲探險家早數百年繪製出世界地圖，儘管他的觀點還是假設，但是出版商環球公司已支付五十萬英鎊

的版權費，另一家行號也購買了該書的電視版權。恆常資本社會的市場價格，往往能代表「物之所值」及可信度，且讓我們靜觀這個說法所引起的後續辨證。

千禧年，中華民國行政院所發行的《光華雜誌》，在八月號的期刊中訪問了西德慕尼黑大學專研「宋、元、明海交史」的漢學家譚克教授，對於鄭和艦隊與非洲接觸的始末，有著深入的觀察，他說中國與非洲的交往並非從鄭和才開始，例如元朝汪大淵著的《島夷志略》，就提到東非，其中所描繪的情境、景觀，與事實完全吻合。

譚克教授還在這篇訪問中提到鄭和下西洋的時間，要比西班牙和英國的海權早上數十年，當時大海航行只能靠「觀星、航海圖和羅盤辨方向」，另外還有船隻的補給問題……。根據明史的記載，鄭和所用的船隻之中最大的「寶船」，長達一百三十尺，寬五十多尺，後來的西方艦隊無論在數量和大小方面與鄭和下西洋的船隻相比，都望塵莫及。

錯過現代化列車

美國漢學家費正清在他生前的最後一本著作《費正清論中國：中國新史》中指出，1479 年，明憲宗的兵部侍郎將鄭和七次出使的紀錄全部銷毀，從此中國的海外商業受到嚴格禁止。儒生出身的大臣們秉承「不患寡而患不均」的重農抑商傳統，極力反對官、民和外人接觸，中國自此退出世界舞台。費正清指出，明代的中國，手握海上的優勢條件，卻被保守派掐死，簡直像故意錯過近代科技與經濟發展的這班船。

華夏民族自明朝脫誤這班通往近代化的列車之後，直至清朝末年，西歐先後經歷了文藝復興、工業革命，和帝國殖民時代。四百年後，當東、西方再相遇，中國的門戶陸續被西方的船堅利砲打開，而晚清的華夏子民和土地，遂成為西方強權凌辱、肆虐的對象！

　　回顧近一百五十年的華夏歷史，內憂外患蝟集，由朝廷大臣和在野知識分子所發起連串的自強、維新、革命、啟蒙等救亡運動，前仆後繼，其間有一核心的改革項目即教育和教學內容的再造，引進近代科學知識和新思想。費正清在其論中國新史一書的後記中指出：「此項改變還造成一批以出國深造專長為目標的新型讀書人」。

新西潮與留學生

　　這批新型的知識分子，不僅替清末民初的中國開啟一扇觀察世界的窗戶，吸納西方新知識，回國之後成為社會追求現代化的一股主力，讓西潮和本土主流交相激盪，蔚為中華歷史上再次「胡化」的景觀（「胡化」乃相對魏晉南北朝時代北魏孝文帝入主中原而言，表面上是鮮卑人漢化，若從宏觀的文化角度看，此乃漢族在歷史進程中，讓北方胡人給老大的中原之民注入新的血液）。翻開近代留學生史頁，後來有人因國共內戰及其他種種原因（又如晚近追隨全球的移民潮），而將遊學變作落地生根，本文報導的主題——四位華裔美籍太空人：王贛駿、張福林、焦立中、盧傑，即源出此一支流。

　　他們四人以第一代或第二、三代移民的身分，先在美國學

術或科研界掙得頭角崢嶸的成就，然後通過航太總署遴選太空人的過程，進而成為探測太空計畫人選的優勝者。這是一場高手如雲的十項全能競賽。在敘述四人奪標的意義之前，不妨回顧美、蘇當年因何發展太空計畫的動機。

美蘇的太空計畫起步於半世紀之前，那年代，以美、蘇為首的自由和共產兩大陣營，冷戰方酣，1957 年 10 月 4 日蘇聯首創記錄，發射了一枚人造衛星「史布尼科號」（Sputnik）進入太空，次年又將一隻狗射進太空，證明生物在那種環境之下，可以存活。美國顯然在這場競賽的初期，屈居下風，舉國輿論和民情，為之譁然。

十個月後，艾森豪簽署「美國航空及太空法案」，又二月，復成立全美航太總署。1961 年 4 月，蘇聯發射了一個載人的太空船。美國為擊敗蘇聯太空競賽的優勢，於 1963 年擬定「阿波羅登月計畫」，六年之後實現登月的目標，爾後再繼續發展太空梭及國際太空站的策略，由於所需費用太高，美國爭取歐洲國家、日本及加拿大的合作投資，加上 1989 年蘇東集團解體，俄羅斯財政發生困難，於是逐漸和美歐的太空事業系統匯流，印證了《三國演義》作者羅貫中所說：「天下合久必分，分久必合」的千古名言。

探測太空的緣由

美國是一個民主社會，國民對於國家政策和施政都有表意的自由，鑒於進入太空的設備和儀器，必須合乎太空人生存及操作的安全條件，因此造價及成本動輒上億。對於近年來預算

數字經常超出一百億美元的太空計畫，理所當然成為朝野爭議的一個焦點。

反對者認為：地球上的貧窮、疾病和環境保育問題，一時都難獲解決，為什麼還要浪費納稅人的血汗錢，把國家的珍貴資源往太空或其他星球拋擲？但贊成者反駁：歷史一再告訴我們，凡是領導探險的先鋒國家，恆常就是世界的領袖，如果十五世紀末葉的哥倫布必須等到當時所有的社會問題都獲解決，恐怕今日世界的歷史就要重新改寫。先前西歐探險的聚焦是尋找新大陸、新市場、建立新殖民地。而今日世界的領導權之所繫在於最新科學知識和技術之掌握，無疑探測太空是取得科學新知的最重要途徑之一。

無論從表面或實質看，太空計畫皆屬科技範疇，但因費用高，必須由政府推行，它涉及國際競爭、國內民意向背和主政者的策略，換言之，美國朝野的政治行為實際左右了太空計畫的推展。顯而易見，當初航太總署的成立是受了冷戰時期對手——蘇聯發射「史布尼科號」的刺激，艾森豪總統的科學諮議委員會主席基林恩（Dr. James R. Killian）在 1958 年發表「介紹外太空」一文，列數發展太空計畫的緣由。

第一，好奇天性：人類天生有向外探奇的習性，地球表面的絕大部分已被人類探測，「外太空」理所當然成為下一個目標。

第二，國防目的：基林恩說發展太空技術的主要目的之一是防衛國家的安全，如果有人把太空用作軍事目的，美國也必須準備使用太空來防衛自己。

第三，國家榮譽：制定強勁有力的太空計畫，可以提高美

國在國際間的聲望和地位，增強在科學技術、工業和軍事方面的力量。

第四，藉著太空計畫可以進入太空從事科學觀察和實驗，增加人類對地球、太陽系和整個宇宙的瞭解。

甘迺迪總統就任後，積極拍板敲定阿波羅登月計畫，他的科學顧問魏斯諾（Dr. Jerome B. Wiesner）再度重申「太空計畫」的四大目標，他在應用太空科技方面並詳列「人造衛星通訊和廣播、利用人造衛星導航、測量地理、探測氣象及繪製地圖……都能對人的日常生活、經濟活動裨益良多」。魏斯諾並且在這篇報告中指出「太空活動」可提供世界各國共同合作的機會。後來甘迺迪總統在 1962 年的一篇演說中呼籲美蘇兩國為避免「重複和浪費」，應攜手合作登陸月球。

半世紀之後，若重新檢視當年領導人物所釐定的目標，不僅太空科技已應用於日常生活及經濟生產，就連當時認為最不可能的美蘇合作構想，也因冷戰結束，而逐步成為事實，然而美國許多專家學者也不諱言，少去冷戰競爭的因素，美國發展太空計畫的步調日趨緩慢。倘若仔細回顧其間的曲折、不得不使人感慨柳暗花明的歷史演變，包含著若干偶然和未能預見的因素，竟也達到了先前預言的效果。

不是猛龍不過江

從上列美國政府重視太空計畫的態度，可以想見航太總署對挑選太空人一事，格外審慎；該署自 1959 年設置太空人的培訓計畫以來，平均每隔一年招收一次新血，根據休士頓詹森

太空中心（負責太空人的訓練及飛行任務時的地面控制工作）公共關係室提供的統計數字：每次約有兩千餘位報名，最多的一回達到八千三百餘人（1978 年），每回錄取人數大致在二十人左右，像 1978 年首度替太空梭的飛行計畫任務招兵買馬，報名的人數格外多，錄取名單就增加到三十五人，最少的是 1985 年的十三人。

中國有句諺語：「不是猛龍不過江」，凡參加遴選的都在學術、體能、飛行技術有著相當造詣，才會進場。據航太總署 2001 年 9 月出版的《太空人簡冊》（*Astronaut Fact Book*）上指出：美國現役太空人共有一百三十九名，十七名依然是候選人，另有一百二十九人退休或轉業，二十七人去世。若依太空人的背景看；第一批皆是軍方噴射機的駕駛員，到了第二、三批仍著重飛行經驗，但有些來自民間，1964 年之後，開始看重學術方面的資格和素養。

太空人培訓中心的學員共分四類：第一類是飛行員太空人（Pilot Astronauts），結業後可分發擔任太空任務的駕駛或指揮官。第二類叫任務專家太空人（Mission Specialist Astronauts），他們在指揮官的領導之下，協調艙內的作業，或從事科學實驗，或到艙外作太空漫步。第三類稱做酬載專家太空人（Payload Specialist Astronauts），他們通常都是科研工作者，或從私人研究機構、公司借調，不屬航太總署的編制，也無須是美國公民，像來自歐洲、日本或加拿大的太空人皆此一類。第四類稱為太空飛行的參與者（Spaceflight Participants Astronauts），和前三類相較，這一項的人數較少，如教師行業當中所選出的 Barbara Morgan 以及 1986 年隨挑戰者號失事

的小學教師 Christa McAuliffe，航太總署希望來日能有媒體記者也循這一項，參加太空任務。

自 1983 年始，航太總署首次啟用女性和少數族裔飛上太空，華裔第一位太空人王贛駿，屬於第三類的「酬載專家」，當時他任職加州噴射推進器實驗室，以借調的客卿身分在 1984 年入選，85 年升空一次，目前在田納西州的范得堡大學（Vanderbilt Univ.）任教。其餘張福林、焦立中、盧傑三位屬「任務專家」類，都是職業太空人。張、焦兩位於 2005 年退休，三年後，盧傑亦結束他十二年的職業太空人生涯。

太空之中的冷熱溫差極大，時有流星飛竄，又含輻射，其浩瀚無際的黑黯蒼穹充滿凶險和未知數，太空人飛航其間，雖有三、五同僚相伴，但和地球上的生態環境相較，則被重重的緊張、孤獨包圍，航太總署因此在選拔太空人時，除了學歷經歷、體能測驗和面試之外，還須通過一套心理測驗，試測這些科學家、飛行員和工程師，如何在特殊的情況下「發號施令，或接受他人的命令」。換言之，太空人必須應變能力高強，具備團隊精神，能做大將，也願意當小兵。

獲選是一種殊榮

不論為兵為將，能夠入選太空人的培訓計畫，分派飛行任務，一睹宇宙奇觀，不僅代表個人卓越的能力，同時還可以進入一種稀罕的現代先進專業，也被視為人生在世的莫大榮譽！1970 年代中葉，美國與西歐簽定太空探測計畫，其中一項規定：各國可上一位酬載專家（即 Payload Specialist Astronaut），

美國為了獎勵日本參加國際太空站的計畫，因此讓日本先後上了五個酬載專家（日本也付了近億美元的費用），雷根總統為感謝加拿大參與百分之四的太空站計畫，也給加拿大一個名額。

晚近多位美國總統為平衡預算，精簡政府組織，已不復當年向太空撒大把銀子的魄力（阿波羅登月的壯舉，耗去美國納稅人三千億美元），太空總署的經費一再緊縮，有人大聲疾呼以「太空旅遊」（Space Tourism）的方式，集資發展太空計畫，又因茲事體大，航太總署遲遲未回應，另一方面俄羅斯的財政窘迫，也日甚一日，於是批准一位美國富豪丹尼斯‧狄圖（Dennis Tito）的申請，他於 2001 年 4 月隨俄國的太空船，進入國際太空站作六日停留，繳納兩千萬美元的登機費，這個數字等於俄羅斯全年太空預算的六分之一。早先以工程師身分服務於美國航太總署的丹尼斯，後來轉業銀行股市投資，掙得億萬家財之後，一圓遊太空之夢，因此成為人類有史以來的第一位「太空觀光客」。

「飛往太空的一次經歷」可以是美國總統為加強邦交而贈送的「外交禮物」，或億萬富翁兩千萬元買來的榮耀，或無數美國中小學生渴望達到的一個夢想；華裔太空人晉身探測太空的隊伍，也代表美國民主政治的體制下，講求「個人機會平等」原則之實現。若擴大歷史的視界，華裔進入美太空探測的計畫，實乃中華歷史潮流及國際時事交相作用的產物。顯而易見，因為中國近代科學落後，才會出現華人以少數族群兼科學精英的身分，依附美國的科技機制，飛往太空軌道。

我自古科學發達

歷史學者吳相湘在 1978 年所出版的《歷史與人物》一書中指出：中國數學、天文曆象之學自古發達，雖然 1969 年 7 月美國太空人登上月球，但中國天文學的書籍立論，並未因此受到影響。中國在二千三百餘年前的古籍上便有「渾天說」，認為宇宙無極無窮，後漢曾有「太空說」，認為天是空而無質，並且無極，朱熹也有「天無體」的認識，但歐洲人似乎在早期都說天是實體，直到十六世紀天主教耶穌會士東來，才知道中國古代有太空的理論，如今美國的太空計畫也可以說是證實了中國古代學者的想法。

吳相湘認為「中國人科學落後」之說，實在是鴉片、甲午戰爭後，失掉民族自尊、自信的中國人，人云亦云地妄自菲薄。錢穆在《國史大綱》的引論中謂，中國在清末列強紛爭的時代，何嘗不想接受外來之科學，「唯科學植根應有一最低限度之條件，即政治稍上軌道，社會稍有秩序，人心稍得安寧是也，清末雖謀科學發達，但無發達之餘地。」

華裔美籍歷史學教授黃仁宇（《萬曆十五年》一書作者）指出：中國歷代為了防患水災及北方游牧民族而實行中央集權，以明清為例，凡全國一千一百多個縣令的任免，全由朝廷號令行之，尤其地方的稅收預算也由中央管理限制，在政策上缺乏積極精神，朝廷不用權威去扶助經濟，反而強迫先進的經濟部門向落後的經濟部門看齊，這和近數百年來西方社會在經濟上，以負債經營、集合資本，培育中產階級的做法背道而馳。

黃仁宇在《放寬歷史的視界》一書的序文中說，中國過去以文士管制億萬農民，用刑法作張本，和現代社會引用商業習慣，以律師、會計師、工程師做前導，著重民法，是完全不同的兩個體系。黃教授指出，此即造成中國積弱之因。他表示中國二十世紀的革命，即顯示整個社會重新構造的艱辛過程。

華裔的科學精英

　　在此一艱辛的再造過程當中，秉承儒家傳統，「邦無道則乘桴於于海」的知識菁英，紛紛負笈海外，這類新型的讀書人，其滯留國外而未歸者，在北美洲的廿世紀中葉，有李政道和楊振寧獲諾貝爾獎的物理項，隨後陸續有丁肇中、李遠哲、崔琦、朱棣文得諾貝爾獎的物理和化學獎。

　　全美知名的華僑史學者李瑞芳（Dr. Betty Lee Sung），在1959 年出版的《美國的華人歷史和現狀》一書第十六章〈人材輩出〉中，對各行各業的傑出華人做了一番列舉，在科學方面有楊振寧、李政道、吳健雄、李卓皓等。李瑞芳教授在結語中指出，華人對他們的痛苦和成就總是沉默不語，他們過去並沒有使用激烈的手段反對美國政府的排華法案，而是以忍耐，或漠然處之的苦樂觀，來對待不平等和不公平的現象……。李瑞芳教授所言「不平等和不公平的現象」之中，有一件轟動一時、並且影響深遠的案例；此人即鼎鼎有名的中共飛彈之父錢學森，行文至此提到他，絕非題外話；錢學森在 1934 年考取庚子賠款的留美公費，專研航空工程，畢業後成為美國頂尖的航太科技專家，曾主持加州噴射推進器實驗室的研究工作（Jet

Propulsion Laboratory，英文簡稱 JPL），並且通過安全檢查，參與機密的軍事計畫。二次大戰後，隨其恩師馮卡門（Theodore von Karman）一同到歐洲審問德國火箭和噴氣機的專家。因此我們可以說錢學森是本文主題——「四位華裔太空人」的正宗同行前輩。

但是造化弄人，錢學森恰巧遇上 1950 年美國「麥卡錫時代」的恐共株連，被控為共產黨，他被捕受審後，由加州理工學院出面保釋，於自宅內軟禁五年，終於以美、中交換俘虜的方式，遣返大陸。根據張純如所著的《錢學森傳》，錢在 1949 年已正式申請入美籍，而且三十年後，讓一對在美出生的子女過了「而立」之年，回到美國求學、就業，可見他對美國社會並無惡感，由這兩件事研判，回大陸並非他的初衷，乃時事演變以及當時美國社會對亞裔的歧視態度所致。

1970 年代，曾投身爭取華裔民權運動的李瑞芳教授，在著作中回顧華人踏上美國國土百餘年的歷史，終見華人在美國的不平等地位已經獲得改善。她認為今後華人處境必較為順利，機會極多，展望未來，他們可以做出更大的貢獻。譬如以下敘述的第一位華裔太空人王贛駿，1983 年 6 月 8 日被遴選為太空人時，他所工作的加州噴射推進器實驗室共有同仁五十五人，其中十位為華裔科學家，無論從華裔人數和社會容納外來移民的態度看，都比三十年前錢學森在同一機構所處的環境要好得多。再看二十世紀末期和新世紀之交，正當壯年的焦立中和盧傑在粥少僧多的太空團隊當中，被分派升空的機會難得，而且他二人在二十一世紀之初都被分派進駐國際太空站，各自繞行太空軌道達半年之久，實屬難能可貴。

根據美國人口局的統計數字，華人同胞身列少數族裔，其平均教育程度比一般美國人來得高，也較前更為關心政治事務，在全球化浪潮的衝擊之下，許多人選擇落地生根。回顧二十世紀末的二十五年，四位華裔太空人參與美國太空計畫所走過的時代背景和路程，令人欣慰之中夾雜些許感慨！

後記

　　2003 年 10 月 16 日清晨，中國大陸第一位太空人楊利偉隨「神舟五號」返回地球，整個飛行任務共二十一小時。若以炎黃子孫進入太空的時間來排班定位，楊利偉名列第五，但他確是在中國大陸的科學機制之下，完成中華兒女的飛天夢，意義自然不同。

　　在「神舟五號」返回陸地的記者會上，中國大陸載人航太工程辦公室主任謝名苞表示，大陸載人太空工程分成三個步驟實施：第一，發射無人和載人太空船，把太空人安全送入近地的軌道，進行適量的對地觀測和科學實驗，再安全返回地面，目標是要建成初步配套的載人太空工程體系。第二，實現太空漫步，完成太空飛行器交會對接，研製、發射太空實驗室，解決有一定規模的短期有人照料的太空應用問題。第三，根據需要建立太空站，解決較大規模、長期有人照料的應用問題。

　　謝名苞總結：大陸的載人太空工程於 1992 年建立；包括太空人、太空船應用、載人太空船、運載火箭、航天發射場、航天測控通訊和著陸場等七大系統。他透露：過去發射神舟 1 到 4 號的每次直接花費是一億美元，而神舟五號的發射將近十

億元人民幣。

　　截至 2012 年為止，中國大陸的載人太空工程已完成第二階段太空漫步的任務，映對時下美國經濟不振，太空計畫預算削減的情況，令人興起十八年風水流轉之嗟嘆。由於美國科學發展的根基雄厚，並不表示一時頓挫，就會萎靡不振下去。第一位升空的華裔太空人王贛駿在 2012 年初赴北京出席「影響華人終身成就獎」頒獎典禮，稱讚中國航天事業發展有聲有色，隨後附上懇切諍言；王認為航天事業的發展要與中國經濟發展匹配，不能盲目攀附，不一味追求速度，要讓更多的人參與航天計畫。

I
科學篇

王贛駿上太空一馬當先

第一位升空的華裔太空人——王贛駿。
（太空總署照片）

王贛駿回顧他的一生：「一個人的生命很短，七十多年一眨眼就過去了，假如你做不喜歡的事會非常苦悶，假如做自己喜歡的事就很好過，比如像我晚上常常睡不著覺，因為第二天要做的實驗很令人興奮，就等不及天亮，趕快跑去實驗室看看，所以這輩子找到自己愛做的事，十分幸運。因此我奉勸年輕的孩子，要做你喜歡做的事，如果你為別人過一輩子，就太可惜了，因為你只有這一輩子，不如替自己過。」

第一位華裔太空人

王贛駿（Dr. Taylor G. Wang），是第一位進入太空的炎黃子孫。2012 年三月底，他應邀前往北京出席「影響華人終身成就獎」和「影響世界華人大獎」，王贛駿在頒獎典禮上發表遨遊太空的感想：「從太空看地球，幾乎十全十美，太空之上沒有國界，沒有缺陷，所以凡參與太空計畫回到地球之後，有半數的美國太空人都皈依宗教，因為他們覺得這麼美好的東西一定有神有菩薩，另一半就像我這樣，覺得要保護地球，因為這個地球實在太美了，而且是人類唯一的家。」王贛駿希望世界各國領袖將來有機會去外太空，氣度會有變化，世界將會和平很多。

或許為配合聲光燦爛的典禮，發言從輝煌華麗處著眼，相信王贛駿若能從留美學生或外來移民角度、談談如何爭取到上太空的機會，一定更能打動聽者的心弦。

他這次造訪北京，連連稱讚中國航天事業的發展有聲有色，隨後附上懇切諍言；王贛駿認為航天事業的發展要與中國經濟發展匹配，不能盲目攀附，不一味追求速度，要讓更多的人參與航天計畫。

希望早點退休

王贛駿博士除了一馬當先是第一位上太空的華人，同時也是第一位在太空親自動手做自己所設計實驗的科學家，待載譽歸來，受聘執教田納西州的范德堡大學，又有加拿大的科學同

行邀他結合物理實驗與醫學實驗，希望能夠讓糖尿病患者得到解救之方。為了取得最後成功，王贛駿一再推遲退休的年齡，他在 2012 年春天接受江蘇電視台記者田力的訪問時一再向愛妻道歉，並且表示：「希望我成功 的時候，妻子的身體好，我的身體也好，還可以有點時間在一起。」

1940 年次的王贛駿，出生於江西省，1949 年隨父母親遷居臺灣，後就讀臺北師大附中，1963 年進入加大洛杉磯分校攻讀物理，當時遭遇父親的反對，但卻獲得母親的全力支持。她認為兒子有選擇自己前途的自由，經營輪船公司的王章先生，希望王贛駿唸個企業管理方面的學位，來日能夠掌理家中事業，但是王贛駿卻堅持非讀物理不可，後來就因為他在學校對液態氦的研究，以及日後到噴氣推進實驗室（JPL）做滴液無容器的實驗，因此一步步走向太空之旅。九〇年代中葉，王贛駿前往休士頓明湖城參加太空人兩年一度的重聚大會（Re-union），他告訴我：「當年父親要叫我學做生意，我卻執著科學，現在我的兩個兒子不聽我的，堅持學商；我們一家三代的就業選擇，好像一個人出門散步，繞了一圈，又回到原點，真是很有意思。」

1970 年王贛駿獲得博士學位，他的指導老師拉尼克（Rud-nick）是一位專門研究固態物理的名家，此外還兼長流體力學和聲學，他說後來上太空做「液滴實驗」，「我的業師傳授的三樣專門都給用上了」。

1972 年，王贛駿進入加州噴氣推進實驗室做研究，主要工作是設計太空中液態氦的研究，王贛駿解釋：「氦」被行內人稱為「超級液體」，沒有黏性，若給予旋轉動力，液態氦會

旋轉不停，也不產生熱，因此可以做為許多物理驗證的工具。液態氦又是一種最佳冷媒，可用於極精密的偵測儀器（如人造衛星上使用者），氦可以液化，是 1940 年以後才知道的物理性質，此後許多物理學家拿到諾貝爾獎，都和這個熱門題目有關。

竟被點了狀元

1974 年，太空總署向全世界各科學機構徵求在太空實驗室三號做實驗的題目，王贛駿和他的同事艾立曼 Dan Elleman 一同完成液滴實驗計畫的申請。為此王贛駿做了十幾場的專題報告，會見了兩百餘位專家、接受評審，終於在 1975 年獲知他的實驗計畫擊敗五百多個競爭對手，而由太空總署核准進入第三號太空實驗室。原訂 1980 年要飛，但因太空梭計畫一直擱延，他所領導的實驗室繼續為液滴實驗的儀器和技術做準備工作，長達九載。

王贛駿獲知被選上以後，欣喜若狂，曾對友人表示「我竟被點了狀元！」單就以擊敗五百多競爭者的事實而能獨佔鰲頭，狀元的比喻並不為過，也足以說明華人在美國出人頭地靠的是真本事。他分析入選的重要理由之一，是為修正液滴實驗儀器，曾有過五、六千次「超級雲霄飛車」的經驗；這種雲霄飛車由軍用波音 707 改裝，代號 KC135，當它飛到兩萬尺的時候，便以四十五度仰角衝上四萬尺，然後再以四十五度角往下墜，可以飛出拋物線的路徑，當飛機往下掉時，可以得到二十秒的「零重力」狀態，但人在機身之內因猛然失去重力，立即

發生嘔吐、暈眩的現象，王贛駿的實驗小組就靠這二十秒做液滴實驗，觀察液滴狀態，看儀器，再修正意料之外的誤差。

KC135 在內行人之間，被稱作嘔吐彗星（Vomit Comet），有人勸他在飛行之前吃藥紓解痛苦，但王堅持用意志力控制，不過王贛駿也因此對於適應重力變化的環境，有了相當豐富的經驗，為日後進太空，做番紮實的準備。

太空集訓要項

王贛駿為時兩年的太空人訓練項目包括：操作科學實驗（除了王贛駿自己的液滴動力實驗，還有在太空梭內所進行的其他十四項入選的科學實驗）、熟悉太空梭的功能（辨別艙內設備的開關裝置，相關手冊就有四十多本）、太空環境適應訓練（前述 KC135 的飛行訓練及休士頓太空中心的中性浮力水槽實驗室〔Neutral Buoyancy Laboratory〕，兩者都提供或長或短的太空飛行中無重力的經驗）、求生訓練（萬一太空梭發生意外，如何逃生）。

1985 年 4 月 29 日，王贛駿創下兩項紀錄；自這一天起，他名留華文史冊，成為第一個進入太空的炎黃子孫，同時他也是世界上第一位親自登上太空軌道，親自動手做自己所設計的物理實驗的科學家。但是因為挑戰者號太空梭升空時劇烈震動的影響，而使他所設計的「液滴動力測動儀」發生電子系統短路的故障，機器失靈，王贛駿在地面（控制中心）科學家的支援下，不眠不休地完成修復工作，每天工作十五到十六小時，全力追趕延誤兩天的進度，完成了滴液動力學的實驗工作。

王贛駿回憶七日太空之旅一開始就發生機器故障的挫折，的確讓他著慌，首先他想到自己花了兩年時間訓練上空，難道就這樣空手而回？第二點，他是第一個進太空的華人，許多美國華人團體都非常興奮，也有所期待，深恐無顏見江東父老。「當時我向太空梭地面控制中心表示：是否可以想辦法修復實驗儀器，否則我就不回去了。」地面控制中心回答：「太空是不平常的地方，什麼都沒有，怎麼修理？而且時間也很有限。」

完成滴液實驗

　　接著地面控制中心找了一位心理學家和王贛駿談話，告訴他「如果做傻事會影響安全」，最後決定給王贛駿一天的時間修理機器，叫他再也不能說不回來的話。最後王贛駿把儀器修復，實驗的結果也非常好，一場機件失靈的風波總算有驚無險。

　　事隔一年，挑戰者號在升空七十二秒後爆炸，王贛駿的妻子馮雪平接受《世界日報》記者訪問，她說再也不讓王贛駿上太空了。王贛駿本人在另一場媒體的訪問中卻很坦然地表示，上太空是很難得的機會，真正有事死就死了，人遲早會死，不過家人可能是受 害者。王贛駿的母親在他上太空之前就對兒子說：「不去沒有關係吧。」王贛駿答道：「有上萬的人想搶這幾個上太空的位置，這是十分難得的機會。」

　　事實上，家人的擔憂並非沒有根由，王贛駿所參與的STS-51B 任務指揮官 Overmyer 後來參加了「挑戰者號」失事的調查工作，結果發現 STS-51B 號任務與失事的 STS-51L 號

任務都有相似的Ｏ環問題，Mortom Thiokol公司的工程師告訴和王贛駿一同上太空的同僚 Don Lind 說：「你們七人在十分之三秒內起死回生。」

王贛駿征空歸來後，曾告訴他師大附中的校友石永貴（曾任中央日報社長）說，他的七日太空之旅，經歷了人生最緊張而且最沮喪的低潮，同時也體會了最興奮和最驕傲的高點，滿載而歸的太空之旅是他畢生難忘的經驗。王贛駿並指出，此一實驗結果對日後研究材料製造的科學（Material Science）極有幫助。

幸為王家子孫

在西方文化之中，一個人若功成名就，往往歸功於他（或她）的個人努力和打拚，王贛駿在《我能，你也能》一書的自序中表示：造成他個人成就的美好條件和機會，並不是他的功勞，「我只是祖上積德，幸運為王家子孫而已」。

王贛駿在太空任務之後接受行政院國科會的邀請回臺訪問，並且回到他的母校師大附中，出現五千人的歡迎場面。而王氏宗親會由《聯合報》董事長王惕吾主持儀式，特別為太空人開了中堂，王贛駿說，這是身為王氏子孫極有面子的事。四日行程之中，他兩度前往陽明山祭拜他父親的墳墓，在一次江蘇同鄉會的歡迎茶會上，前總統嚴家淦讚揚王贛駿的孝道和苦幹精神，正是數千年來華夏文化的本色。

從上述「祖上積德」的說法，王贛駿循著留學途徑來美成家立業，仍然深受儒家文化（重視家庭、不忘本）的影響，或

許因為這個原因，他在《我能，你也能》的第七章第四段述及他和太空總署所發生的一點不愉快；他說，「因為我是中國人，太空總署准我攜帶國旗，當我提出要帶中華民國國旗時，太空中心以無邦交拒絕，」王贛駿為此找到太空任務的指揮官，這位上司說，即使告到白宮也沒用，但是他表示：太空梭任務規定不能私自帶東西，可是也沒有人會查你。王贛駿認為這句話饒富深意。根據 1985 年王贛駿訪臺的新聞報導，他把一面攜上太空的中華民國國旗，送給臺北當局。同時在 1986 年，他和妻子馮雪平及另一位太空物理學家李傑信一同訪問大陸時，也把一面攜上太空的中共國旗送給趙紫陽，讓兩岸都各得一面上過太空的珍貴國旗。

自從任教田納西州范德堡大學以來，王贛駿運用他在太空任務中所做的微重力複合液滴實驗的研究成果，開發了具有免疫隔離功能的多空膠囊系統，它能有效地移植細胞，並且能夠有效地保護被移植細胞，從而避免了抑制免疫反應藥物的使用和他們引發的消極副作用，這項新發明的免疫隔離系統由多種複合成分，多層膜壁組織而成。

2012 年《美國移植學報》（*Transplantation Journal*）發表了一篇經專家評審的有關 Encapsulife 技術，成功應用於大動物移植細胞實驗的學術論文，該實驗是由王贛駿所領導的團隊主導，在這項具有里程碑意義的研究中，被膠囊封裝的犬胰島被移植入患有糖尿病的狗體之內，在未對實驗對象使用藥物或抗發炎療法的情況下，被移植了的膠囊化的胰島細胞表現了很好的存活性和生物適應性。通過一次性的移植，一共有九條狗達到了兩百天的血糖正常。

移植胰島膠囊

　　王贛駿在 2012 年 4 月接受江蘇電視台的訪問時表示，他的實驗室將和哈佛大學醫學院合作，計畫用猴子做移植膠囊胰島細胞的實驗，明年開始用人來做這項實驗，如果人體不排斥它，移植的細胞可以活下來，那麼糖尿病就可以治癒。他在訪問中指出糖尿病對小孩的影響比較大，因為病患必須節制飲食和運動，否則造成病情的惡化，對於成年人或上了年紀的人而言，比較容易節制，而讓小孩節制行為較困難，勢必影響他們的生活品質，日子過得不自由。

　　類似王贛駿的這個實驗在四十年前就有人動手做，約一百多個大學進行，但由於一直不成功，做的人越來越少，現在范德堡大學成功之後，跟進的人又逐漸多了起來，王贛駿說我們和醫學院不同的地方是使用物理的方法，從物理學中得到啟發；這是范德堡大學的獨特之處，王贛駿的實驗室從包裹膠囊開始，求其滲透性和化學穩定性，計畫把「包裹細胞的膠囊」放進動物和人的身上，一年之後再拿出來檢驗，裡面的細胞如果仍舊運作正常，這就給予科學家無窮的希望。時下王贛駿實驗室做膠囊的技術已居領先地位，但是移植的部分一定要醫生來進行，而且事先要經過美國食品藥物檢驗局的通過。

退休與妻廝守

　　王贛駿表示這項工作完成以後，就可以退休了，他認為妻子為他犧牲很大，「希望早點退休，多陪陪她，將來事業成功

（事實上是現在已經成功），她佔很大功勞。」

現年七十二歲的王贛駿回顧他一生時表示：「一個人的生命很短，七十多年一眨眼就過去了，假如你做不喜歡的事會非常苦悶，假如做自己喜歡的事就很好過，比如像我晚上常常睡不著覺，因為第二天要做的實驗很令人興奮，就等不及天亮，趕快跑去實驗室看看，所以這輩子找到自己愛做的事，十分幸運。因此我奉勸年輕的孩子，要做你喜歡做的事，如果你為別人過一輩子，就太可惜了，因為你只有這一輩子，不如替自己過。」

王贛駿的這一輩子過得非常豐富，他曾榮膺范德堡大學的「百年終身教授」，一共發表兩百餘篇學術論文，二十八項專利涵蓋：液泡動力學、液滴碰撞與結合、無容積材料科學及幹細胞等領域，范德堡大學早先是美國南方鄉紳或殷實子弟就讀的大學，宋家三姊妹的父親宋嘉樹曾在此攻讀神學。1985 年他曾獲太空總署的「太空飛行獎」，1987 年獲太空總署的「優異科學成就獎」，1989 年獲亞裔成就獎，2007 年美洲中國工程師學會、國家工程學基金會頒發的亞裔美國人工程師年度傑出科技大獎……。

翻開王贛駿自傳體的《我能，你也能》，其中指出自己是大學的「淘汰郎」，未能考上大學，不意日後留學美國，在學術研究方面大放異彩，留下浪子回頭金不換的一折，那高山與低谷的起伏全在做與不做的一念之間，其能量可以直達太空！

四分之一華人血統的張福林

含有四分之一華人血統的張福林（中）整裝待發。（太空總署照片）

張福林因為一家三代都經歷移民的遷徙生活，所以對於貧困和流離失所的人，格外同情，1995年，他訴說在麻省理工學院攻讀博士時的義工經驗；那時張福林跑到一個戒毒所擔任「張老師」的角色，幫助訓練西班牙語裔的前吸毒犯，增加讀寫英文和數學方面的基本技能，這項義工一直持續兩年半，後因功課忙碌才停止。張福林日後致力環保運動，希望喚起社會大眾注意地球氣候的改變，他並以太空人的角色參加 *Odyssey 2050* 電影的演出，鼓勵年輕人對環保事務的關心。

非比尋常的榮譽

在四位華裔太空人當中，張福林 Dr. Franklin R. Chang-Diaz 和其他三位一樣，都以學術和專業成績亮麗而入選美國太空人團隊，但唯一不同的是他出生地在中美洲，並且含有西語裔血統，似乎也格外突顯其頭角崢嶸，譬如哥斯達黎加的觀光局就明列他為地標式的人物，1986 年紐約自由女神百年紀念，雷根總統頒予自由獎章，這都是非比尋常的榮譽。

張福林同時也是太空團隊之中，升空次數最多的兩位紀錄保持者，另一位也飛了七次的太空人名叫 Jerry Ross。同時張福林於 2002 年第七次升空前，裝上牙齒矯治器，因此形成另一紀錄，成為第一位帶著牙框進太空的人。

1951 年出生的張福林，祖父是廣東省中山縣人，清朝末年原計畫到夏威夷移民，陰差陽錯來到了中美洲的哥斯大黎加，祖母是當地人士，他父親一度南移至委內瑞拉謀生。1967 年，當張福林高中畢業以後，單槍匹馬前往美國東北部的康涅狄克州投靠一位叔父，又讀了一年高中學習英文。後來歸化美國公民，依照美國人口局劃分族裔的規定，他屬西班牙語裔。1973 年，他自康涅狄克州立大學獲得機械工程學士，1977 年獲麻省理工學院電漿應用物理的博士學位，對於離鄉背井的一位小留學生而言，這段靠獎學金唸完博士學位的過程，就代表著一種不平凡的奮鬥成果。

如果你上網閱讀哥斯達黎加觀光局的網站，它在簡介中指出，張福林是四億四千七百萬拉丁美洲人當中征服了太空的第一人，其中提及他的祖父來自中國，因為張福林做太空人入籍

美國，成為太空團隊中第一位歸化的美國公民，於是哥斯達黎加國會通過立法授予他「榮譽公民」，此外有一個哥斯達黎加全國高科技中心也以他命名。張福林的長女 Sonia Chang-Diaz 在 2008 年（以三十而立之年）當選麻省州議會的參議員。

必也正名乎？

受過華夏文化薰陶的中國人，常在追本溯源之際，喜歡拿出「必也正名」的祖宗訓諭；如果對照張福林的中英文名字 Franklin 和福林諧音，正符合華裔給下一代取外語名字的習慣。張福林的妻子也有一則「必也正名」的故事；九〇年代中葉，在休士頓太空中心附近的社區集會場合，我見到一位碧眼金髮的女士，胸前掛著 Dr. Peggy Chang 的名牌，交談之下知道她是太空人張福林的妻子，筆者疑惑不解：「張福林的家族姓是 Chang-Diaz，為什麼你捨棄 Diaz 不用？」她笑著解釋：只用「張」也是符合美國人的習慣，因為「張」是我丈夫祖父的姓，而 Diaz 是西班牙語裔加上母姓的做法。筆者無意借題劃分種族的界線，由此可以看出張福林及家人對中國習俗的解讀和做法。

事隔數載，算起來是千禧年，我的家庭醫生休假，因腹痛就醫，代診的大夫竟是這位 Dr. Peggy Chang，進一步交談之下知道她是加拿大南下的法國後裔，自路易斯安那州遷來休士頓，近觀皮膚細緻，臉龐像洋瓷娃娃，更難得的是醫術精妙，摸出我腹內長了一塊瘤，經過儀器照相複檢的結果，需要動手術，算得上救我一命。

革命黨之後

　　言歸正傳，1995 年張福林在休士頓太空中心新聞室接受我的採訪，透露他祖父與國民革命的淵源；張福林自小曾聽父親談起當初祖父離開廣東省，並非出於單純的移民動機，而是因為參加國父孫中山先生的革命運動，事敗形跡暴露，不得不亡命海外，當初的計畫是前往夏威夷，後來陰差陽錯跑到中美洲的哥斯達黎加，事實上，本姓陳，但為了身分問題購買一張出生紙證明，就改姓張。所以七度進太空的張福林，實際上是一個不折不扣的革命黨人後裔，他說在 1992 年曾作了一趟尋根之旅，前往中山縣遊歷。

　　回溯張福林走向太空之旅的起點，始自七歲遷居委內瑞拉，那一年恰巧蘇聯的「史布尼科號」（Sputnik）射入太空，張福林依照課堂老師的指示，在滿天星斗的黑夜，爬到院子裡的一棵大樹上，希望能一瞥人類所製作的第一顆人造衛星。中學時候參加科學比賽，發射自製的火箭，至今存有錄影紀錄，其中有一隻小白鼠，待火箭落地時，那隻小白鼠依舊能活蹦亂跳。進入康涅狄克州立大學就讀，他曾以研究助理的身分參加物理系高能原子對撞實驗的設計和建造工作，他因高中成績優異，獲得四年的全額獎學金。待進入麻省理工學院攻讀博士，便投入聯邦政府所資助核聚控制計畫，從事核聚反應器（Fusion Reactor）的設計和操作。1980 年，他入選太空人的培訓計畫。

火箭推進器

　　自 1983 年到 1993 年，他在麻省理工學院帶頭從事「電漿」（Plasma）火箭推進器的研究，藉以發展前往火星的載人飛行任務，1989 年 3 月和 1990 年 1 月他自商務部標準局取得火箭推進器的觀念和操作的兩項專利，後來因為研究工作和太空人的飛行訓練日程緊湊，使得他南北奔波於休士頓及波士頓之間，幾經磋商，休士頓太空中心的「國際太空站計畫署」應允設法在休士頓太空中心之內，提供場地，於是他將實驗室南遷，繼續從事電漿火箭的研究，直到 2005 年他自 NASA 退休為止，一直擔任該研究室主任，退休後成立私人公司，再延續電漿火箭的研發工作。

　　張福林解釋：此一構想下的火箭推進器是由氫離子電漿做燃料，電漿的溫度非常高，達到華氏千萬度以上，無法把它盛放容器之內，必須由磁場來固定它的方位及飛行方向。他說這種火箭的特色在於能依飛行時所遇外界環境而調節自身的引擎和排氣，就像一個人開車到山岳地帶一樣，汽車的自動排檔能依山坡的斜度來改變引擎的轉力矩及車輪的轉動方式，張福林指出，這項科技乃十分謹慎地採自美歐俄日合作的「熱核子融合」計畫。

第七度升空

　　2002 年 5 月初，張福林在七度升空前的記者會上，再次詳述電漿火箭推進器的優點。根據他研究的最新進度，該項科

技能在三十九天把太空船送上火星，他說縮短火星任務的好處是，減少太空人長途旅行生理學上的體力問題，同時可縮減暴露在輻射塵下的時間，太空船如果不斷加速，可提供一種人造的地心引力，對太空任務產生正面影響，最後他補充：縮短太空任務的時間後，可減低太空人維生系統之維護作業以及對它的依賴。張福林認為這項火箭推進器的的革新，會把人類探訪其他星球的夢想，變得愈來愈接近事實，同時它對飛機和汽車的動力也將產生革命性的影響。

2002 年 5 月 30 日，張福林在《今日佛羅里達》日報上的一則專訪中指出：因為國際太空站受到大氣的拖曳，慢慢往地球墜落，他所領導的「先進太空推進器實驗室」正準備利用火箭推進器的原理給太空站添一裝置，使它不墮，而且成本不高。目前國際太空站上有小火箭偶而會替它推上一把，或碰上太空梭任務兩者接合時，也會發動引擎替太空站提升方位。張福林說，2003 年美國的聯邦預算，會對核子推進器及核能有所優惠，事實上核能的發展將對他的電漿引擎提供能源。

做「磁譜儀」實驗

張福林二十餘年來不僅潛心於火箭推進器的研究，同時在征空任務時，也替其他科學家做實驗，其中最著名、又較為華人學界所熟悉的是 1998 年 6 月，張福林第六趟飛行的 STS-91「發現號」太空梭任務所攜帶的「磁譜儀」AMS 計畫，它的主要目的乃從事高能物理的理論實驗，希望發現反物質，試圖打開宇宙起源之謎。

「磁譜儀」AMS 計畫共有四百餘位物理學家、六十餘世界科研組織及十六國參與，是由華裔諾貝爾物理獎得主丁肇中領導，而首次在太空中動手做該項實驗的恰巧是張福林，當時在休士頓太空中心所舉行的記者會上，有一位哥斯達黎加的電視台記者問道：這次張福林第六次昇空，並負責磁譜儀的試測工作，是否因為他是麻省理工學院的高能物理學家，而主導人丁肇中又是該校的終身教授？丁教授立即表示，太空總署選擇飛行任務的人員，自有其標準，他並沒有參與其事。無論湊巧與否，這趟飛行已促成兩位傑出華裔科學家在太空攜手合作的佳話。

協助丁肇中在太空操作磁譜儀的張福林，不但專業成績傑出，而且因為一家三代都經歷移民的遷徙生活，所以對於貧困或流離失所的人，格外同情，1995 年，他在接受我的訪問中訴說他攻讀博士時的義工經驗；那時張福林跑到一個戒毒所擔任「張老師」的角色，幫助訓練西語裔的前吸毒犯，增加讀寫英文和數學方面的基本技能，這項義工一直持續兩年半，後因功課忙錄而停止。張福林獲有四個大學頒贈的榮譽博士學位（兩個得自中南美洲），1986 年紐約港自由女神像百年慶典時，雷根總統曾頒予自由獎章（Medal of Freedom）。

濃厚人文關懷

基於他個性中濃厚的人文關懷，他在 1984 到 1989 年間，由太空總署派任「支持太空人團隊」負責人，該項工作也因「挑戰號」在 1986 年出事而突顯其重要性，其任務包括在甘

迺迪太空中心幫助太空人熟悉太空艙的設備，使用程序，以及發射之前對太空人的種種支援。對於他的出生地哥斯達黎加，張福林充滿回饋之情，《紐約時報》2000 年 11 月 28 日以半頁科學版的報導：張福林正積極協助成立一個拉丁美洲高等學府的科技聯盟，與美國進行農業和醫療製藥方面的合作。

2005 年張福林自太空總署退休，一併辭去他自 1993 年所領導的先進火箭推進器實驗室（Advanced Space Propulsion Laboratory）的主任之職，隨即成立 Ad Astra Rocket Co. 火箭公司，以便繼續電漿火箭技術的研究。

果然在 2011 年 11 月，根據法新社一則發自華府的消息：由麻省理工學院華裔物理學家及前太空人張福林所研發多年的 VASIMR（The Variable Specific Impulse Magnetoplasma Rocket）火箭技能可以把未來旅行到火星的時間縮減到三十九天，是目前一般估計所需時間的六分之一。

由於歐巴馬政府上台以後全面取消在 2020 年重返月球的星座計畫（Constellation），太空總署（NASA）加緊號召民營科技公司替未來的太空探測和載人飛行提供最新的技術支援，像張福林所主持的 Ad Astra Rocket Co. 火箭公司即 NASA 希望之所寄。

VASIMR 受重視

張福林認為 NASA 先前陶醉於阿波羅登月壯舉的輝煌成就，而疏忽於繼續研發新的技術，不像目前這樣比較注意先進科技。張福林解釋他的火箭使用電流將氫、氦或氘燃料轉化為

等離子的氣體。這些等離子的氣體被加熱到攝氏一千一百萬度後，磁場會把這些等離子的氣體燃料啟動進入排氣管，從而推動太空船的飛行，其最高速度可以達到每秒五十五公里。張福林認為如此加速的結果可以把地球到火星的旅行時間縮短到三十九天。

根據張福林和 NASA 的協定，他主持的公司已製造出小型 VASIMR 太空船，已在真空中進行測試，張福林表示，下一步是計畫到 2013 年底，推動一個太空船進入軌道的部署。

除了擔任火箭公司的 CEO，張福林也致力環保運動，喚起社會大眾對於地球氣候的改變，其中最引人注意的是他參加 *Odyssey 2050* 電影的演出，鼓勵年輕人對環保事務的關心。除此之外，張福林還在休士頓萊斯大學（Rice University）教授物理和天文學。根據哥斯達黎加官方網站的消息，張福林在該國與醫學界合作從事熱帶疾病 Chagas 的研究與治療。

2012 年 5 月，張福林參加甘迺迪太空中心的一項儀式，慶祝他進入「太空人名人堂」（Astronaut Hall of Fame），當時他在麻省擔任參議員的女兒 Sonia 還接受記者採訪，發表談話，讚揚她父親的工作與成就對於移民而言，深具啟發性。張福林結過兩次婚，也是四位華裔太空人當中第一位進入「太空名人堂」。

第一位華裔國際太空站站長焦立中

1992 年，中華民國司法院長林洋港伉
儷訪太空中心，焦立中為之導覽，時
任美在台協會主席白樂崎（左一）及
朱經武教授（右一）作陪──石麗東
攝。

第三章

焦立中雖然認為上太空的經驗美
妙無比，但有一回任務歸來他寫
下自己的座右銘，「身為太空
人，我已竭盡所能，全力以赴，
但還有許多從未飛航的太空人等
著排班。所以我應該閃開一旁，
幫助他們升空，而不是自己一味
再爭取進入太空的機會。」從這
段話看來，太空人爭取升空任務
的情況激烈，同時也顯示焦立中
的胸懷寬闊。

首位華裔太空領導

1961 年出生於威斯康辛州密爾瓦基市的焦立中（Dr. Leroy Chiao），於 1990 年入選太空人計畫，雖然他是第三位進入科學軌道的華裔美籍科學家，但 2002 年夏天太空總署所發布的一項飛航任務的名單中，焦立中創下一個十分耀眼的第一。

休士頓太空中心宣布：焦立中將於 2003 年 2 月（此為原訂日期，但因「哥倫比亞號」出事，而延後至次年 10 月），以指揮官的身分進駐國際太空站，該任務稱為「探險十號」（Expedition 10），同時在 2003 年「探險八號」（Expedition 8）的任務當中，如果原定的指揮官因故不能飛，預定焦立中遞補他的位子。這不但在華裔太空人之中首開太空團隊「領導」的先例，同時顯示了國際太空站將為美國太空計畫的主力，一般太空梭任務大約十餘天左右，但是國際太空站任務時間先前都在三、四個月左右，後來逐漸增加到半年。

四次征空任務

焦立中一共上天四回，第一次是 1994 年 7 月 8 日至 23 日，任務的代號是 STS-65（「哥倫比亞號」），在當時創下太空梭十五天的最長飛行紀錄，該 STS-65 任務一共有七位太空人在十五天內完成八十項微重力環境下的有關材料和生命科學的研究。

焦立中第二次的太空任務 STS-72（「奮進號」），時在 1996 年元月 11 日到 20 日，共計九天，早在十個月之前，日

本發射了 Space Flyer Unit，該任務將它收回。另一項工作是把 OAST-Flyer 在太空施放並收回，焦立中進行了兩次太空漫步，其目的在測試工具與硬體，並評估其技術操作，以便來日應用於建築太空站。焦立中這次在艙外漫步的時間長達十三小時。他也是第一位在太空行走的華裔。

第三次任務 STS-92（發現號）是千禧年 10 月，恰巧碰上太空梭飛航的第一百次（任務名稱為 STS-92）。在為期 13 天的任務當中，七位太空人設法遞送重達九噸的 Z1 支架，藉以做為 8 扇太陽光能板的基柱石。Z1 同時包括四個大的迴轉儀，當太空站繞著地球運轉的時候，它可控制太空站的方位，功能顯著；Z1 並包含太空站將使用的兩個通訊系統，一個向地球轉播現場的錄影畫面，另一個可望讓地球上的科學家觀察國際太空站上所做的實驗。STS-92 任務的最後一項工作是安裝一具 2000 磅圓錐形密封艙門接合器，它可用做太空梭造訪太空站的另一個接合的艙口。第 STS-92 任務的複雜性可見一斑。

太空總署替這次飛行安排三十小時的「太空漫步」（英文簡稱 EVA），由兩組人馬出外進行國際太空站的裝配工作。焦立中在任務當中，一共出艙兩回，總計十三小時又十六分鐘。返回地球之後，他被任命為休士頓太空中心太空人辦公室「艙外漫步」主任，足以說明他執行這項任務時，表現優異。後來因太空訓練作業密集，時常前往俄國，無法兼顧該項行政工作，而辭去主任一職。

奇妙太空漫步

由於焦立中曾任休士頓太空中心太空人辦公室「艙外漫步」（英文簡稱 EVA）主任，他就常被媒體詢及對 EVA 的感受如何？焦立中形容：你穿著太空裝跑到艙外，首先聽到風聲呼呼作響，那是維生系統不斷將氧氣打到臉上的聲音，然後覺得自己行動有點笨拙，因為衣服的構造不簡單（要花上千萬美元的製作成本），當你走出艙外看地球就會發現和艙內的感覺不一樣，這時地球看上去像一個藍色的球，但時而擔心會掉下去，有一次我走到太空站的最後端，地球就在我的腳下，感覺是被吊在陽台上，心裡一直犯嘀咕：「我要掉下去了。」

待回到地球，有許多剛卸下太空任務的人，還錯覺以為仍在太空，時常會隨手扔一樣東西，以為會飄浮起來，於是這些回到地球的太空人經常發生砸壞杯子或丟了筆的事。

焦立中雖然認為上太空的經驗美妙無比，但有一回任務歸來他寫下自己的座右銘：「身為太空人，我已竭盡所能，全力以赴，但還有許多從未飛航的太空人等著排班。所以我應該閃開一旁，幫助他們升空，而不是自己一味再爭取進入太空的機會。」從這段話可以想見太空人爭取升空任務的激烈情況，也顯示了焦立中的寬闊胸懷。

我第一次採訪焦立中是在 1992 年的 6 月底，當時擔任中華民國司法院長的林洋港，前來參觀休士頓太空中心，中等個兒的焦立中，當日穿著一件套頭的藍色太空裝，面帶笑容，站在太空梭的模擬設備之前，解答參觀者的問題，一旁作陪的有美國在台協會主席白樂崎、超導專家朱經武和政院國科會駐休

士頓科學組長熊麗生。

　　在那一次導覽活動中，焦立中也回答華文記者不少問題，說他自己從小就對太空新聞發生興趣，凡有關太空的科幻小說和電影他從不錯過，焦立中念小學時和許多華裔家庭的子女一樣，課餘學鋼琴，只要是入耳又喜歡的電視廣告配樂，焦立中都能彈得出來，後來因為花在自然科學及課餘製造飛機及火箭模型的參展，以及比賽的時間太多，只好放棄學琴的愛好。

　　九○年代，我採訪參與太空梭任務的華裔太空人新聞，曾兩度在休士頓軍用艾靈頓機場遇見迎迓愛子歸來的焦母朱青筠女士，她獲有加大柏克萊材料科學博士學位，曾表示，焦立中自幼雙手靈巧，悟性高，家中許多機器經過他拆了又復原的不知有多少！

　　言語之間也透露她和夫婿焦祖韜非常注意子女的教育，當初為了讓下一代盡快融入主流社會，而決定把住家安置在美國人的聚集區，焦立中和他妹妹也就成為當地小學班上的唯一亞裔學生。焦立中的妹妹也不孚雙親的期望，獲有博士學位。

不愁別人想法

　　作為班上唯一的亞裔學生，焦立中自然受到一些特別「關照」，直到念了高中他才擺脫少數美國小孩找他碴子的苦惱。或許由於這段年幼時的經驗也造成他不服輸的個性，焦立中日後在公開的演講中鼓勵亞裔年輕人要學會「讓別人看得見自己，努力去追求自己想要的東西，不要擔憂別人的想法。」

　　根據統計：美國小學老師若在課堂調查學生未來的志願，

「太空人」是一個熱門選項；焦立中八歲那年收看電視轉播阿波羅十一號登陸月球的畫面，眼見阿姆斯壯用左腳伸出艙外，跨出人類的一大步。2012 年 8 月底，尼爾阿姆斯壯去世，焦立中接受 CNN 的訪問時表示：阿姆斯壯是他兒時的偶像和英雄，同時也激勵他成為一個太空人。

高中畢業那年，焦立中從新聞中獲悉太空總署訓練太空人的新政策，將調整以前從軍方挑選的方式，轉而增加科研界的新血，他估計如此一來，自己入選的機會大為提高，不久他進入加大柏克萊研習化工，後來進入加大聖地牙哥分校取得博士學位。

焦立中入選太空人的路途，雖非千迴百折，卻也經歷一次頓挫。他說第一次申請是在念研究所的時候，太空總署的回信說：「必須先完成學業，取得一些工作經驗，再來申請。」1987 年，焦立中以不足二十七歲的年齡獲得博士學位，並進入海格席爾公司（Hexcel Corp）參加與太空總署合作研製的一種高精準度的光學複合材料，隨後應用此一複合材料製成太空望遠鏡。次年，他進入勞倫斯利佛莫爾國家實驗室，繼續研製一種厚度較大的航空複合材料。此時他再申請加入太空人的行列，終獲入圍通知，爾後經過兩次面試，及體能、心理測驗，順利成為 1989 年二十三名入選者當中年齡最輕的一位。

健康的體魄

當選太空人必須具備那些條件？焦立中以過來人的身分指出，必須非常健康，據他所知有許多人是因為心臟或視力的問題被刷下來。進入太空人的團隊之後，更是注重體能訓練，譬

如每次任務結束從太空回到地球，太空人都發現身高和骨骼都會縮減，最明顯的另一事實：太空人的肌肉和心臟都要經歷一次重新適應地心引力的考驗。焦立中經常以跑步來鍛練自己的身體，每週至少跑四天，每次跑二到四英里。焦立中第四次出航太空的任務就做了太空跑步的實驗，那一回他和俄羅斯同僚在太空站待了六個月又十三天。

當他進入太空人培訓計畫之前（1988 年），曾和同行（學化工）的父親焦祖韜應邀到北京航太科學院及長沙科技院發表數場有關材料科學的的演講，並且順道遊覽上海和香港。1996年，中華民國行政院駐休士頓的科學組組長熊麗生邀請焦立中和 STS-72 太空梭任務的同僚一塊訪臺，這項計議已定的訪問，因兩國沒有正式邦交，最後未能成行。

話說 2004 年帶著「探險十號」（Expedition10）指揮官（Commander）頭銜的焦立中於 10 月 13 日和俄羅斯太空人沙里波夫在中亞哈薩克啟程，一同搭乘俄羅斯太空船聯合號抵達國際太空站，經過六個月的停留，完成二十餘項實驗，兩次漫步太空艙外，從事維修和裝配國際太空站的工作。於 2005 年4 月 24 日圓滿達成任務，返回地球。隨後在俄國空軍基地接受體檢，然後取道莫斯科返美。

事後媒體請焦立中定界國際太空站的站長所肩負的任務為何？焦立中說，就是保證整個任務的順利推動和成功實施，以及團隊之間的良好工作關係。在這次飛行當中，他培養了攝影的愛好，在他最後一次的任務期間，焦立中拍攝了兩萬多幅地球、月亮以及太空為主題的照片。

愛好太空攝影

因為國際太空站以每秒八公里的速度掠過地球，如果在太空攝影，必須以上好的技巧才能拍到清晰的照片，焦立中在太空艙內先找到一處窗口，掌握美好的視野，他同時在休士頓地面控制中心的協助下，根據國際太空站的位置，地球的天氣情況和陽光的照射角度等因素，確定了拍攝的主題和對象。拍攝的時候一面把相機貼緊窗口，一手牢牢抓住牆上的扶手（以免飄浮移動位置），一旦看見美麗的景色就趕快按下快門。焦立中拍攝最多的就是月球。

2005 年 5 月 14 日，焦立中自莫斯科返回休士頓，同行有「探險十號」的夥伴俄羅斯太空人沙里波夫（Salizhan Shari-pov），這是他第四次完成征空任務。休士頓太空中心主任傑弗遜·霍威爾將軍及數十位支援太空站作業的地面控制中心同僚前往歡迎。

由於焦立中在國際太空站停留期間，美國舉行四年一次的總統選舉，於是他在太空軌道行使公民投票權的細節，也成為媒體之間引人注意的新聞。

延續的關懷

2005 年，焦立中自太空總署退休，他決定與私人公司進行合作，希望日後能開發太空旅遊業，或加盟私人太空研究工作。七年以來他重要的任命及工作如下：

2006 年 3 月焦立中獲聘擔任路易斯安那州立大學機械工

程系傑出講座教授。

　　同年焦立中被任命為休士頓貝勒醫學院國家太空生化研究中心（縮寫 NSBRI）User Panel 的主席，NSBRI 是在太空總署的資助下所成立的聯合組織，其宗旨在研究長期到太空飛行對健康造成的危害，而此一機構的 User Panel 為一諮詢小組，由曾經服役或現役太空人所組成。它為來日探測月球和火星鋪路，焦立中領導此一小組，將檢視太空人遠程任務的需要來推廣 NSBRI 的科學及技術方面的計畫。

　　2008 年，焦立中出現在 *Manswers* 影集，他在影集中解釋如何在太空裡把一個變成歇斯底里的太空人恢復正常個性。同年 9 月 27 日，中國的太空計畫完成了第一次艙外的太空漫步，焦立中撰文主張美國的太空計畫必須像當年容納蘇俄一樣，不應將中國摒棄在外，應該擴充到全球的視野。但另有一派的看法認為正在急速求進步的中國，可能藉著合作的機會而使得美國失去航太科技的優勢，尤其在美國航太業工作的華裔因為身分定位的問題，大家都不敢碰觸這個話題，以免引起選邊或忠貞的環節，焦立中的言論一方面反映他率直敢言的美國個性，或許也因為他已自政府機關退休，忌諱較少。無論如何，發表這樣的言論是需要相當勇氣的。

　　2009 年 5 月，焦立中在 Gizmodo.com 網址上發表數篇關於他個人太空經歷的部落格文章。同年五月七日，焦立中被提名至美國太空載人飛行計畫審查委員會，該委員會乃應科學及技術政策辦公室的要求而成立。

　　2011 年 9 月 1 日，焦立中又在 CNN 的特別節目中建議中國應被允參加太空站的計畫，緣於美國太空梭的計畫結束後，

而俄羅斯的 Soyuz 太空艙又在同年 8 月 24 日發生故障，有關太空飛行的選擇受到限制。

2011 年 12 月，焦立中出任 Epiphan Systems 航太部的副總裁，該公司依據太空的科技生產高解析度的錄影，或替醫藥、教育工業市場出產記錄產品。焦立中在該公司的任務是協助公司的遠景籌劃，譬如在航空交通管制方面達到全盤籌劃的目標。

2012 年，焦立中被任命為太空基金會「人類太空飛行」特別顧問。由於焦立中正當盛年，又身懷太空科技方面的十八般武藝，有關他的動態和新聞必然源源不絕。

天文物理全才盧傑

1995 年，盧傑被甄選進入太空人團隊，第一次在休士頓太空中心的記者會上自我介紹——石麗東攝。

2008 年夏天，盧傑結束十二年的太空人生涯，隨即加入 Google 網路公司，在兩萬員工之中，他是唯一上過太空的人，憑著他天體物理學家觀察星象的資歷，協助 Google 研發街景攝影機、圖書掃瞄器以及地球和地圖的數據蒐集工作。數年前當海地國地震，盧傑以資深專案經理的身分，扮演公司和政府之間的橋梁，以不到兩天的速度，提供最新的衛星照片給地面的救援人員。

真正臨危受命

　　四位華裔太空人之中，數盧傑（Dr. Ed Lu）的年齡最輕，1963 年出生的他，卻是第一位以飛行工程師（Flight Engineer）的身分，進駐國際太空站的華裔太空人，時間在 2003 年 4 月 26 日，任務名稱為「探險第七號」（Expedition 7），這是盧傑第三次的征空任務；由於同年 2 月 1 日，因「哥倫比亞號」發生意外，而使得這次旅途繞了一個大彎子，必須搭乘俄羅斯太空船，往返國際太空站。

　　盧傑比另一位華裔太空人焦立中小三歲，他倆屬於同一年齡層的事實，使得兩人至少擁有五點相似之處：焦、盧都是在美出生的華裔移民的第二代，都在求學時返臺學習中文；兩人的雙親同是 1949 年從大陸播遷臺灣的知識分子，後赴美深造，而安家落戶。兩人都全力拚事業，依中國人的算法，過了「不惑之年」方才完婚，他們也因嗜好飛行而各自擁有私人飛機。

　　1995 年被甄選進入太空人計畫的盧傑，1984 年畢業於康乃爾大學電機系，四年後獲得史坦福大學天文物理的博士學位，自 1989 年至 1992 年，他應聘科羅拉多州包德市 Boulder 的高海拔觀察台擔任「訪問科學家」，從 1992 到 1995 年，他前往夏威夷好奴魯魯天文學研究中心從事博士後研究，根據休士頓太空中心的檔案資料，盧傑在這段期間內對瞭解太陽火焰 solar flare 物理的基理，發表了先進的理論。盧傑同時也就宇宙學、統計力學、太陽振盪及電漿物理發表多篇論文。

是文武全才

　　盧傑不僅對科學抱持濃厚的興趣，而且也喜歡運動、彈鋼琴、打網球，中學時是摔角隊的校隊代表，可說是一位文武全才，當他從夏威夷天文學研究中心遷居到休士頓太空中心的時候，行李之中有一架鋼琴。他的母親說，盧傑上有一個姊姊，下有一弟，性情可動可靜，腦子開竅很早，凡事解釋一遍就能記得。在學校念書時，從來不叫父母操心，常給功課不好的同學補習。盧母說盧傑做事小心謹慎，天性使然，父母親並沒有刻意教他如此。盧傑的父親盧景輝畢業於廣西大學，遷臺後分發到石油公司工作，1950 年代赴美深造，取得化學博士學位，任職化學工程師，盧傑的母親臧雪蓮，畢業於臺中農學院（中興大學前身），來美轉業電腦程式設計，盧傑的外祖父是前東北大學校長臧啟芳。

　　千禧年 9 月，恰逢盧傑第二次太空任務歸來，當局在休士頓東郊艾靈頓軍用機場舉行歡迎儀式，盧傑上台發表感言。同去的一位俄國太空人稱讚盧傑在任務中調度得宜，表現可圈可點。那回盧傑擔任酬載指揮官（Payload Commander），時任休士頓太空中心主任喬治・艾比（George Abbey），讚揚這次 STS-106 號任務圓滿，它替第一組進入國際太空站居住的太空人進行鋪路的工作，任務當中運送六千六百磅的補給和用品，並給太空站裝電池、電流變換器、維生系統及運動器材，面積相當於兩個足球場，此一歷時八年，結合十六國之力建造完成的太空研究計畫，一則進行物理、生物、醫學、環保觀察，另一方面可進一步成為發展未來外太空探測活動所需的新硬體。

試想我們平日在地上搬家、營建新居，都感覺千頭萬緒，不知從何下手，更何況把這種麻煩事搬到太空軌道上去做，在太空因為沒有地心引力，身在太空隨時飄浮，完全沒有上下的觀念，也沒有天花板和地面之分，太空梭和太空站內的任何一片牆都裝上扶手，這樣就容易訂自己的方位，於此可知在微重力之下，搬東西是十分困難的一件事。

　　盧傑的第一次太空任務也和搬運東西有關，當時（1997年5月）執行STS-84號任務的太空梭和俄羅斯太空站「和平號」在軌道上接合，美方攜帶了八千磅的飲水、食物、科學器材和實驗用品，該次的任務手冊還註明盧傑除了搬運補給，並給俄方的「和平號」做一番攝影記錄，同時協助兩個實驗，其中一項和俄國合作，它與人的日常生活有關：「測驗細胞在微重力下的運作方式，以及受其影響的程度」。

第三次征途

　　盧傑的第三次征空任務，早於2001年前便由太空總署發布消息，排班已定，不料晴天霹靂，2003年2月1日（恰是中國陰曆羊年元旦），「哥倫比亞號」STS-107完成兩週的任務之後，在歸航的最後途中，以每小時12500英里的速度，在距離地面四十英里高空進入大氣時，不幸發生爆炸慘案，機骸散落美國西部的加州及德州地區，這和十七年前「挑戰者號」失事所造成機、人均毀的震撼和悲劇，同樣地令舉國哀傷。兩者唯一不同之處：1986年「挑戰者號」的意外發生在出發後的七十二秒，而2003年「哥倫比亞號」則是返航途中最後十六

分鐘功敗垂成。

1986 年 1 月 28 日，當「挑戰者號」失事後，航太總署立即宣布停飛太空梭，重新檢討安全措施，當年的調查結果發現：火箭推進器的○環安裝不妥，因而肇事。但是十七年後，太空軌道上已新添了國際太空站，其補給輸送及人員換班，端賴太空梭的出征任務，如果決定暫時停飛，那麼駐在國際太空站的三位太空人如何返回地球，以及太空站如何繼續操作的問題，都成為各方關切的焦點。

「哥倫比亞號」出事三週後，美航太總署署長歐奇夫在國會眾院科學委員會的聽證會上表示：美國和其他十五個國際太空站的夥伴國家同意在四、五月之交，發射俄羅斯的「聯合號」（Soyuz）太空船，用來載運換班的太空人，歐奇夫署長說，目前已有一艘俄製的太空船停泊在太空站之旁，探險第六號的三位太空人可以在交班之後，乘它返航，至於 4 月下旬發射的探險第七號所乘坐的「聯合號」太空船，則停放在太空站旁邊，以備萬一有什麼意外，兩位太空人就可以熄掉國際太空站的燈火，鑽進太空船，打道飛回地球。

到了 4 月 1 日，航太總署宣布：該署決定派遣兩位經驗豐富的太空人盧傑博士及俄羅斯空軍上校麥連欽柯（Col. Yuri Malenchko）接替駐在太空站內的三位太空人，麥連欽柯擔任任務指揮官，盧傑為飛行工程師，後者的主要任務乃維持太空站運作正常，並進行十餘項的科學實驗。

親人相擁而泣

盧傑在準備第三次任務時，特別將出事的「哥倫比亞」太空梭任務代號STS-107，做成一塊小布牌縫在袖口上，藉以紀念七位逝去的戰友，他說在太空站的六個月的任務期間，每當看到它，立即讓我想起我的朋友，就不會感到孤單寂寞。

根據新聞報導，「探險七號」發射之前，盧傑和他的同僚麥連欽柯專程赴俄羅斯位於中亞哈薩克的太空發射站，那時還是盧傑女友的克麗斯汀娜和盧傑的弟弟為他送行，他兩人看見發射成功，不禁相擁而泣，根據俄羅斯的傳統，家人在現場觀看不是好兆頭，因此盧傑的俄羅斯飛行夥伴家屬並沒有出現。臨行發射的那天早上，兩位太空人提早了兩小時入太空船，他們倆都沒有發表談話，只向送行的人們豎起大拇指，希望能為自己帶來好運。

待盧傑和俄羅斯飛行夥伴麥連欽柯上了太空站，以後的主要任務是維持太空站的正常運作，由於大部分器材只能由太空梭運送，他倆無以從事繼續建設太空站的工作，與其他太空任務相較，探險七號的速度稍微減緩，然而在「哥倫比亞」太空梭失事的陰影之下，兩位太空人的工作量雖然不大，但是心理負擔確是不小。

盧傑返回地球後在 2004 年 9 月 12 日的休士頓太空中心接受太空總署署長歐奇夫親自頒贈的「傑出服務勛章」，這是NASA 頒發給工作人員的最高榮譽。歐奇夫在會上表示，盧傑去年所執行「探險七號」的任務，創下美國太空人第一次搭乘俄羅斯太空船，往返國際太空站的例子，它發生在「哥倫比亞

號」太空梭失事之後，許多地方並無規章可循，必須發揮想像力和創新力，並且在原定三人裁減為兩人的情況下，維持國際太空站的正常運作，十分難能可貴。

平日因飛行和俄語密集訓練忙得不可開交的盧傑，最初在休士頓太空中心附近和另一位單身的太空人合租一棟房子，難得有時間待在家裡，唯一可數的休閒活動是星期日早晨，帶著四、五位太空人前往休士頓華埠飲廣式茶點，大家都吃得很開心，忙裡抽空回加州看父母的時候，該說中文的地方，常說成俄文，給家人製造不少笑料。

2008 年夏天，盧傑自太空總署退休，結束十二年的太空人生涯，隨即加入 Google 網路公司，在兩萬員工之中，他是唯一上過太空的人，憑著他天體物理學家觀察星象的資歷，協助 Google 研發街景攝影機、圖書掃瞄器以及地球和地圖的數據蒐集工作。數年前海地國地震，盧傑以資深專案經理的身分，扮演公司和政府之間的橋梁，以不到兩天的速度，提供最新的衛星照片給地面的救援人員。盧傑曾表示，到 Google 網路公司工作有幾分探險的意味，已有十年沒碰電腦程式，感覺自己像恐龍。盧傑的這番顧慮愈發證明科學家的細密思維，果然不久就替 Google 立下大功。

研發 Google 電表

據報載，盧傑在 Google 最為人所稱道的專案研發是 Google 的電表（Power Meter），這個點子出自盧傑查看自己汽車油表所得的靈感，用戶可達到省電、降低電費的目的。2008

年，NASA慶祝五十週年，Google執行長Eric Schmidt受邀前往演講，盧傑一同前去，在飛機上二人交談，Schmidt採納盧傑研發電表之議，於是派給盧傑一個專案研發的團隊。

三年後，盧傑轉職矽谷另一家專門負責海洋資訊的科技公司，名叫Liquid Robotics，他的職銜是「創新應用主管」，同時也是B612基金會的主席，此一非營利組織的主要功能是預測並且防止小行星對地球撞擊所發生的影響。

據天文學家的解釋，小行星（Steroid）是四十五億年前太陽系形成時所遺下的石塊，它們大多留在火星和木星之間的行星帶，有一些飄浮到地球附近。NASA和一個天文學家的網路組織定期掃描接近地球的天體，並發現其中百分之九十對地球具有威脅性，這些至少有三分之二哩長的小行星，被視為主要毀滅性的星體。但盧傑領導的這個B612基金會認為應更留意那統計數量達五十萬顆的較細小行星，與此形體相類似的小行星，於1908年墜落西伯利亞爆裂，並且把逾八百平方里的森林區夷為平地。

2013年二月中旬，一顆直徑十七米，重達一萬噸的小行星，墜落在俄羅斯車里亞賓斯克區，引起相當五十萬噸黃色炸藥的強烈爆炸，造成牆倒和窗破及一千餘人受傷，設法避免此類災害便是B612基金會所努力的目標。

B612基金會

擔任基金會主席的盧傑說：整個星系的運轉，好似玩宇宙輪盤遊戲，我們的太陽系陪著這些物體飛行，那「或然率」的

規則遲早總會找上門！自 2011 年 B612 基金會成立以來，希望找到襲擊小行星偏離軌道的方法，過去曾有人建議用太空船發核彈予以截擊，如今基金會把焦點轉向用望遠鏡尋找小行星，有一家名叫 BALL 的航太科技公司，已與基金會合作定下望遠鏡的初步設計。該公司曾製造哈伯太空望遠鏡裡的儀器。

由於預警天外來的威脅，所使用的設備及科技花費龐大，動輒以億計，所以該基金會計畫展開籌款工作，基金會成員除盧傑擔任主席，還有「阿波羅九號太空人」、前火星專家、遠太空探索計畫經理等。

自盧傑從太空團隊除役以後，他天體物理學方面的學養以及服役太空的經驗都替他的專業生涯開拓無限空間。

1995 年，王贛駿到休士頓參加兩年一度的太空人團隊重聚，與盧傑合影——石麗東攝。

美國太空衣 Beta 纖維發明人唐鑫源博士

1998 年，唐鑫源博士獲休士頓太空中心「發明家獎」，手持獎牌與結縭一甲子的夫人鄧美烈留影——石麗東攝。

1991 年 2 月 1 日的《太空新聞》在頭版新聞中透露：太空總署署長褚利（Truly）向國會提出一份名單，其中有五名休士頓的傑出人員得到科學與技術的雙銜身分，晉陞為首席工程師，其中之一是唐鑫源博士，該文標明他入選的理由是：過去十年中，一共完成了一千五百餘項工作計畫，並且得到十八樣專利權。早在 1989 年，當全美慶祝登月二十週年紀念之時，唐博士入選「太空科技名人堂」，成為進入該堂的第六人。

失根的蘭花

　　早於二十世紀中葉，旅美散文名家陳之藩教授創鑄了「失根的蘭花」一詞，藉以刻劃那個年代，大多因時局變亂而飄零在外的中國人。

　　半世紀後，進入美國新大陸的華裔移民仍舊絡繹於途，雖說炎黃子孫依舊還是炎黃子孫，但因中華民國、香港、中國大陸和東南亞各地的政治、經濟結構不同，「失根的蘭花」已不能概括海外華裔移民的群相。

　　出生於 1916 年江蘇無錫的唐鑫源博士，曾任美太空總署休士頓載人中心的「太空人及熱系統」部門的首席工程師，1991 年 6 月中旬獲得美政府頒贈的太空實踐獎章，連帶兩萬五千元的獎金，此一數字在民間獎金額中不算頂尖，但在政府機構當中，確是數一數二，得獎的賀函說：「這份獎不僅表揚您的實質貢獻，同時對其他工作人員也有所啟發，尤其閣下的工作熱忱和體恤他人的風範，實已贏得彬彬君子的美譽。」他是太空中心得到此獎的第一人。

　　同年 6 月 21 日，在休士頓太空中心出版的《太空新聞》頭條消息指出：唐博士所發明的貝塔（Beta）纖維，自阿波羅計畫以後便用作太空衣的材料，性能優異，目前又移用商業化屋頂建材，譬如沙烏地阿拉伯的吉達機場，底特律市的銀蓋體育館以及其他建築物如教堂和購物中心等。

入「太空科技名人堂」

　　同一刊物在 1991 年 2 月 1 日的頭版新聞中透露：太空總署署長褚利（Truly）向國會提出一份名單，其中有五名休士頓的傑出人員得到科學與技術的雙銜身分，晉陞為首席工程師，其中之一是唐鑫源博士，該文標明他入選的理由是：過去十年中，一共完成了一千五百餘項工作計畫，並且得到十八樣專利權。早在 1989 年，當全美慶祝登月二十週年紀念之時，唐博士入選「太空科技名人堂」，成為進入該堂的第六人。

　　年屆七十六歲（1991 年）的唐鑫源博士因為工作成效卓著，每次申請退休都遇懇切慰留，或許因為忙得起勁，見了他的人都羨慕他養生有道。平日每週上班「六」天，每天五點半起床，七時左右便抵達實驗室，一直忙到下午五點以後才回家，這種規律化的「白領」生活，是他移民來美之後，憑著知識技能所換取的安身立命之道，如果把人生比喻作舞台的話，唐博士在大陸變色之前，卻扮演著迥然而異的角色。

　　唐鑫源出自江蘇無錫紡織世家，在胡光麃所著《中國現代化的歷程》第一冊第一百七十頁記載，唐炳源（堂兄）在無錫辦的鹿豐紗廠是中國早期實業中「衣著」項的先鋒之一。根據唐博士的自述，他家在無錫開辦工廠是取長江水運之便，當時祖父唐子良老先生，有一套發展家族事業的通盤計畫，除了紡織廠，還開辦麵粉廠及磚瓦廠，這三樣產品不同的工廠都和人的食衣住三大需求關係密切，此外唐家還自辦錢莊，藉以方便諸廠的資金流動。

　　他還記得年幼時家中管教甚嚴，唐博士說：「大家庭的堂

兄姊妹很多，特別延請老師在『書廳』讀古書，各依年齡不同、分排列坐，每日跟著老師朗誦唱讀，不懂意思也得念，一邊還到公立學校上學，兩方面的課業加起來很繁重，大學畢業時尚未滿十九歲，現在沒有人這麼做，到如今覺得受益良多，後來的中文基礎都是這時候打下的。」

「父親督促得更緊，每次叫背書，如有一點夾生，就施體罰，每學期必須考第一名，有一次因為大考期間生病得了第六名，不問緣故，不管年紀多大，依舊處罰。因為小時候的這種經驗，等自己有了小孩，碰也不捨得碰一下。」

學習新紡織技術

唐博士的岳父姓鄧，名福培，號栽岑，是清廷所派出早期的留美學生，回國後創辦浙江電話公司，並且開辦上海第一家廣播電台，因鄧、唐兩老在求學時期便為摯友，因此決定進一步結為秦晉之好，唐鑫源結婚那年只有十七歲，當時兩家已從無錫遷至上海法國租界，那條坐落唐宅的街名叫白仲賽路。

唐博士的夫人鄧美烈女士，畢業於上海中西女學堂，踏出校門立即結婚，中共佔據大陸之前，一切家務皆由傭人代勞，來美以後，一切從頭學起，不僅帶孩子、煮飯，還學縫衣，給沙發換製布套……，鄧女士也和丈夫一樣，在抵達新大陸以後必須從頭適應新環境，並迎接生活中的新挑戰。

唐博士追溯往事時表示：「年少時我志在繼承家業，有心學習新的紡織技術，二十一歲那年赴美讀書，前往羅威爾（Lowell）大學和麻省理工學院追隨名師，專攻紡織。本擬赴

英倫繼續攻讀博士，因歐戰爆發，束裝回國，一方面發展人造纖維，一方面開始在南通大學、上海市立工業專科教授紡織課程，後又於工業界集資開辦中國工學院，因為辦教育是為理想不是為生活，對自己經營的紡織業無異是一種相當程度的犧牲，學生人數總計達一千人，現在大陸紡織界很多都是由這種學校畢業出來的學生，他們有些人輾轉從報上得悉我做太空衣的消息，陸續來信道賀……。」

「當年在上海除了從事紡織、辦教育，還替政府所舉辦的高等文官考試（經濟、農礦、教育等部）作典試委員，因為留學回來年紀還很輕，別人以為我是其他委員帶去的秘書，這些都屬於不拿酬勞的義務幫忙。」

1949年，大陸變色，唐家的工廠全數被共產黨充公沒收，唐博士先讓妻子帶著三個小孩前往香港，他暫留上海，但因風聲日緊，便藉由赴天津開會北上，藏身輪船貨櫃而逃離大陸，抵達美國之後，雖然有現成的美國碩士，但東方人謀事困難，於是決定進入威斯康辛大學續攻博士學位。

當唐博士第一次徘徊在抉擇第二個職業的十字路口時，另有一段插曲；那時他在美國銀行界有位在上海時的商界舊識，答允給予資金上的方便，但這位美國友人建議到古巴開設工廠，因為美國本土的競爭太激烈，唐博士為了小孩的教育問題考慮再三，於是決定放棄這條路子，他說：「幸好當年決定留在美國，否則古巴共黨執政後又要遭到全軍覆沒的厄運。」

唐博士於取得學位後，經過一番移民必須的掙扎歷程，隨之加入美國空軍飛彈部門從事高溫材料的研製，1962年，太空總署借調他到休士頓協助設立非金屬材料的實驗室，成為當

時參與其事的第一位中國人。不意這一借調就是三十年的光陰。

休士頓太空中心的全名是「詹森太空中心」，當地人直呼JSC（Johnson Space Center），乃負責太空探險任務中的載人訓練，待太空人升空以後，便由 JSC 總責聯絡工作，因此當全球觀眾收看「阿波羅 11 號」登陸月球的歷史壯舉，其大小新聞總匯皆出自 JSC 的控制中心。

定居太空城

然而對於休士頓地區的居民而言，太空中心的確切地點不在休市，而在其東南面、約四十分鐘車程的明湖城。1989 年，當太空中心慶祝登陸月球二十週年之時，當地報紙曾訪問發明太空衣的唐博士，並且指出他是「初來太空中心的兩百戶人家之一」。

如今明湖城已有七、八萬居民，其中大多數乃從事太空科技的薪水階級，有的直接受雇於政府，有的投身於承包政府工程的民營企業，因此「山姆叔叔」成為名副其實的衣食父母。根據非正式的統計，在明湖城吃太空飯的華裔工程師約兩百餘人左右。

前端已約略提及唐鑫源博士在太空材料方面的貢獻和發明，可謂不勝數計，他書房內所累積的褒獎狀，因牆上掛不完，便往地上堆，總數已超過一百件，記者建議他不妨站在獎狀堆中拍張照片，一定開人眼界，並且具有高度的新聞價值。

在他多樣發明之中，應用最廣又最為同行稱道的是貝塔

（Beta）纖維，它是一種無機性的矽化合物，質地細密不受氣溫及陽光的影響，它的直徑只有 3.5 微米（1 微米是百萬分之一公尺），唐博士為它命名時希望自己發明纖維直徑能夠更小，所以把這種材料以拉丁文第二個字母冠稱，而捨第一字母不用，從命名的本意看，十足表現了中國讀書人克己而又謙沖的典型。

Beta纖維的優異特性不僅用於太空衣、太空艙內的材料、製造救火消防衣，同時也成為民間建材；此一科研副產品推廣於商業用途的做法正為美國政府所大力推廣。

美國這家專責製造 Beta 屋頂建材的公司名叫鳥空（BIRDAIR），Beta 的質地比傳統建材輕巧，而且色白、透光（節省電費）又堅韌不易破，能幫助建築師在造型上有所創新，譬如 1986 年溫哥華所建造的國際博覽會會場——名為「加拿大海宮」，屋頂分作五條白色平行的巨浪，彷彿揚帆待航的船隻，和周遭環境調和得水乳交融，此即使用唐博士所發明的Beta 建材。

另有沙烏地阿拉伯的吉達機場，每年有百萬朝聖的回教徒進出其間，該機場使用漂白的 Beta 材料，作成帳篷式的頂蓋，充分表現阿拉伯民族的文化色彩，全機場使用的貝塔材料多達四百六十萬平方英尺，覆蓋五平方英里的面積，放眼望去盡是一排排成串的帳幕。

太空衣造價之謎

貝塔屋頂建材的原始發明人是唐博士，但因屬於政府資

產、個人不享專利權，故鮮為外界所知。但他另有一件為人熟知的發明，不僅行家讚好，並且在諸次太空探險任務當中皆為「零故障」，同時也為千千萬萬的電視觀眾親眼所見。

電視新聞鏡頭上的太空衣，一眼望去除了顏色白、體積龐大之外，並無其他異常之處，根據唐博士的解說，太空裝共有十層，最外層由貝塔纖維製成，貼身一層是尼龍，依序另有五層絕緣層（作用是隔絕嚴寒酷熱），一層防彈（或防備具殺傷力的隕石），一層抗壓，一層防漲（確保抗壓層不會爆裂），一襲太空衣的全部重量九十五磅，加上維生系統的箱子共有兩百七十磅。由於外太空沒有地心引力，所以太空人在翻滾、甚至兩手彎到背後，都不感到衣裝笨重。

就太空裝的設計發展過程來說，唐博士指出太空衣的改進依時期、任務與需求的標準而定，在過去三十年間共有六個發展階段：水星號（Mercury）、雙子星號（Gemini）、阿波羅（Apollo）、太空實驗室（Skylab）、太空梭（Space Shuttle）和太空站（Space Station）。其間顯著的幾次改良包括：質料、關節活動以及頭盔和護罩的特別設計，護罩是為保護太空人艙外漫步時，避免眼睛及視力受到輻射線傷害，特別在護罩表面塗了一層純金。

關於一襲太空衣的造價如何？外界揣測紛紜，一度傳出一件一百萬的數字，唐博士說：「因為我負責技術方面，無以奉告成本計算的問題。」

升空的太空人共有兩式衣裝，一是太空人到艙外漫步或工作時所穿的太空裝，看似笨重的行頭；一是飛行裝（Flight Suit）於艙內穿著，質料舒爽，口袋特多，如果太空人偏好短

打式，則將大腿處的拉鍊解開即成短裝。早期的太空衣是照個人尺碼訂做，現在做成五種大小（特大、大號、中號、小號、特小），每次任務歸來就送交國家博物館收藏或外借展覽之用。

唐博士說飛行衣的最主要作用乃「保護身體安全」，在顏色方面，由於太空人的要求而作了幾次變動；譬如最初是白色，後來換成棕色，現在加上天藍色，因為近年來太空總署主管的作風愈來愈民主，因此太空人希望調換顏色的願望大多獲准。

一個完美主義者

依唐博士的自剖，他是「一個完美主義者」，白天在辦公室要開會、接電話佔去很多時間，所以每晚只好把工作帶回家做，「老伴和我說，最好你把床也帶到辦公室去。」

唐博士最大的心願是及早退休，平日除了太空站的研究工作，由於挑戰號失事後，每次太空梭任務之前，各有關部門主管都必須簽字才能飛行，因此責任及壓力都很大，尤其前些時唐博士夫人因車禍受傷，雖然復元得很好，但因年齡關係，需要老伴照顧。

回憶平生最欣慰的時刻：「那是 1964 年懷特著太空衣，漫步太空以及 1969 年的登月旅行」，於是中國人參與製作的太空衣，便成為人類登月畫面的一部分，唐博士當時感動得落下淚來，「即使現在提起，感覺還是一樣。」

總計他在太空總署工作期間，共獲 178 獎項，1990 年，

由太空總署授與首席工程師的頭銜，千禧年獲得美華協會頒贈的華人先驅獎。

唐博士與鄧美烈女士結縭逾一甲子，育有二子一女，智千就職休士頓化工界的經理，信千在印第安那大學教書，偉美投身於波士頓銀行界，皆卓然有成，孫輩共有四人。

唐博士退休後，曾偕美烈夫人造訪中國大陸，當回到上海和無錫的故居，兩人均無法辨識往日家鄉的面貌，這趟旅行苦甜參半，百味雜陳，不幸唐博士回美後，發現自己患了前列腺癌，不得不在生命末端與病魔搏鬥。1997 年，癌細胞擴散至脊椎骨，於 2001 年 1 月 11 日走完他多采、豐碩的一生，得年八十五歲。

1 月 21 日舉行葬禮時，休士頓太空中心下半旗致哀。生前通曉堪輿之學的他，擇定美東麻省一處依山面水的福地做為長眠之所。

這是太空中心發布的照片，使用太空衣做為唐鑫源博士照片的背景。

尋找另一半宇宙的丁肇中

1998 年 6 月，磁譜儀隨太空梭「發現號」進入太空軌道作業，丁肇中和擔任他辦公室經理的妻子在休士頓太空中心合影——石麗東攝。

丁肇中在他自撰的《一個物理學家的體驗》中回顧在密西根大學的求學方法，「在學校裡我的考試成績相當好，更重要的是，在大學期間，我有機會縝密地研討了整個物理學，並且突破書本的格局去瞭解物理現象，……做為一個科學家，最重要的是不斷探尋教科書之外的事，對該學科有更深一層的理解，有能力去獨立思考各種物理現象的本質，當面對佔壓倒優勢的反對意見，要毫不膽怯地迎接挑戰。」

典禮的幕後曲折

「勞心者治人，勞力者治於人」，這是 1976 年諾貝爾物理獎得主丁肇中在瑞典舉行的授獎典禮上，以華語發表得獎感想的一句引言。

他引用這句話的意思，並非誇詡自己智慧出眾，屬於勞心治人的高眉族。相反地，丁肇中把自己本行所做的實驗物理（相對理論物理家而言），歸類為「勞力者」，他想藉這個機會向聽懂華語的青年強調「實驗工作的重要性」，他說，自然科學理論不能離開實驗的基礎，尤其物理學更是從實驗中產生的，他指出，中國的這句古話是一種落後思想，使年輕人傾向於理論的研究，而避免實驗工作。丁肇中希望「由於我這次得獎，能夠喚起開發中國家學生們的興趣，而注意實驗工作的重要性。」

2003 年 3 月，丁肇中接受美國公視台名記者莫耶斯（Bill Moyers，曾擔任詹森總統的白宮新聞發言人）Frontline 節目的訪問，他追憶諾貝爾頒獎典禮上有史以來的第一篇中文演說，除去勞心、勞力之辨，尚有其他幕後的曲折；例如他決定先用中文發表得獎感言一事，立即引發美國駐瑞典大使事前的造訪和面談，大使問：「你是美國人，為什麼用中文發表得獎感言？」丁肇中回答：「我想用什麼語言就用什麼語言。」隨後他用英文把講詞重複一遍。

丁肇中還在 Frontline 節目中透露，當時冷戰方興未艾，中國仍舊是一個封閉社會，他有意邀請居留大陸的姑媽前往瑞典出席頒獎典禮，但被中共所拒，丁肇中心想：你不讓姑媽參

加典禮，我就要坦白告訴你的青年學生，我對中國教育的看
法。

發現 J 粒子

　　一生鑽研粒子物理實驗的丁肇中，自1976年以來發現J粒
子獲得諾貝爾獎後，先在德國漢堡的正負電子對撞機 PETRA
科研中心尋找光子與重光子的關係，於 1979 年尋獲稱為「膠
子」的新粒子。再進一步研究膠子的特殊性。八〇年代初期他
開始使用日內瓦 LEP 正負對撞機做實驗，主要的目的是尋找
質量的來源和第六個夸克。他還用實驗方法去尋找自然界四種
力量（核力、弱力、電磁力和萬有引力）之間存在聯繫的證
據，他所設計實驗的基本觀念是爭取發現弱力和電磁力之間的
耦合作用，他在一篇文章中表示：「依我們現在的理解，這一
目標很可能最近幾年內實現。」

　　另一位諾貝爾物理獎得主楊振寧在他的自傳中評述，「丁
教授在粒子物理學中有許多卓著的貢獻，最有名的是 1974 年
J粒子的發現，這項發現導致粒子物理學走入了新的方向，他
因此獲得 1976 年的諾貝爾獎。此外，他對量子電動力學的精
確性，輕子的性質、矢量子的性質、膠子噴柱現象、Z-r 之干
涉問題的研究都有十分重要的貢獻。」

雙親留學美國

　　丁肇中的科學教育及日後揚名全球的研究成果皆根源於美

國，就連他的出生地亦在美國一所大學校園的數里方圓之內。他的父親丁觀海（工程學教授）和母親王雋英（心理學教授）於 1935 年訪問密西根大學，次年春天，丁肇中誕生，三個月後，他們返回中國大陸。丁肇中多次在媒體訪問中表示：「我的父母親非常愛國，他們返回中國的主要目的就是參加抗日行列。」

自 1936 年回到中國大陸後的十餘年間，丁家和其他數以千萬計的中國同胞一樣，不停地在兵荒馬亂之中逃難，丁肇中也沒有好好念過一所學校，所幸家中有兩位教授坐鎮，他年幼時的科學教育和中國歷史書籍的閱讀都打下紮實的基礎。1948 年抵臺之後，先在臺中豐原鎮居住一年，隨後搬到臺北，進入建國中學就讀，他回憶這所中學的幾何、中國歷史、英文和化學方面的師資，都非常優秀。丁肇中念高中時最感興趣的科目是中國歷史、化學和物理，但是他發覺如果想在歷史中追求真理，要比從科學之中追求艱難得多。

2009 年，他接受北京央視 CCTV 節目主持人曲向東的訪問時指出：「我喜歡歷史，但並沒有做進一步的研究，因為在中國很難找到真正的歷史，譬如每一次改朝換代，新王朝的第一件事就是改寫歷史。」丁肇中的這番話，換來節目主持人一臉的愕然。更由於他在十二歲之前沒有受到正規的學校教育，所以對國文、英文科目感到極大的困難，不過物理和化學兩門因自修的時間多，所以能夠有較深入的瞭解。

迎接新挑戰

　　高中畢業之後，他做了臺南成功大學一年級的新鮮人，鑒於美國的高等教育制度較為完備，而且他在美出生，具有公民身分（美國採出生地主義）進、出境比較容易，所以 1956年，他負笈北美洲，就讀密西根大學工學院。在密大求學期間，丁肇中的數理成績出色，靠獎學金完成學業，大學第二年轉入理學院，六年內獲得物理博士學位，締造一項難能可貴的紀錄，直到現在，該校只有極少數人能以這樣的速度修得博士。

　　丁教授在他自撰的《一個物理學家的體驗》中回顧這段求學的時光：「在學校裡，我的考試成績相當好，更重要的是，在大學期間，我有機會縝密地研討了整個物理學，並且突破書本的格局去瞭解物理現象，……做為一個科學家，最重要的是不斷探尋教科書之外的事，對該學科有更深一層的理解，有能力去獨立思考各種物理現象的本質，當面對占壓倒優勢的反對意見，要毫不膽怯地迎接挑戰。」

　　在美國的大環境和制度之下，丁肇中以優異成績取得博士學位，自然有許多理想的工作機會迎候，但他所選擇的是「能使我進一步從事研究的工作」，他渴望能夠和歐洲核子研究中心（CERN）的柯克尼教授一起工作（雖然薪金只有其他工作機會的三分之一），為期一年，柯克尼的特長是，在選擇物理研究的課題時具有敏銳的觀察力，能夠深入淺出地闡釋複雜的問題。自歐洲歸來，他開始到哥倫比亞大學的物理系擔任教席。日後展開他一連串卓越的科研成就。

探索反物質

　　1995 年，丁肇中有心將粒子測驗器放在太空軌道之上，借以測量宇宙之中是否有反物質（antimatter）的存在，希望進而能替宇宙解祕。太空科技對於丁教授和他麾下的團隊而言，是一個全新的領域，但三年之內他就克服經費、人力和實驗設計的重重困難，1998 年 6 月初，把阿爾發磁譜儀（Alpha Magnetic Spectrometer，簡稱 AMS）藉著太空梭「發現號」將它放進太空軌道作了十天的飛行，原先預計 2004 年第二度把它送進國際太空站，再作兩、三年的試測。但因 2003 年 2 月 1 日，「哥倫比亞號」太空梭發生意外，其餘的太空梭作業全部停擺，所以磁譜儀第二度升空便延後到 2011 年。

　　當磁譜儀 AMS 初次升空作業的前一年（1997 年 8 月），我參加了太空總署為丁肇中在休士頓太空中心舉行的記者會，會中他解釋「反物質」的探索計畫，丁肇中說，科學家推論宇宙始於大爆炸，估計目前宇宙年齡已達一百四十億年，大爆炸之後，產生數目相等的粒子和反粒子，正電子和反電子，正質子和反質子，依此推理有了物質，就有反物質；反物質的觀念最初由物理學家 Paul Dirac 於 1928 年提出，五年後，他因此一理論獲諾貝爾獎，但是直到現在還沒法在生活的環境中找到反物質，究竟由反物質所組成的半個宇宙潛藏何處？

　　丁肇中接著說明大爆炸的理論，他說「我們知道宇宙是從大爆炸而來，因為你從天文望遠鏡中觀察，便可發現星辰與銀河系紛紛向外擴散，由是觀之，宇宙不斷向外擴張，所以明天的宇宙要比今天來得大，明年的宇宙要比今年大，如果逆向命

題，溯源到一百四十億年之前，宇宙就是一個小點，所以在大爆炸之前，萬物皆真空。倘若有一個正電子，便會有負電子予以平衡，反物質存在的道理亦寓於此。」

丁教授表示，宇宙間帶電的粒子常被地球的大氣所吸納，所以無法在地面上測量，過去四十年來曾有人用氣球做短期的實驗，但所獲資料有限，而帶電的宇宙射線只能用磁場的射線指認，這也是他使用阿爾發磁譜儀（Alpha Magnetic Spectrometer）的重要理由。

AMS 的構造

磁譜儀（Alpha Magnetic Spectrometer）的構造分為五個部分：一塊永久磁鐵（Magnet）、矽造的微帶傳輸追蹤器（Silicon Microstrip Tracker）、傳播時間閃爍器（The Time of Flight Scintillators）、反複合閃爍計數器（The Anti-Coincidence Scintillator Counters）、氣凝溶膠臨界計數器（The Aerogel Threshold Cerenkov Counter），除此而外還有電子儀器及支持界面與結構的裝置。

記者會分發一頁各國所負責製造的圖表解說，磁譜儀重七噸，兩公尺高、為直徑兩公尺的圓錐形，內含七大項，其中 AMS 探測器所用的磁鐵是由中國大陸製造，臺灣負責電子儀器，丁後來回臺時，特別在一次演講中提到，這是中研院的李世昌、和中央大學的張元翰及中山科學院電子所的劉金陵所領導下的優異表現。中山科學院承製磁譜儀的電子系統至今已有多年歷史，呈現零缺點，連美國太空總署都肯定其優異性。

丁肇中特別感謝太空總署的國際太空站提供了一個不受地球大氣和地心引力影響的實驗室，來支持這項長期、大規模、精準的物理實驗。他說假使存在一個反物質所構成的宇宙，則磁譜儀便能測出反物質在地球邊緣走遊眾星系時所發散反氮、反碳的粒子。

美能源部相助

出席記者會的還有 Dr. O'Fallon，他說能源部為 AMS 之議邀集高能物理和天文物理學家組織藍帶委員會，開會討論的結果，他們一致建議能源部予以撥款協助。更由於 AMS 實驗的性質與規模空前，必須拿到太空上去做，太空總署不僅以物質支援，同時 NASA 工程師及科學家亦加入工作行列。

1998 年 6 月 2 日，磁譜儀 AMS 隨著「發現號」太空梭第 STS-91 號任務升空，行前丁肇中在記者會上宣布，AMS 是太空總署所批准的第一個在太空站上所做的物理實驗，它分成兩回進行，首次即將隨「發現號」到太空運作一百小時，除收集科學資料，藉機也試測 AMS 的本身機能，為日後進入太空站鋪路。

丁肇中在記者會上回答問題時表示，AMS 的造價和兩次飛行的費用是三千三百萬美元，太空總署承擔一千三百萬元，美國能源部付四百萬美元，其餘由參與國家攤付。所參與國包括：美國、芬蘭、法國、德國、義大利、俄羅斯、中國、臺灣、羅馬尼亞、西班牙、瑞士和葡萄牙（但截至 2004 年為止，增為十六國）。丁教授並透露，製造 AMS 磁鐵的原料是

一種高純度釹鐵硼的合金，產於內蒙包頭市，該地嚴冬冷至零下四十度。

1998 年，隨「發現號」六度升空的太空人張福林，具有四分之一的華人血統，他出生於哥斯達黎加，記者會上有一位來自該國的電視記者問道，張福林是麻省理工學院的高能物理學家，這次由他在太空負責試測 AMS 的操作，而籌劃 AMS 的又是同校的教授丁肇中，兩者是否有什麼關聯之處？丁教授表示，太空總署選擇飛行人員自有其標準，他並沒有參與其事。無論如何，此一因緣際會促成兩位傑出華裔科學家的合作佳話。

正如 Dr. O'Fallon 所言，AMS 的雛形完全出於丁教授的一個觀念，加上一幅願景。隨後在短期的兩三年內，以他的智慧領導及經理而組成國際團隊。這項地球上史無前例的跨國合作計畫是如何推動它的工作？丁肇中在 2003 年 3 月接受公視 Frontline 節目訪問時，作了詳細的描述。

科學團隊統帥

丁教授說，我們每三個月見一次面，大家到日內瓦集會，他們之中有實驗室的主任、教授、研究助理甚至研究生，會議開鑼之後，先聽他們的報告，我非常仔細聆聽他們的意見，因為物理學家各有自己的想法，你不能傳達命令支使別人，也不能付諸表決，因為大多數人的意見不一定正確，而背後支持這項計畫的政府，其動機純為滿足求知慾和好奇心，因此只好由我仔細考量每個人的發言以後，再決定下一步怎麼做。

昔日科學家每當鑽研一項新理論之時，往往踽踽獨行，充其量背後有一個實驗室給予支援，至於像丁肇中此番徵集、組合全球各地專家、科技人員，以及美國能源部、太空總署的例子，可謂少之又少。丁肇中曾向媒體解釋，對他個人而言，是為滿足求知慾，但是他指出，許多實驗和發現在最初的時候，純為滿足好奇心，但是到後來卻能產生實用價值。譬如百年前發現的 X 光和電子，等過了三十年，就能把 X 光應用到醫學界。像 1920 年代，最先鋒的科學是原子物理，又稱量子力學，現在我們把它應用到雷射、電訊交通、超導，再看四〇和五〇年代，最先進的科學是核子物理，現已應用到能源、國防和醫學。丁教授說，我們可以歸納如下：一項科學知識，從發現到應用，大約相隔三、四十年，一旦進入應用的範疇，其影響力就無遠弗屆。

　　丁肇中強調，科學永遠是一個「過程」，很難斷言它的方向和目的地，例如科學家對於組成宇宙的最基本單位的認知，便與時推移，迭有更變；大約在一個世紀之前，咸認化學元素（元素周期表上的）氫、碳、氦和原子是自然界中最基本的元素。後來經過無數的研究，我們否定了這項假設。到了二十世紀的六〇年代，眾所周知基本粒子是最小的宇宙組成單元，但是七〇年代又發現夸克是最基本的單位，或許百年之後再回頭看，又是另外一番景象。

　　顯而易見，丁肇中目前所領導尋找反物質與暗物質的工作，跨越歐美亞三洲、包括十六國、六十餘機構，四百多位科學家參與其事，所花費的金錢是以千萬計，其鑽研之物又是一個未知數，許多人不禁要問丁肇中的說服力來自何處？丁教授

在回答媒體記者這個問題時表示：「別人相信我，因為他們看到我過去所做的東西，以及研究工作的紀錄。」隨後他雲淡風輕地加一句：「或許因為我曾得過諾貝爾獎吧。」他認為一個科學家最重要的工作是找出最緊要的問題發問。名記者比爾‧莫耶斯（Bill Moyers）甚至追問：「你犯過錯誤嗎？」丁回答：「至少到目前為止，還沒有。」

丁肇中的偶像

像丁肇中這樣受到同業敬重的大師級的科學家，心中有沒有英雄或偶像？當然有！他的回答是：牛頓、法拉德（Michael Faraday，英國化學及物理學家）和 James Clark Maxwell（蘇格蘭物理學家），「他們令人崇拜的地方在哪裡？」丁回答：「他們不停地探索那個未知的世界。」若干西方記者對於丁肇中的功成名就，忍不住追根究柢：「是否和中國的文化背景有關？」丁教授回答：「如果有關的話，應該是一種反作用。」他說：「我和父親對事物的看法，經常意見相左，雖然他學的是土木工程，但成長於傳統的中國社會，對於孔老夫子所說的話都一概接受。我的想法就不同，如果老舊的東西都是對的，那麼人類就不會進步。」

莫耶斯（Bill Moyers）立即抓住機會幽丁肇中一默：「當你變成美國人的時候，你必然要向傳統和權威挑戰。」丁接著補充，另一個「美國化」與否的例子，就是你夜裡到實驗室工作，或數數字的時候，不再使用中文，而使用英文，或不再慶祝中國農曆新年，那你就徹底美國化了。

「當你徹徹底底做了美國人以後，是否仍舊和中國文化有番精神或智慧的交流呢？」丁肇中回答：「我年輕時記性好，讀書可以過目不忘，有時常被中國的歷史故事沈迷。如今在家中的晚飯桌上，喜歡向妻兒談中國的歷史故事。」但這位有如哥倫布率領探險部隊的科學統帥，在家說古卻知音難尋。丁肇中結過兩次婚，第一任妻子是位建築師，生了一雙女兒。第二位妻子擔任他辦公室的經理多年，獲有心理學博士，育有一兒Chris，現年二十五歲。

AMS 的重要性

1935 年出生的丁肇中教授，近年來著力於「反物質」的探索計畫，希望透過磁譜儀 AMS，探測反物質，進而有助於對宇宙起源的瞭解。2011 年 5 月磁譜儀 AMS 第二度隨太空梭進駐太空站，事隔月餘，丁肇中教授、德州共和黨聯邦參議員 Kay Hutchinson 及 STS-134 任務指揮官 Mark Kelly 一同在休士頓太空中心舉行記者會，丁教授特別感謝 Hutchinson 參議員給 AMS 進駐太空站所需的國會立法授權的大力支持，表示十二萬分的謝意。

太空梭任務指揮官 Mark Kelly 指出，AMS 對於瞭解宇宙而言，將有革命性的影響，丁教授還在記者會上強調：物理學家們對於宇宙來源提出暗物質、暗能源和反物質的理論，但這些理論必須經過一番試測和挑戰，而當下唯一的方法是用一個工具來收集有關訊息，而 AMS 就是這個工具。

丁教授並且說，AMS 將使用太空獨特的環境來推前有關

宇宙的知識，同時藉用搜尋反物質、暗物質和測量宇宙線的方法來增進對宇宙的瞭解，而據物理學家的瞭解，宇宙線對載人飛行火星造成極大的阻礙。丁教授在會上宣布，自 AMS 放上太空站以後，已收回上十億的宇宙線，這也正是丁教授所籌劃瞭解宇宙的一個起點。

註：本文除了採訪丁肇中教授，還參考 2003 年 3 月公視節目 *Frontline* 所做有關丁肇中教授的訪問。

1997 年 8 月丁肇中在休士頓太空中心與張福林會面——石麗東攝。

突破與瓶頸——
朱經武的高溫超導之路

朱經武。（德州超導中心提供）

第七章

朱經武多次獲提名諾貝爾物理獎，他表示：「這種事可遇不可求，我想有很多人都是該拿而沒拿到，……一個人從事科學研究，不能把『獎』看得很重，我對高溫超導的研究樂此不疲，在研究工作當中所得到的報酬已經夠多了。」

冠蓋雲集的盛會

2012 年 11 月 19 日那一天，設址休士頓大學的德州超導中心可謂冠蓋雲集，若以學術界「冠蓋」人物的指標而言，無疑是以馳名全世界的「諾貝爾獎」最為顯赫。19 日在德州超導中心所舉行的「慶祝二十五週年學術研討會」一共有五位「諾貝爾獎」得主蒞臨，他們分別是：1972 年物理獎得主 Leon Cooper，1976 年物理獎得主丁肇中（Samuel Ting），1996 年物理獎得主 David M. Lee 和化學獎得主 Robert F. Curls Jr.，2003 年物理獎得主 Anthony J. Leggett。其他二十餘位在三組討論會上發言的科學家分別來自歐、亞、北美全球各地，其中包括自臺灣飛來的中研院物理所主任李定國，東華大學校長吳茂昆，和中山大學校長楊弘敦，當天下午會議結束時，替一整日演講做結論的是德州超導中心創始人朱經武教授。

二十五年前（1987 年春天），朱經武和他領導的七人小組在液氮的沸點之上（77K）發現了超導體的存在，此一震驚科學界的突破，不僅給朱經武和休大研究小組帶來無數榮譽，同時德州州議會特別通過法令，於次年成立德州超導研究中心，並撥款兩千兩百五十萬美元興建大樓。

超導中心的業績

根據該中心在 2012 年所發布的統計數字，自德州超導中心成立以來，已申請到六十項高溫超導的專利，並且和一百四十餘個美國及其他國家的組織建立合作關係，年度經費預算一

千兩百萬美元。2009 年，德州超導中心獲得德州新興科技基金（Texas Emerging Tech Fund）的「研究優異獎」共三百七十五萬美元，於是以這筆款項成立「應用研究部門」（The Applied Research Hub，簡稱 TcSUH-ARH），以期加速高溫超導的商業應用，吸引美國國內外的科技公司前來設廠。

目前德州超導中心所積極發展的一項新科技乃研擬使用超導線材來代替磁共振造影儀 MRI 中的永久磁鐵，超導體的磁性較高，而且能將 MRI 儀器的重量減輕許多，朱經武希望能將價格從目前一台一百五十萬美元減低到五十萬元甚至二十萬元，如此一來可讓貧窮地區的人民也能享有較好的醫療待遇。

德州超導中心目前擁有兩百左右的研究及工作人員，這些博士後及大學部及研究生分別投入六個科學領域：物理、化學、化工、電機、電腦工程、材料工程和機械工程從事研究，所涉及的實務有高溫超導、能源材料、生化及奈米材料等。

在晚近的科研領域之中，超導常被行家列為重要的研究項目之一，因此科學先進從理論上預見來日符合經濟效益的超導成材問世之後，不但能引起一場能源革命，節省時間、空間和自然資源，並可應用於醫療設備、發電、輸電、探油等多方面造福人類，1987 年後的數年之間，全世界研究超導的單位從原來的四個（瑞士、日本、中國和美國的朱經武）急速增加到四百餘組。超導體最早是由荷蘭科學家海克‧汪尼斯（Heikek Kamerlingh Onnes）在 1911 年發現純水銀在 4.2K 時電阻會驟減到接近零，這種在非常低的溫度下才能產生超導作用的實用價值有限。

1979 年，朱經武結束在貝爾實驗室的一項工業研究和克

里夫蘭（Ohio）大學的教職，應聘到休士頓大學物理系任教，開始了他高溫超導的研究，七年後朱經武和吳茂昆發現可用液態氮達到超導溫度（77K）的釔鋇銅氧化物，它大幅增加了超導體實用價值之可能性。由於瑞士科學家諾茲 J. Georg Bednorz 和穆勒 K. Alexanda Muller 宣布高溫超導的材料在先，他倆在銅的金屬氧化物中量到30K的超導作用，那一年的諾貝爾物理獎頒給了這一對瑞士科學家。此後朱經武不止一次再獲諾貝爾物理獎的提名，但總是擦身而過，朱經武曾表示：「這種事可遇不可求，我想有很多人都是該拿而沒拿到，……一個人從事科學研究，不能把『獎』看得很重，我對高溫超導的研究樂此不疲，在研究工作當中所得到的報酬已經夠多了。」

接近科學先進所預見的室溫超導材料一旦製成以後，應用於日常生活的遠景如何？朱經武教授解釋，目前電力公司用銅或鋁來做導體輸送電流，過程中產生電阻，因而流失能源，造成浪費。如果使用無電阻的超導材料，增加臨界電流的密度，使用超導線圈製作超導磁鐵，可承載比一般銅線一千度以上的電流密度，而不流失能源。如此一來人們可以把沙漠中蘊藏豐富的日光能輸送到人煙稠密的地方，同時可以把核電廠建造在人煙稀少之處，減少人們對核能災變的恐懼。

超導的優異性能

超導體的另一大特色是抗磁性，可以使超導體和磁鐵之間相隔一段距離卻又不失聯，因此可用來製造磁浮列車，它避免車輪和地面的摩擦，而提高速度，讓乘客不覺車身移動，可減

去舟車勞頓之苦，對於為節省時間又懼高的顧客說來，它提供了另一種選擇，目前日本已發展出時速超過五百公里的磁浮列車。

超導體因磁性靈敏，應用於醫學器材方面，對映人體的磁場，無需開刀便可診斷病情，還有若干病源於健康之時便可發現。譬如磁振造影儀 MRI，最關鍵的元件就是超導磁鐵，目前價格昂貴，如果能降低它的造價，那麼就可以讓貧窮地區的人也享有較好的醫療照顧，超導體優異的性能還可應用於軍事和探油方面，不勝枚舉，難怪 1987 年朱經武在全美物理年會上發表此一震驚學界的「突破」後，使得他立即成為科研界的一顆明星。

綜計歷年來他所得殊榮：1987 年被《今日美國》日報評選為年度風雲人物，次年《新聞周刊》和《紐約時報》稱他為「超導超人」，1988 年獲雷根總統所授的科學獎章，接著在臺灣當選中研院院士。1989 年獲選美國國家科學院院士，同年入榜美國科學及人文學院院士。1990 年他被《美國新聞》及《世界報導》雜誌圈選為美國十位最傑出的人士之一，該雜誌向五百位科學人士所做的問卷調查當中，他被同行推舉為研究領域最傑出的人士。

自從他變成科研界的明星之後，來自四面八方、各色各類的媒體爭相採訪，因此花費不少時間，若有名人訪問休士頓時（不乏歐洲皇室貴冑），都要求參觀超導研究中心，或與朱博士晤面，1990 年夏天，七國高峰會議在休士頓舉行，老布希總統主持的正式晚宴，邀請了朱經武出席，因為那幾天特別忙，竟然忘了總統的宴會。

自幼喜歡科技

　　1941 年出生於湖南省的朱經武，七歲隨父母遷居來台，在台中清水鎮的眷村長大，父親服役空軍從事維修飛機的工作，十歲不到的他時常跟在後頭擔任助手。自小他就喜歡動手做電器等玩藝，有一年得了紅包壓歲錢，他跑到清水鎮的舊貨攤，買一捆回收的舊線圈，自製了一個礦石收音機，忽然聽到臺北「中央廣播電台」和「對岸中央人民廣播電台」的播音，那種蒙著棉被偷聽廣播的事，讓他暗自興奮、高興了好一陣子。念中學的時候，他用舊線圈、磁鐵和鳳梨鐵罐自製馬達參加科學展覽。這種深植於幼年時代對科學和技術的喜愛，也就成為日後在實驗室裡追求高溫超導的原動力。至今在德州超導中心研究同僚給他 Closet Mechanic 的外號，意味他做實驗時常就地取材，節儉成性，多少和年幼時這種習慣的養成有關。

　　從清水中學畢業後，朱經武考取成功大學物理系，他記得成大的大小考試極多，「但因為時時都很用心，非但不以多考為苦，同時也替日後的研究工作打下基礎」。大學四年除了讀書之外，他喜歡打籃球，在學校曾當選模範青年、天主教同學會長，偶爾繪製課外活動海報，一位中學老師曾建議他去學畫，足見他在繪畫方面頗有天分，筆者在休士頓朱經武家客廳見到他遊黃山的攝影作品，疑是專業人士之作。朱經武在大學裡的表現以及所參加的課外活動，足以顯示其領導長才以及鮮為外界所知的一面。

　　1963 年，朱經武隨著留學潮前往紐約 Fordham 大學攻讀碩士，當年的指導教授巴得尼克（J. Budnick）鼓勵他以「鈷

合金的核共振」做碩士論文，根據 1988 年羅勃・海森（Robert Hazen）所著《超導突破》（*Breakthrough: the Race for the Superconductors*）一書的描繪，朱經武的表現優異，他在設備平常的實驗室中製作了繁複精密的儀器。

1965 年，朱經武轉往加州大學聖地牙哥分校攻讀博士，追隨超導泰斗馬蒂斯（B. M. Matthias）從事研究，朱經武說：「我後來做研究的方法深受馬蒂斯的影響，他要求我們想東西時，要打破舊有的窠臼，才能有所突破。」日後朱經武的超導突破即打破僅僅研究金屬的格局，而反覆對氧化物進行實驗。

朱經武攻讀博士期間的另一大收穫是結識他的人生伴侶陳璞，她是國際知名的數學家陳省身的掌珠，原攻讀物理，後轉行經濟，獲有博士學位，現任一家銀行董事，朱經武的妹妹朱娉娉告訴筆者「能幹而又賢慧的二嫂是二哥（朱經武在家排行老二）在事業上的得力支柱」。朱經武也稱讚陳璞「我因做實驗，常常回家很晚，經年累月難得她沒有一句怨言，如果做不出什麼結果，未曾有過冷言冷語，對於任何進展都從正面打氣。」

陳璞出生中國大陸，一歲時隨父母遷美定居，但是她對於子女的中文教育傾力參與，根據休士頓長青中文學校創辦人臧武雲的敘述，陳璞上至擬定中文學校的英文組織章程，下至週末上課時擔任指揮交通的義工，她深得學生家長的好感與敬佩。相熟者都記得陳璞八〇年代初期遷來休士頓時，帶著美國口音說中文，如今已經可以字正腔圓地使用中國成語，陳璞另一特長是兼擅中西廚藝，讓朋友們格外羨慕朱經武的口福。

治校成績卓著

2001 年，朱經武的學術及科研生涯跨向另一領域，他在香港科技大學董事會、前香港特首董建華等的力邀下（允諾他兼顧休士頓超導實驗室），接任科技大學校長，另闢教育行政方面的傑出成就。

在一般觀念裡，大學是遠離塵囂的學術象牙塔，然而到了二十世紀後半葉，當全球化的腳步加速向前之際，美國的研究大學（Research Universities）除了成為經濟待開發地區向已開發地區取經之地，並且也是全球各地農業社會的知識分子想要改善生活條件的一個跳板。二次大戰以來，美國大半的經濟成長都要歸功於科技發明，其間一個重要因素是出於聯邦政府對於教育的投資。到了二十世紀末，「科技」和「知識」已成為一國未來成長與繁榮的鑰匙。

Research Universities 的重要性與日俱增，已是舉世不爭的事實，當 2001 年香港特首董建華邀請朱經武擔任科技大學校長時便表示，香港受到大陸人工便宜的衝擊，所以要發展科技，充實科技大學的內涵，進而推助香港科技工業方面的發展，帶動香港經濟轉型，這讓朱經武感覺一生中能有機會做點有意義的事，所以答應前往香港就職。

朱經武接掌香港科技大學之後，便赴世界各地徵才，網羅卅餘國人士擔任教授，為了提高學生的素質，他和香港七個大學的校長一同到大陸招生，用高額獎學金挖角內地的狀元。在他第二個任期內，朱經武創辦了高等研究院，邀請優秀科學家長駐，使其根留香港，以期這顆昔日的東方明珠，成為今下科

學創新的平台。他在擔任科技大學校長期間，除了充實科大的科學實力，也努力向社會大眾推廣「科學」，譬如參加電視劇「創新戰隊」的演出，扮演戰隊領袖科技大俠石開武博士，該劇在巴士上的頻道放映精華片段，引起各階層對科學議題的廣泛討論。

若以有形的數據總結朱經武在科大八年的治校成績：科大MBA企管碩士班在亞洲名列第一，整個科大的名列全球第五十八，他在任上的八年之中，曾七度被票選為香港最佳校長。

出掌臺灣綜合大學

朱經武在香港治校的卓著成績，自然引起兩岸三地學界的注意，2012 年 11 月 5 日，媒體披露朱經武以榮譽職的方式出任「臺灣綜合大學系統」總校長的消息，馬英九出席了布達式，高度肯定中央研究院院士朱經武不支薪，並以感恩家鄉和回饋母校成功大學的心情來協助臺灣高等教育的發展。

朱經武在電話訪問中表示，政府鼓勵成立綜合大學的目的是為整合各校資源，在此一系統下的中山、中正、中興和成大各有專長，例如中山在海洋研究方面居領導地位，中興的農業生產、中正的法律和精密機械以及成大的工科和醫科，各校可截長補短，發揮研究和教學的加乘效果。除了跨校和跨領域的整合，必須加強與科學園區的合作，朱經武說他的另一項任務是向政府及企業爭取資源和贊助。

馬總統在布達式中表示，臺灣天災多，自然資源少，於是人才是我們最重要的資源，近年來新加坡、香港和大陸都積極

挖角境外人才，我國倍感威脅，也流失許多人才，如今政府計畫鬆綁限制，配合教育改革，希望藉由「築巢引鳳」的方式，不僅留住本土人才，同時也延攬來自全球的人才，馬總統並期許「臺灣綜合大學系統」在朱經武的領導之下，為國家培育更多的人才，提升我國在國際高等教育的競爭力，同時發揮提升臺灣社會及經濟發展的效益。

記得 1989 年我第一次訪問朱經武教授時，他言及在高溫超導上能夠取得成績，主要因為一直對科學抱有濃厚的興趣，他從小就立志做科學家，他說半世紀之前的青年學子都知道歐美國家是以科學發達而國富兵強，所以很多人希望以後能在科技方面報效社稷。

對照馬總統在布達式上的一席話，朱經武擔任綜合大學校長一職，正符合他以學術回饋故鄉的願望，詢及目前研究超導的方向，朱經武認為大家希望在應用方面更方便一點，而且高溫超導的器件雖然做成，但製作費用太高……，如何面對這些挑戰？朱經武說他對高溫超導仍舊充滿信心，並且一再強調不僅用傳統方法去製作，也要用不同傳統的技術和非傳統的材料中嘗試，很可能諸多挑戰與瓶頸之中，正潛伏下一次突破的契機！

香港城市大學校長——
「工業精準度」專家郭位

香港城市大學校長郭位教授。
（郭位提供）

第八章

自郭位來到香港城市大學擔任校
長以後，城大的排名榜一路攀
升，重複他以前在美國治理工程
學院的行政紀錄，我請教郭校長
學術和事業成功的祕訣，他說自
己的興趣一向多元，做事認真，
如果遇到任何困難，一定全力面
對，絕不迴避拖延，直到問題解
決之後，方才心安理得。

豐收的千禧年

千禧年是人類千載難逢的一個里程碑，對於華裔教授郭位而言，它是豐收年；開春二月，他入選美國工程學院院士，四個月後，德州農工大學（Texas A & M）聘請他擔任「準副總校長兼理工程學院（Associate Vice Chancellor for Engineering），同時榮膺該校工學院的（Wisenbaker工程創新講座教授，為期五年。此一講座的基金兩百萬美元，獲獎教授每年可使用它的孳息十二萬元作為研究費用。

2003 年，郭位應聘田納西州立大學（at Knoxville），擔任該校工程學院院長，這是他自 1980 年取得堪薩斯州立大學工業工程的博士學位後，所任教的第三所學校，二十餘年的教學和研究工作當中，逐漸增加了教育行政事務的比重，到了田納西州立大學，便以掌理工程學院的行政事務為主。

田大的工程學院設有七個學系，一百三十五位教職員，兩千六百餘學生，郭位榮膺新職以後，將是美國排名前百名高等學府工程學院院長當中的唯一亞裔，他也是少數實際領軍工學院的全美工程學院院士之一。郭位教授於 2002 年 7 月當選南港中研院數理組的院士。

郭位應聘田納西州立大學的主要原因之一，該校於千禧年開始經管 Oak Ridge National Laboratory（簡稱ORNL），學校有意借重他在核子工程的專修和「工業精準度」方面的長才，參與該實驗室的管理及運作。位於田納西州的 Oak Ridge National Laboratory，在二次大戰後期美國發展核子武器 Manhatten Project 的過程當中扮演要角，戰爭結束後，核子方面的研

究不再受到重視，ORNL 險被聯邦能源部關閉，後來轉而研發材料科學（material science），近年以奈米和生物科技的中子研究最為出色，年度預算在十六億左右。

非「港仔」任校長

2008 年 5 月，郭位受聘香港城市大學擔任校長，雖說他是香港八所接受政府資助的大學校長之中，唯一不會說廣東話的「非香港仔」，但是這位出生臺灣的第二代外省人，在美國取得卓越的學術成就，兩度出任州立大學的工學院長，並擁有臺灣、中國大陸和美國三地院士頭銜，國際色彩濃厚，在香港這樣國際化的都市擔任高教學府首長，可謂兩相契合。

中國人常說地方父母官做了三年可以見到績效，果然，根據國際高等教育資訊機構 Quacquarelli Symonds（QS）公布 2012 年在全球一百所頂尖大學中，香港城市大學排名九十五，當郭位校長接任之時，城大的排名是一百四十九。QS 並且公布亞洲大學的排行榜，香港城市大學在 2012 年，名列十二，而香港城市大學的工程學都是排名香港第一。

根據香港媒體的報導，郭位注重學生和老師之間的溝通，他也是第一位推出個人網上日誌的校長。

立志做教授

1951 年次出生的郭位教授，畢業於新竹清華大學，主修核子工程，來美後，先後獲核子工程、工業工程及統計學三個

碩士學位，1980 年取得堪薩斯大學工業工程博士學位，先服務於貝爾實驗室，後執教於愛荷華大學。1990 年受聘於德州農工大學，該校成立於 1876 年，當初是軍校，校風保守，直到近數十年才招收女生，和德大奧斯汀同享州屬油田為財務基金的優惠，多位校友居德州政商界要津，老布希總統的圖書館設址於此。

為了在工業界取得實務經驗，他獲博士學位後，便前往貝爾實驗室工作，一方面在該處教授「工程可靠度」的課，一方面擔任系統專家（system specialist）的職務。1980 年代初期，他開始搜集電子及軟體系統設計可靠度的資料，1984 年郭位前往愛荷華大學工業工程系執教，他給大學部的學生設計了「品質管制」、「系統模型」、和「工程可靠度」的課程，教導學生如何設計他自工業界及艾美斯（Ames）實驗室所取得的一些計畫。學生將這些計畫完成後，獲得數個全國性的大獎。郭位在教學上的種種努力，於 1988 年被學生票選為最受歡迎的教師。

可靠度的實踐

艾美斯 Ames 實驗室隸屬能源部，和能源部其他實驗室相較，規模並不大，它著重「發展」（development）而輕忽「研究」（research），郭位在愛荷華大學教書期間，有五年兼職艾美斯實驗室，當時他一再強調「工業可靠度」的觀念和優點，他說「設計系統」固然很重要，但同等重要的是，如何在市場上將之推廣。郭位說，他後來到 IBM 及 Hewlett-Packard

這樣重量級的大公司工作，亦繼續推廣品質和可靠度的系統及檢查程序的標準。

大型電子企業究竟應在什麼時候推出新的軟體成品？郭位說，這是一個十分重要的問題，究竟應等到軟體成品的可靠度穩定？或市場的時機成熟？當然有很多方法追求這個答案，如果你以成品的準確、可靠度為優先考量，那麼問題是，可靠度的定義為何？你要花多少的時間來查明故障？派多少人去查清它？你在什麼時候要把軟體與硬體的系統結合起來？

郭位指出，微電子產品在問世的第一年很不穩定，它剛結合了軟、硬體系統，就像剛出生的嬰兒一樣，容易生病。由於現代產品的功能越來越多，設計益形複雜，用傳統的方法試測，十分昂貴。郭位經過多年研究發展一套試測理論和方法，使用隨機和非規律的方式，試測工業產品的可靠度。郭位教授尤其在研究微電子產品可靠度方面取得卓越成就。郭位的研究成果在許多行業得到認可和採用，如：美國陸軍、海軍研究室，國家科學基金會 IBM、和 Motorala 等廠家。他之入選美國家工程學院的院士，即因「對工程理論和運用有過顯著貢獻，並且在研發的技術領域取得不尋常的開拓性的成就」。

主編喜好美食

郭位近年來在教書、做研究和學校行政工作之餘，也從事其他活動來豐富生活的內涵，數年前，他擔任德州農工大學城一所週末中文學校的校長，他說在海外教下一代學中文，多少肩負文化傳薪的重任，聽起來不著邊際，但是做週末中文學校

校長的工作卻非常具體，譬如找師資、教材、為學校籌款、辦同樂會，聚餐的時候要安排好吃的⋯⋯，小孩最喜歡吃他調理的酸辣湯。郭位教授其他的拿手菜還有：宮保雞丁和紅燒豬蹄。

郭位不僅會燒菜，而且應當地中國教職員婦女的邀請，為他們講解烹調的祕訣。數年前他還在德州任教時，他到香港科技大學客座「工業工程」學，閒餘也開講烹調課，他說堂上還有人帶著錄音機。他說烹飪是藝術和科學的結合，日本人強調美藝，中、法人士就比較講究口感、好吃。以酸辣湯為例，郭教授說要做好吃的酸辣湯，必須前一天燉高湯，再準備肉絲（需先炒）、豆腐、木耳絲、番茄切絲、筍絲、豬血（後兩項可有可無），待煮滾勾芡汁之前，加米酒、胡椒粉、醬油及醋。郭教授說，如果用辣椒代替胡椒粉，味道就不對了。郭位雖精於烹調，但平日飲食簡單，在美任教期間，常買麥當勞的漢堡充當午餐。

祖籍北平的郭位教授說，他對美食的愛好，最初得自幼時父母帶著全家上館子的經驗，後來出外念書，做學生的胃口特別好，經常留意雜誌書報上的美食篇。他在清華求學的那段時光，因為學生人數少，全校只有四百多人，當時還沒有文學院，但有一個《清華雙周刊》的學生報，平常發行四版，遇上節日增加兩版，他擔任了兩年的主編。

郭位教授說，那時清華的學生都屬理工科，雙周刊的工作要採訪、寫作、畫插圖、編輯、排版一把抓。內容包括文學、藝術、音樂；不僅整理採訪稿，有時還要寫社論，做意見調查（譬如對餐廳伙食的意見）。雖然清華的課業很重，雙周刊的

工作造成額外負擔，但郭教授認為這件持續兩年的課外活動，擴大了他的人生視野，日後看問題也比較全面，因此認識許多朋友，對他以後做人處事，都很有幫助。

榮銜無數　喜讀《論語》

2001 年，郭位教授和中研院資訊所長李德財一同榮獲財團法人潘文淵文教基金會 2001 年的「傑出研究獎」，各得獎金五十萬台幣。該獎甄選標準嚴格，必須具備兩個條件：一、在理論創新，實驗技術發展、生產製程改善或儀器製造等方面，具有國際水準，二、領導大型或整合計畫，卓有成效者。

綜計郭教授所獲的榮銜包括：美國國家工程學院院士（NAE）、國際品管學院院士（IAQ）、國際工業工程會（IIE）、美國品管學會（ASQ）及國際電子工程學會（IEEE）之會士（Fellow）；此外，他歷年所獲的獎有：國立交通大學榮譽教授，IEEE 的千禧年獎，1999 年由 ASQ 頒發的 Austin Bonis 高等可靠度傑出研究成就獎，1998 年由臺灣中山大學品管學會所頒發的品質專家獎，1999 年德州實驗工程局資深 Fellow 榮銜及 1993 年 IIE 的技術革新獎等。

郭位教授著有五本研究教科書，編輯四本專業書籍，累積學術論文一百二十餘篇。他在 1985 年出版的第一本專書《系統可靠度的最優解》（*Optimization of Systems Reliability*），於 1988 年，被中國大陸的國防出版社翻譯，一位朋友在大陸的書局中發現，寄給他，才知道有了中文本。他說千禧年出版的那一本《可靠度設計之理論與實際》，由英國劍橋大學印

行，因為它屬非營利機構，印刷精美而且成本低，是他所出版書籍之中，印得最好的一本。在中國書籍方面，他嗜讀歷史類，凡是跟他做研究的華裔學生，到了畢業的時候，他都會送一本談朱熹或紀曉嵐的書，他平日最愛翻閱的是孔子和門生的對話錄《論語》。

為學校爭榮譽

自 1993 年，郭位受聘德州農工大學以來，除了教學並接掌系主任，還同時主持「工業工程」及「生物醫學工程」兩組計畫，前者的研究領域包括電子生產與製造、作業研究與人機介面；後者則強調的重點是生物光學和生物力學的研究，全年經費九百萬美元。

此外，郭教授也擔任德州農工大學研究機構──德州實驗工程局的製造系統部門負責人，主導電子製造的科研。在他的領導之下，農工大學工業工程系及研所的排名已打破過去的紀錄，在《美國新聞與世界報導》雜誌的排名榜中，為全美第五。

郭位教授表示，德州農工大學偏重工科，而田納西州立大學則是人文、理工並重，由於二十一世紀的高等學府乃爭相發展商學院和工學院，田大有鑒於此一新趨勢，也跟著這個潮流擴充工學院的規模，郭位在田納西州立大學的職務，除工程學院院長之外，並在工業工程系、電腦工程系及統計和管理系擔任教授，同時也是田州州立大學的傑出講座教授。

自郭位來到香港城市大學擔任校長以後，城大的排名榜一

路攀升，重複他以前在美國治理工程學院的行政紀錄，兩年前，郭位把香港城市大學的條件、實力、順勢和阻力與世界一流的麻省理工學院、英國的 Manchester 大學以及喬治亞科技專業大學作番評比，鎖定城市大學為香港唯一的專業大學，他的大學治校方針是充實專業知識，力爭學生到海外交流的機會，進一步促進城大的國際化。對於郭位治校的卓著績效，有人不免溯本追源認為它和郭位所專門的「成品精準可靠度」有關，似乎身懷「更上層樓」的絕技。

我電話請教郭校長學術和事業一路春風得意的祕訣，他說自己的興趣一向多元，做事認真，如果遇到任何難題，一定全力面對，絕不迴避拖延，直到問題解決之後，方才心安理得。

適應香港文化

自年輕時赴美求學，而後在美國大江南北三易教職的郭位教授在眾人眼裡十分國際化。遷居香港兩年之後，他接受《文匯報》的訪問，表示他和常人一樣，對香港的文化也有需要調適的地方，郭校長說：和美國相比，香港的公文如山，譬如他出席一個飯局，要簽署三份文件，而每份文件都是同事花時間準備的，一般在香港開會所發出一百頁的會議程序及記錄，在美國只要一頁就行了。再譬如他有一次到快餐店吃午飯，被跑堂認出是「城大校長」，四周人便投以注目的眼光，讓他感覺十分尷尬，郭校長說或許這正是香港的可愛之處，不禁令他懷念在美國校園一邊走路，一邊吃漢堡的逍遙自在。

郭教授的另一半李照珠女士畢業於臺大農業推廣系，赴美

研習食品科學，在堪薩斯大學求學時和郭位相識，畢業後服務於食品工業 Nabisco 及愛荷華及德州農工大學食品科學實驗室，近年因郭教授學校行政業務忙碌，她全力持家。二女文蓓和文心，學業有成，家庭生活美滿。

為臺灣生醫科技貢獻心力的伍焜玉

1994 年，伍焜玉（左三）在休士頓市長辦公室接受
表揚，左二為伍夫人，右二為德大醫學院院長，右
三為華裔市長助理譚家瑜——石麗東攝。

第九章

1996 年，伍焜玉自休士頓返臺擔任中研
院生物醫學所所長，行前我做了一次採
訪，他自喻一天幾乎工作二十四小時，
對生物醫學的研究始終抱著極為濃厚的
興趣。時當新舊世紀之交，生物醫學界
的菁英紛紛籌組公司，開發自己的研究
專利，我請問是否也有類似的計畫，伍
教授回答：「學、產界的經營方式不
同，就我個人而言，覺得不易兼顧，恐怕
會沖散做研究的精力。」

告別德大醫學院

美國南方盛夏的陽光，一派火辣辣地照射著全國知名的「德州醫學中心」，2006 年 8 月 15 日下午 4 時許，位於醫學中心西南角的德大衛生科學中心大樓的第十七層廳堂，正由校長 Dr. James T. Willerson 親自主持一場送別「榮譽終身教授」伍焜玉的酒會。

退休前獲得「榮譽終身教授」頭銜的伍焜玉博士，自 1983 年應聘德大休士頓醫學院以來，歷任血液腫瘤科主任、血管生物學研究中心主任、分子醫學研究所副主任、德大健康科學中心 Roy M. and Phyllis Gough Huffington 講座教授、安德森癌症中心骨髓移植系教授，他於 2006 年 7 月 1 日返臺出任中華民國國家衛生研究院院長。1994 年，伍焜玉當選臺灣中研院院士，兩年後受聘接掌中研院生物醫學研究所，1999 年返回德大休士頓醫學院繼續任教，七年後自德大辦理退休。

Dr. James T. Willerson 說，1989 年與伍焜玉初次見面，日後更進一步發現他傑出的專長，譬如使用基因治療疾病 gene therapy，這些年他不僅研究成績亮麗，同時也成為年輕醫生的最佳楷模。殷殷話別之餘，Dr. James T. Willerson 校長代表學校贈送伍焜玉一具「長牛角」的雕塑（Longhorn 乃代表德州大學系統的徽誌），並向伍夫人獻上一束黃色的玫瑰（坊間流行一首德州黃玫瑰的歌曲，用來頌揚本土佳麗）這兩件充滿象徵意味的禮物表達了美國社會的溫情和儀節。

兩次不同的退休

　　流光飛馳，2012 年 8 月，臺北媒體傳出伍焜玉將從國家衛生院院長職位退休的消息，因早先採訪過他當選中研院院士及上述自德州大學退休而回臺任職的新聞，因此撥通越洋電話，請伍院長比較兩次的退休情況以及在臺工作六年的心得。

　　伍教授表示：在接受我採訪的前一天，得知清華大學贈予「講座教授」的榮譽。說到六年前德大的退休，並非真正退休，而是將德州的工作做一個結束，計畫回臺灣全心全意把國家衛生院的事情做好。說到 2012 年的退休也不是一般人所指的退休，而是除去肩上的行政工作、開會瑣事，而專心基因體的研究，他腦海裡另有一件推動臺灣醫學科研的計畫。

　　伍教授說，根據他多年在英美學界工作的閱歷，新竹清華大學的科學研究基礎紮實（但並沒有醫學院），如果能和中國醫學大學結盟合作，兩者都能互補互利。

　　伍院長表示他退休後，將盡力在二者之間做一番協調與撮合的工作，如果兩方能夠結盟，他將邀請一位美國新陳代謝的專家來共同研究一些抗癌和抗發炎的基因體。

發現抗癌因子

　　此一基因體和伍焜玉領導的國家衛生院團隊在 2012 年 8 月所發現人體抗癌因子 5-MTP 息息相關，早在二十一世紀之初，伍教授的實驗室就發現人體內的纖維細胞會釋放出來一種神祕因子，可以抑制發炎物質 Cox-2 的過度表現，但一直無法

解出此一「細胞護衛因子」（Cytoguardin）的化學成分和結構，直到近年來「分析代謝體儀器」靈敏度大增，國衛院研究團隊歷經二載，從一百多個可能候選基因逐一比對、篩選，終於找到「色胺酸」的衍生物，化學名稱是 5-methoxy-hypto-phan，簡稱 5-MTP。伍教授指出，它能抗發炎，縮小腫瘤並有效抑制癌細胞的轉移，他表示，這是科學史上，第一次在人體之內找到抗拒癌症和抗發炎的化學物質，如果未來成功研發藥物，可望廣泛應用在多種癌症及腸胃炎、關節炎等發炎的疾病上，該項研究並獲刊登在《美國國家科學院期刊》8 月號。最難能可貴的是：研究團隊清一色由臺灣本土博士組成，他們是：郭成欽、鄭慧萱、陳華芩、顏建龍等研究人員，目前研究成果已經在申請專利之中。

記得六年前，伍焜玉回臺擔任國家衛生研究院院長之前，臨行在休士頓表示，他對新職務有三項方針：第一是做醫學研究、其次是推廣社會民眾的健康、第三是發展生物科技，顯而易見 5-MTP 的發現正符合他第一和第三項指標。這也是伍院長回臺六年後的一項令人矚目的成果，他在越洋電話的採訪中表示：香港和大陸方面的友人及學界朋友紛紛打電話來說平日看不到臺灣的什麼新聞，但這件事卻沒漏掉。

測血小板的方法

伍焜玉畢業於臺大醫學院，1976 年負笈美國，獲耶魯大學醫學院碩士，後於英國倫敦大學獲博士學位，是雙料的醫生 MD 和醫學博士 Ph.D.。曾在康乃狄克州、華盛頓大學、密蘇

里州聖路易（St.Luke）醫院、愛荷華大學附設醫院進行住院醫師的訓練，隨後再在愛荷華州、德州開始行醫，並任重道遠步向醫學研究的路途。

伍焜玉最初鑽研生物醫學，早於 1970 年代與同僚 Jack Hoak 創立一套測量血小板在血液中凝固的新方法，全名：「循環血小板凝集測試法」（circulating platelet aggregate, CPA test），用在急性心肌梗塞、缺血中風病人身上，確實顯示血小板騷動引發凝聚作用，奠定血小板與血栓的密切關係，被醫學界廣泛引用，備受國際重視。此外，他還做了一系列有關方面的臨床研究，在學界影響深遠。為了確實了解血小板活性與血栓形成的因果關係，他於 1985 年參與美國國家衛生院心肺及血液研究所推動的「社區動脈粥狀硬化的風險研究計畫」（Atherosclerosis Risk in Communities，簡稱 ARIC），伍焜玉所領導的實驗室被選為 Central Hemostasis Labs，得到為數龐大的研究基金（1985—1999 年，總數七百五十萬美元），研究成果豐碩。

ARIC 計畫在 1987 至 1989 年間，自四個社區採集一萬五千八百位從四十五歲到六十四歲男女血壓數據、血液及 DNA 的樣本。伍焜玉所領導的小組先以小量人體生物實驗證明口服避孕藥增加了血小板凝集活性，繼而透過 ARIC 龐大的人口血液樣本，檢驗其中的蛋白、酵素，再調整教育水準、年齡、種族等背景因素，再如吸菸、飲酒、節食等影響健康行為的因素證實使用賀爾蒙藥物較未使用者，明顯改變了數個關鍵的血栓風險，可以減少冠狀動脈疾病。1993 年，伍教授的研究小組就此發表論文，震撼學界，在此後的十年間，該論文被引次數

超出七百餘次，2003 年，德大健康科學中心把它放置該校網頁中的「榮譽榜」，並將伍教授列為德大研究人員中的頂尖人物（top names）。

傑出研究項目

綜合伍焜玉歷年來的研究有以下數個重點，第一，尋找心血管疾病的危險因子，他是第一位提出血小板凝結體為重要基因的學者。2001 年，他和所領導的小組發現人體的血管壁中有一種蛋白質 Thrombomodulin，中文翻譯成「凝血黴調節素」，會轉換凝血酵素，從凝血因子變成抗凝血因子來調控血液中的騷動，如果因為基因變異而導致凝血黴調節素不正常，就無法有效調控血液凝固，而增加心臟病的風險，該研究發現非洲裔在血管凝固基因產生變異後，比起白人增加六倍罹患心臟病的危險，突顯種族遺傳性風險因子的重要性，頗受國內外的重視。

第二，內皮細胞的研究方面，伍焜玉的實驗室發現血小板的活性受內皮細胞分泌出來的兩個物質：氮化氧（Nitric Oxide）及皮前列腺素（Prostaglandin）的控制，二者的製造依靠一群酵素，他的實驗室又成功地複製（clone）了 thromoboxane synthase、human Cox-2gene、Prostacyclin synthase，此一系列研究對於這些酵素的生化及分子生物特性的發現和闡釋，居領導地位。第三，他引用上項成果，以基因轉移（gene transfer）的方法治療血管栓塞的疾病患者，促使心血管的基因治療有創新的技術發展。

1997 年 6 月，伍焜玉在義大利佛羅倫斯所舉行的第十六屆國際血栓暨止血會員大會中獲頒法國薩諾費（Sanofi Prize）獎，肯定他在基因治療方面的研究成效，截至目前為止，他的著作包括：四本書、三百餘篇文章，其中有評論文章、學術專書中的章節，另外有百餘篇的學術論文摘要。他於 1994 年夏天當選中研院的院士，同年 12 月 9 日德州休士頓市長藍尼爾頒布為「伍焜玉日」，當天伍院士的十餘位親友家人及德大醫學院院長群集市長辦公室，參加了簡短溫馨的典禮。

撰述科普文章

伍焜玉自 2006 年回臺擔任國家衛生院院長，執掌國家重要的衛生和醫學政策，從 2009 年開始，他在公餘之暇提筆撰述科普文章，兩本已發行問世的主題是「血液」和「阿斯匹靈」，目前撰寫中的是「免疫力」。伍焜玉第一本寫《血液的不解之緣》，算起來是順理成章，因為它是伍院長的本行。伍焜玉說：「我很早便被血液中血球的精緻設計及智慧所吸引，學醫之後，很快就決定專攻血液科⋯⋯。2008 年受中研院之邀，作『蔡元培院長講座』的科普演講，我最後決定講『血液和生命』的題目，那天雖然雨下得很大，聽眾來得很多，有高中學生和老師，中研院院士和大學教授，反應熱烈，許多參與者覺得這個題目很有趣，你不只了解血液這門科學，同時可以知道人類對血液的看法及歷史演進。」伍焜玉希望藉著這本書進一步引起讀者對其他有關的生物醫學題目的更大興趣，此一理念也可用來說明他後來寫「阿斯匹靈」和「免疫力」也循著

這條思維前行。伍院長的寫作速度很快，他的妻子時而替他做一些潤飾文字的工作。

1996 年，伍焜玉受聘自休士頓返臺，擔任中研院生物醫學所所長，行前的採訪中，他自喻一天工作二十四小時，對生物醫學的研究始終抱著極為濃厚的興趣。時當新舊世紀之交，生物醫學界的佼佼者紛紛籌組自己的公司，開發自己的研究專利，筆者請教他是否也有類似的計畫，他回答：學、產界的經營方式不同，就我個人而言，覺得不易兼顧，恐怕會沖散做研究的精力。

伍教授還表示，他自小對許多事抱有好奇心，凡有疑惑就盡力尋求解答，他說這種個性再加上喜歡讀書，就很適合做研究工作。不過回憶兒時，物質條件差，父母親生活困苦，並非讀書人，但是研究基因之學的伍教授，相信某一代的祖先必有讀書基因。他看百家姓，「伍」姓排名很前面，是個大姓，但人數後來變得越來越少，大概是五胡亂華時被殺得不少，廣東人有一些姓伍的人，他家來自澎湖，那個村莊也有不少的人姓伍……。

1941 年次的伍焜玉，原籍臺灣澎湖縣望安鄉，高雄是他生長的地方，雄中畢業後直升臺大化工系，由於年少時讀過史懷哲在非洲行醫的故事，深受感動，決定學醫而放棄直升，參加大專聯考，果然高中第一志願臺大醫學院。伍焜玉在臺大求學期間便和日後的人生伴侶石隆津相遇，他們結識的經過彷彿瓊瑤小說的情節。

當年伍焜玉到未來的妻子姑媽家應徵小表弟的家教工作，一百人中取了伍焜玉，石隆津那時在東海大學念生物系，興趣

多元，高中曾隨鄭秀玲學聲樂，又因為阿姨陳進是臺灣知名畫家，她自幼便跟著長輩看畫展，在德州休士頓曾自營生物實驗室，後來全心全力持家，一邊潛心學畫，加入休士頓美術協會（Art League of Houston）。在休士頓舉辦過個人畫展。伍氏伉儷家庭生活美滿，育有兩子，長子繼承父親衣缽。

伍焜玉當年以開發中國家青年學子的身分，赴已開發國家取經，並在異國他鄉建立學術地位，如今雋才回流，造福母國，構成今日大學全球化潮流中的一頁動人篇章。

美國生科製藥界女強人唐南珊

美生科製藥界女強人唐南珊
——石麗東攝於 **2004** 年 **6** 月唐南珊辦公室。

2012 年 5 月，唐南珊在美國波士頓召開的生物科技工業組織（Biotechnology Industry Organization）年會上獲得「生物科技傳承獎」（Biotechnology Heritage Award），她是第一位獲此榮譽的女科學家，也是第一位獲獎的華裔。唐南珊的成功故事再度在大會會場上頌揚流傳。這位靠自己的勤奮和才智而獲得巨大成就的女科學家兼企業家表示：「只要專注、認真、鍥而不捨就是成就任何事情的必備條件。」

「女強人」自喻「灰姑娘」

不知始自何年何月何日，「女強人」逐漸成為平日語彙之中的常見詞，它之出現自然和近數十年社會進步、個人競爭機會日趨平等有關，若單就「女強人」的字面看，它突顯對比和衝突性，依照中國傳統的觀念，「女子」應該溫婉和順，與「強」字牴觸，更因女性創業的路途上，必須衝破許多傳統積澱的窠臼，克服一些額外的阻難，所以女強人往往功成名就之後，自言是「灰姑娘」（西方童話故事的主角 Cinderella）。

若追究童話故事裡的「灰姑娘」因何能過著幸福和美滿的生活？這是因為遇到一位深愛她的王子擁有經濟實力和社會地位，唐南珊創業之初和夫婿共奠事業的基礎，數年後兩人離異，現代的「灰姑娘」從此就憑藉她的智慧與努力，一人獨自掌舵。

近年來在美國生物科技界打出名號的華裔生化學家唐南珊（Dr. Nancy T. Chang），不僅於千禧年被高爾副總統在一次演講中稱為「生物科技界的灰姑娘」，就連她接受媒體訪問的時候也自我冠帶「灰姑娘」的標籤。唐南珊說：「從記事起，總是念好學校，考第一名」，1972 年自清華大學畢業，負笈留美，先後在兩所長春藤大學（布朗和哈佛）攻讀分子和細胞生物學，後來自哈佛取得生化博士，出了校門替生科公司做研究終而自創 Tanox 公司。尤其是在 2003 年 5 月中旬，美國藥品食物管理局審查通過的 Tanox 公司所研發的新藥 Xolair 可以上市，使唐南珊達到生化製藥領域的頂峰。她以生物技術治療過敏性的氣喘，其市場潛力衝破億位美元，而早先一年，澳大利

亞政府也核准它在境內上市。

麗質天生

從這段經歷看，唐南珊的成功之路可謂一帆風順，青雲直上。她所言「灰姑娘」的艱難何在？唐南珊說，「當初來美國英文不太通，加上生物科技這條路很難走，因為一個新藥的研製過程往往十年以上，又有籌集資金的難題，還要依靠天時、地利的因素（運氣），如此一步步走來，的確就像一個灰姑娘。」不過這位灰姑娘天生麗質（先天條件好，手上握有性能優異的新藥），再加上勤奮努力，高瞻遠矚，若不成功也難。

當初與張子文合創 Tanox, Inc. 公司的唐南珊，臺北市人，家中有六個手足弟妹，她排行老大，父親專業工程師，母親學中醫，但忙於照顧子女，一生從未執業。唐南珊說，她家裡是慈父嚴母，母親對長女所訂的標準特別高，「從來沒有對我滿意的時候」，唐南珊帶著一絲傷感的語氣說，「大概只有得了諾貝爾獎，才能讓她高興吧，母親已去世，她也是影響我一生最重要的人。」

唐南珊從北一女畢業後，進入新竹清華大學主修化學，1987 年，她創辦 Tanox 時，一篇《華爾街日報》的文章引用哈佛教授的話：「Nancy 是我所教過最聰明的學生之一」，在哈佛畢業後，她前往紐澤西州的 Roche Institute of Molecular Biology，從事博士後研究，參與聲震醫界的干擾素計畫，1982 年，進入 Centocor 公司工作，自此展開了單株抗體和愛滋病（AIDS）的藥物研究，唐南珊十分自豪地表示：以生科技術

治療 AIDS 藥物的第一個專利是我拿到的。

　　唐南珊在一篇自撰的〈我的科學家旅程〉，對於自己創業的原因和動力有一番確切的說明：「當我念大學的時候，可供科學家選擇的路子非常有限，多數在高等學府教書，或到其他學術機構做研究，而當年新藥的研製過程並非由生物學的知識主導，但是自從 1970 年代中葉，發明遺傳基因的融合方法，進入生物科技的年代，許多胸懷創業豪情壯志的科學家，就抓住新科技的潛力，離開學府，開創新事業。他們預見了使用生物科學來診治、醫療疾病的前景。」

　　自 1983 到 1986 年，她在 Centocor 生技公司進一步瞭解生物科學的迅速演化及製藥業的發展。1986 年，她和前夫（也是清華和哈佛同窗）張子文一同到德州貝勒醫學院教授病毒學和分子生物學，兩人共創 Tanox 公司，但在 1986 年，Tanox 只是一個紙上公司，到了第二年才開始有自己的實驗室。2004 年，張子文在臺灣任財團法人「生物技術開發中心」執行長，曾經擔任新竹清華大學的生物科學研究所所長，目前仍在該校任教。他以抗過敏和哮喘藥物作為研究方向，一共獲得四十項美國標準局的專利。

鎖定專利

　　在經營 Tanox 的二十年歲月當中，唐南珊身兼執行長和董事長，放棄了研究工作，統理公司的行政業務，她遇到了什麼不同於做研究的挑戰？她說最大的難題是籌集資金，她以留學生的身分，赤手空拳來美闖天下，家無恆產，所以籌資難。其

次是延攬人才，平日她讀到優秀的論文，便設法約談作者，同時也委託求才公司主動尋覓，在公司裡，她推動領袖計畫，自己擔任導師（Mentor），鼓勵那些具有潛力的員工，唐南珊在美南科工會的一次演講中，也說到華人要在企業界登上管理階層，必須增加個人的溝通技巧和領導能力，並且要團結。

根據美國科技評價辦公室（U.S. Office of Technology Assessment）的估計，一個新藥的研究費用可能需美金兩億到三・五億，其流程如下：一、確定生技藥品開發的治療目標，通常要花數年時間研究一個蛋白質的作用機制，可以確認是否有開發潛力。二、小量試製，以確保開發的藥品不被污染。三、臨床前的試驗，以動物來測試它的安全性及生物活性，並評估它是否有副作用。如此再經過三種臨床試驗的階段，然後把收集的數據交與聯邦食品藥物管理局做上市前的審查。

臺灣工業技術研究院對 Tanox 所寫的評估報告中指出，從 Tanox 成功研發 Xolair 新藥的經驗可知，新藥的開發需要投入高額的時間與金錢的成本，由於它的技術優勢，開發了新形態的單株抗體，利用基因工程（細胞融合）技術開發人體免疫疾病的醫療用藥。因為新藥能掌握市場的需求（估計美國有四千萬人患過敏症狀，一千七百萬人患氣喘病），而且很早就建立多項專利的保護措施，使得製藥大廠像 Genetech，認識了此一領域難與之競爭的情況下，轉而與 Tanox 採取策略聯盟。Tanox 與 Genetech 多年的專利訴訟，最後因 Tanox 早已取得過敏新藥的專利，迫使 Genetech 不得不與之和解，甚至進一步形成緊密的合作關係。2000 年 4 月，唐南珊將 Tanox 成功帶進 NASDAQ 股市，由於市場對它的成品看好，它所募集的首次

公開發行（IPO）金額達兩億四千四百二十萬美元，創下當時生技公司集資的最高紀錄。

回饋鄉里

唐南珊在訪談中表示，即使一個重要的新藥研發出來，單憑 Tanox 一己之力，也很難做得出來，必須要靠大廠的人力、財力支持，才能創造雙贏，除了 Xolair 傳出獲利的捷報，Tanox 還打算開發 TNX-901 新藥用來治療花生過敏，及尚未進入臨床試驗用於治療 HIV 的感染的未來產品如 Tnx-355，和其他數項治療皮膚病、心臟病及骨質疏鬆的新藥。

對於這番創業成功的經驗，唐南珊表示，她願意把其中的心得提供臺灣的生物科技界做為參考，也算是對出生地的一番回饋；早在 1998 年，Tanox 就曾計畫在臺灣南部科學園區設立生物藥劑工廠，和國內誠信創投、中華開發公司成立「唐誠生物科技公司」，因籌資不順，轉而被 Tanox 的合作夥伴瑞士諾華藥廠（Novartis）公司取代，改在法國設廠，使得臺灣失去開發新藥的一個大好機會。

2004 年 4 月，唐南珊在休士頓接受我訪問時表示，她仍有意願回臺創設製藥廠，不過感嘆政府把大部分時間放在「搞政治」，她希望政治局面平穩後，當局能把注意力放在產業經濟上頭，畢竟那是臺灣過去所走出來的一條路。她認為臺灣無論在研究發展、臨床試驗或生產管理方面都累積了相當的人才，更由於美國相關的法律鬆綁，可爭取為美國的生技公司代工的模式，投入新藥的開發事業。

除了忙於拓展 Tanox 的業務，唐南珊平日如何安排她的休閒時間？唐南珊說，她內心最大的願望就是成為一個作家，或許因為這個緣故，特別喜歡看書，書籍的種類包括：傳記（最愛讀邱吉爾、羅斯福生平事蹟）、指南類（How To，如人事管理）或修心養性的書，其餘像那時風行一時的小說《Human Stain》、《Seabiscuit》也一讀再讀。她說一個人的興趣有時會隨著年齡和環境改變。現在因為工作忙碌就愛上可以隨拿隨放的書，或彈一會鋼琴。以前在清華唸書的時候，她最熱衷的課外活動是唱平劇，青衣和花旦戲都試過，一年一度的大專院校聯演，她粉墨登場，演出《大登殿》和《拾玉鐲》，所拜的老師有徐露、白玉薇和郭小莊。她說那年代她還喜歡唱歌、學國畫，見她臉上的表情，往事如煙，皆已封存在另一個世界，上一個世紀裡。

更展鴻圖

在美國，若欲衡量一家科技公司成功與否，其重要指標之一是看主持人能否把它帶進 NASDAQ 的股市；換言之，即從科研、學術界的肯定，進入實用及市場的認可，唐南珊經營 Tanox，征服 NASDAQ 的這座山頭之後，她所獲得的榮譽和獎項，亦接踵而至。

譬如她在千禧年獲得休士頓亞洲商會的創業家獎章，在臺灣獲得傑出婦女創業獎，1998 到千禧年擔任德州州長小布希的科技顧問，2001 年榮登德州科技名人堂，同年又入選居世界領導地位的生技組織 Board of Biology 的董事會。次年獲清

華大學傑出校友獎，2003 年獲休士頓女青年基督會年度成就獎的「科技醫藥」項。但最讓唐南珊有成就感的就是收到過敏症患者的電子郵件：「Xolair救了我們！」這也是她汲汲營營發展新藥的最大原動力！

2006 年 Tanox 被基因技術 Genetech 公司以九·一九億美元收購，唐南珊目前擔任紐約投資銀行OrbiMedAdvisors的常務董事，負責拓展亞洲業務，2008 年《福布斯》（*Forbes*）雜誌列舉二十五位知名美籍華人，唐南珊排名第一。

開發中藥

2010 年 7 月，她訪問故鄉江蘇省吳江經濟發展區，曾發表訪問觀感：中國的經濟成長世界矚目，隨著生活水準的提高，人們會更注意身體的健康，中醫新藥的研發將是中國具有增值潛力的產業之一，尤其中醫是中華民族的文化瑰寶，中藥應是國內科學家比較擅長的領域，所以她十分看重中國這個廣大的市場，並將繼續考察多個城市的合作事宜，她相信生物科技在中國一定會有驚人的成長，唐南珊並且希望就生物醫學和醫療器材方面有所拓展。

她在早先的訪問中，曾提到學中醫的母親過世早，若干有價值的中藥祕方未能留下，唐南珊感到非常遺憾，她希望日後拿出自己的時間和資金為振興中藥以及中國的生物醫藥產業做一些有意義的工作，言語之間對中藥的研發還帶著親情的因素。

再度告捷

　　2012 年 5 月 19 日，唐南珊在美國波士頓召開的生物科技工業組織（Biotechnology Industry Organization）年會上獲贈「生物科技傳承獎」（Biotechnology Heritage Award），她是第一位獲此榮譽的女科學家，也是第一位獲獎的華裔。唐南珊如何最初在學校實驗室鑽研氣喘、過敏、及影響人類免疫系統的疾病，繼而創辦 Tanox 公司研發新藥，自九〇年代初期到新藥問世近十年期間，不但面對公司內部研發過程的壓力，同業的挑戰、和長期的法律訴訟，終於走向成功的故事，再度在會場頌揚流傳。這位靠自己的勤奮和才智而獲得巨大成就的女科學家兼企業家表示：「只要專注、認真、鍥而不捨就是成就任何事情的必備條件。」

從遺傳基因尋找療效的洪明奇

2012 年，洪明奇（右）與助手攝於實驗室。

屢獲德大安德森治癌中心研究獎及傑出教師獎的洪明奇說：「過去二十餘年來，培訓了逾百位優秀研究員（大約研究生和博士後各半），他們來時一派青澀天真，出去的時候個個學有專精，其中許多人回到臺灣各大學或研究中心加入科研行列，成為生物醫學界的新血輪。」這可以說是他研究和教學工作之中最大的收穫之一。

向癌症宣戰的新計畫

半世紀之前，甘迺迪總統在休士頓發表月球登陸計畫（Moon Shots Program），果然七年後（1969年），阿波羅11號登陸月球成功，五十年後，德大安德森治癌中心借用當年登陸月球計畫的名稱，斥資三十億美元發動一項為時三年的醫學研究計畫（Moon Shots Cancer），希望能將科學上的發現供作人類的醫療之用，進而減低癌症的死亡率。計畫中實施的日期始自明年（2013年）2月揭開序幕。

德大安德森治癌中心的 Moon Shots Cancer 計畫提出六類癌症項目，每項聘請學有專精的領導人，其中乳腺癌與卵巢癌組的三位研究員之一是洪明奇教授。風塵僕僕的他在記者會前一晚剛自南京和臺北出席學術會議返美。洪教授目前擔任該中心基礎研究 Basic Research 的副院長（VP），他表示，安德森的這項計畫會把癌症中心的研究員及醫生聯繫起來，一同向癌症宣戰。洪明奇認為隨著研究發展和新的生醫科技問世，未來的癌症可望變成一種慢性病，同時從逐年提高的癌症存活率看來，的確有其可能與可行性。該計畫所預定的三十億美元基金來源分別得自：慈善捐款、申請的補助經費、科研新發現的商業化利潤和安德森中心的平日營運所得。

1977年自臺大生化研究所獲得碩士學位的洪明奇，高雄人，1984年獲布蘭得斯（Brandies）大學分子生物博士學位，畢業後，在麻省理工學院從事兩年的後博士研究，1986年開始執教德大安德森癌症中心，1996年擢升為乳癌基礎研究中心主任，千禧年擢升為分子細胞腫瘤系主任。十年之間，他從

助理教授擢升為乳癌基礎研究中心主任，這也和歷年的研究成績有著密切關係。

週六的工作會報

自洪明奇任教德大安德森癌症中心以來，因週日教學、會議繁忙緊湊，所以訂在每週六上午十時舉行實驗室的工作會報。而這個時段正是全美各地兒童看電視卡通，成人鬆弛前五天緊繃發條的時刻。

數十位參與實驗室工作會報者，約過半數來自海峽兩岸（包括研究生和博士後進修），他們在洪教授的指導下，投入遺傳基因的尖端研究，致力發掘新的治癌途徑。屢次獲德大研究獎及傑出教師獎的洪明奇說，過去二十餘年來，他培訓了逾百位優秀研究員（大約研究生和博士後各半），他們來時一派青澀天真，出去的時候個個學有專精，其中許多人回到臺灣各大學或研究中心加入科研行列，成為生物醫學界的新血輪，這可以說是他研究和教學工作之中最大的收穫之一。

另一個代表洪明奇科研成就卓越的里程碑是 2002 年夏天當選南港中研院生物組的院士。他表示，十分感謝前輩與同行龔行健、伍焜玉和李文華院士的推薦，以及實驗室研究人員的團隊協助，並非憑一人之力獲得這個榮譽。他強調當選院士以後如果再回臺灣幫忙看論文、審核研究獎助金、或參與培訓新手的工作，也就格外覺得有意義。據當時的媒體報導，他獲生物組入選院士的最高票。截至目前為止，除了三百餘篇白紙黑字的學術論文，綜計他的重要研究成果如下：

科研成績亮麗

* 1986 年，首先選殖出 HER-2/neu 致癌基因，此一基因的過度表達和許多癌症有著密切關係。三年後，他證實 HER-2/neu 致癌基因的活化能促進癌細胞轉移，癌症病患通常因癌細胞轉移而病故；於此期間，他思索、希望能從癌變基因之中找到克服癌病毒的方法。

* 1990 年，他發現人體內的一種腺性病毒 Adenovirus 5 E1A 基因，可以抑制 HER-2/neu 的過度表達，即抑制腫瘤細胞的生長，並陸續以此取得多項專利。

* 除了基礎研究之外，1996 年，洪明奇在臨床實驗方面也續有斬獲；他是推動E1A的基因治療法到臨床實驗的創始人，此項治療已獲得美國國家食品藥物管理局和國家衛生署重組 DNA 特別諮詢委員會的認可。目前完成臨床第二階段的試驗，結果有百分之四十五頭頸癌病患的腫瘤得到抑制（但抑制和治癒並不能劃上等號），部分癌症病患因參與這項臨床試驗而使得他們的生命得以延長，目前正進行多項以 E1A 治療卵巢癌、頭頸癌的臨床實驗，也正準備在臺灣進行這樣的臨床實驗。

* 是首位發現-Catenin 為乳癌的惡性預後診斷標記，此一 2000 年發表的研究成果，不僅開發新的乳癌預後診斷標記，並且指導開發新的治療方法。

* 2001 年在上皮細胞生長因子受體（EGFR）的信息傳遞途徑研究上有重大發現，他的實驗首度證明除受體接受生長因子刺激細胞生長之外，此受體具有轉錄因子之特性，能轉移入

細胞核內直接活化某些基因刺激細胞生長，此一重要發現，更新了經典「受體生物學」的理論，對研究受體生物學開闢全新途徑。

* 在研究過度表達 HER-2/neu 乳癌細胞之傳導途徑上，首度分析出致癌因子 Akt（屬於絲氨酸／蘇氨酸激酶）在上述過程中活化，此激酶的活化導致細胞生長週期抑制因子 p21 的磷酸化，進而改變抑制因子在細胞內的分布，以至於失去抑制細胞生長的功能。

* 首度發現致癌基因 HER-2/neu，能活化致癌因子 Akt 促進蛋白質分解因子 MDM2 的活性，進而抑制腫瘤因子 p53 的表達。此後參與 HER-2 基因標靶藥物的研發工作。

新近研究成果

* 洪明奇近年來主導的研究計畫在於探討如何調控癌幹細胞及間質幹細胞的增殖與分化機制，針對癌症幹細胞的抗藥性，成功研發了基因治療技術「VISA-CLAUDIN4-BikDD」。2012 年 6 月，他在臺北發布該項研究成果，洪教授解釋：癌症幹細胞不但對化療藥物有抗藥性，也會抵制放射線治療，是癌症復發的主因。如今經動物實驗證實老鼠的胰臟腫瘤細胞可用「VISA-CLAUDIN4-BikDD」完全殲滅，卻不傷害正常細胞。而現行採用的化學和放射性致癌方法，除了殺死癌細胞，也殺死正常細胞，造成嘔吐、斷髮等副作用。

* 研究團隊並且發現「VISA-CLAUDIN4-BikDD」配搭紫杉醇合併使用，可增強治療效果，洪教授將這項專利發明寄轉給

臺灣東洋製藥公司製造，他認為臺灣近年來的製藥業已逐漸有了規模，但仍以生產 Generic 的藥品為多，所開發的專利新藥為少，他生長於臺灣，希望自己的研究成果能帶動醫學界做研究，推動生技醫藥產業的發展，並且讓病人受惠，而非為謀利。

基因治療技術

洪明奇表示，早在八〇年代初期，他攻讀博士學位的時候，生化界首度提煉了癌症基因（目前在中研院生物醫學所做研究員的施嘉和教授，曾參與該項突破），當時對洪明奇產生極大的衝擊，後來他到麻省理工學院投入癌症基因的研究，希望從癌變基因中尋找克服致癌的藥物，經他繼續不斷地努力，終於找到 E1A 基因，他相信他所找到的 E1A 基因便是一個答案，此為研究成果走向實際用途的第一步。

接著，他以自己研發的基因治療技術，透過校方的介紹，把它轉移給美國的兩家公司；1994 年，洪明奇和匹茲堡大學教授黃立夫兩人所研發的 E1A 專利技術，由 Rgene 取得，資金為三百萬元，兩年後藥物進入臨床實驗，而被另一家公司併購到 Targeted Genetics，到了 2001 年，這家公司的市價達三億美元，它一半的價值來自 E1A 的生醫科技。第二家公司 Biocyt 成立於 1997 年，因無後繼的投資，所以這家公司已不復存在。

學術回饋鄉里

當洪明奇最初計畫把自己的研究成果積極變成基因抗癌藥物之際，恰逢臺灣的大經濟環境之下，半導體工業的優勢逐漸流失。為防止產業空洞化，國內需要建立具有創新科技的產業，洪明奇有意回國集資創辦生科公司，也正符合臺灣的需要。不過洪明奇指出，生物科技如果和半導體相比，前者的研發和投資所需時間較長，通常至少要經過十年、二十年才看到成果，因此常使投資者望而卻步。

學界與產業界合作，似乎是現代國家提升經濟實力的一個必然途徑，1984 年，美參院通過 Bayh-Dole Act 法案，允許高等學府就其研究成果謀利（如專利權或替人驗發專業許可證），全美已有兩百餘所大學成立專門機構，負責相關業務。但這種做法是否會影響學術界的獨立性與公正性？最近出版界便有三本專書討論此一議題，其中包括前哈佛大學校長 Derek Bok 所寫的 *The University in a Corporate Culture*。對於這個疑問，洪教授列舉了德大安德森癌症中心的對策，學校設立一個「利益衝突委員會」，並規定教授只能使用百分之二十的時間，與產界合作、從事與自身專業相關的研究，此委員會對教授與產界合作的申請給予審核評估，學校也可坐收實益，洪明奇說，臺灣也需要有一個類似的規章和統籌辦法，並且運用有限的資源加以有效發展，他獲悉最近教育部已授權公布相關的辦法，譬如可借鏡德大的經驗成立癌症中心，藉以促進校際整合，也是發展生醫科技事業的極佳途徑。

促產界資助學界

　　另一方面，洪明奇建議，國內生物科技創投業及產業界也應多多提供學術研發的資金，如此水幫魚，魚幫水，才能攜手共創未來。

　　1998 年 11 月，當洪明奇獲得安德森癌症中心的基礎科學研究獎時（獎金三萬五千元），來自台鄉會、臺灣人傳統基金會、臺灣人教授協會及婦女協會四個社團達百餘人為他舉行一個慶祝餐會，並依美國人的習慣，餐會中邀集他的同窗好友一塊戲謔 Roast 主客，談笑聲中反映洪明奇的人緣佳。休士頓另一社團美南國建會於 1997 年 5 月頒贈洪明奇「傑出成就獎」。

　　洪明奇目前擔任多種學術期刊的編輯委員（如 Cancer Cell），並且替美國和臺灣科研機構審核學術報告（大陸方面也有，但數量較少），他引用同行的一句話：「我的截稿日期永遠是昨天！」他說除了學校的工作，還對學界 scientific community 的服務占去不少的時間，所以很難再抽空參加社團活動，所幸他的妻子彌補了這項缺憾，鄭金蘭曾任台聲合唱團團長，及休士頓臺灣人活動中心主席。

　　洪明奇教授唱英文歌曾獲許多掌聲，有一回在美南國建會的聚會上面對生醫界女強人唐南珊高歌一曲，讚揚她打拚事業的精神，讓許多人頻頻叫安可。洪教授說，因為近年來工作日益忙碌，不彈此調久矣，但是從事生物醫學的研究，深知運動和健康的重要，時下每天花上五十分鐘左右的時間在家中的走步機上，並且利用這段時間看中國古裝連續劇，如秦始皇、漢武帝和武則天等，一則重溫中國歷史，更重要的是改進中文能

力，可謂一舉數得，對於身心兩方面都有益。

「登月」挑戰惡疾

對於未來的生活規劃，洪明奇熱愛他的研究工作，德州大學安德森治癌中心在美國醫療機構的排名自本世紀以來十之八九得到第一，治癌中心總裁 Dr. Ronald Depinho 於九月下旬又啟動登月計畫（Moon Shots Cancer Program），目的在盡快把新發明轉換成醫療技術，Dr. Ronald Depinho 表示，醫學界多年來研究成果頗豐，人們已經發現許多癌症的生存機制和突變規律，然而研究和治療似乎脫了節，預計未來十年內全世界將有一億人因癌症而死，癌症對人類的毀滅性相當於心臟病、肺結核、加上愛滋病和瘧疾的總和。目前第一步做法是將醫院的體檢、血樣、基因表達的分析自各個部門匯集到同一平台進行合作。

首輪「登月」挑戰惡疾的行動（Moon Shots Cancer Program）鎖定八類癌症，其中包括常見的白血病、惡性黑色素瘤、肺癌、前列腺癌、乳腺癌和卵巢癌。洪明奇認為這樣的做法具有前瞻性和積極性，院方任命他做乳腺癌和卵巢癌小組的三位領導人之一，洪明奇感到榮幸之餘，並將全力以赴！

石家興父子合力創辦百瑞生物科技公司

2011 年百瑞科技公司由全美泛亞裔會評選為美國前五十名成長最快速的亞美裔公司。攝於頒獎會場，左起石家興、石全和簡宛——照片由石家興提供。

百瑞生物科技公司的成功故事好似一場田徑接力賽，父親石家興教授將畢生在實驗室的研究成果交由取得微生物博士學位及企管碩士的兒子石全繼續開發，其延續家族香火的意義還包含著科技的研發與傳承。對於許多從事研究工作的華裔人士而言，如何把實驗室的發明變成科技產品的策略何在？石全認為必須要做多方面的準備工作：首先提高語言的能力，你必須具備和外邊世界打交道的溝通工具，再譬如和學校商議「專利」權轉讓的問題，其次就是走出實驗室去融入這個世界，如何拿出開創性的思維和行動。

父子田徑接力

這是一個兩代華人生物科學家合力創辦科技公司，並將實驗室研究成果轉化為生技產品的故事。

位於美國北卡州三角園區的百瑞國際生物科技公司（Bio-Resource International），從千禧年創辦以來，成功開發了角蛋白酶技術，自 2008 年起產品進入全球市場；2010 年，《北卡三角商業雜誌》將百瑞生物科技公司名列北卡州前五十名成長快速的公司，遴選的條件是年營收在四百萬美元以上的私資企業，百瑞榮列第十名；2011 年，它由全美泛亞商會評選為美國前五十名成長最快速的亞美裔公司；緊接著 2012 年，由《Inc 雜誌》評選為美國境內前五百名成長迅速的私營公司。

百瑞生物科技公司的成功故事好似一場田徑接力賽，父親石家興教授將畢生在實驗室的研究成果交由取得微生物博士學位及企管碩士的兒子石全繼續開發，其延續家族香火的意義還包含著科技的研發與傳承。第二代石全擔任公司總裁及董事長，父親石家興教授為兼職顧問。石全資歷完整，腳跨科學和企業管理，大學時就讀康乃爾，後來到艾默蕾（Emory）大學取得微生物與分子遺傳學博士，又獲杜克大學企管碩士，創業之前，曾從事投資顧問的工作。

半甲子的耕耘

石家興畢業於國立臺灣大學植物系，1966 年獲臺大醫學院生化研究所碩士，1969 年赴美前往康乃爾大學深造，1974

年獲營養生化博士，1976年開始任教北卡羅來納州立大學三十餘載；石教授逾半甲子的歲月用來鑽研生物科技在禽畜產業上的運用，主要分三大項：

一、首先開創高溫厭氧醱酵，高效率轉化畜產廢料為沼氣能源，不僅可清潔畜場，並可保護人畜安全。

二、石教授在沼氣池中發現雞羽毛完全化解，引發了一連串的研究和成果。首先分離出分解羽毛的細菌菌種，接著純化了角蛋白酵素，又分離出基因定序，經過基因改造，可高產酵素。在應用方面此一酵素直接添加在飼料內，可提高蛋白質消化率，因此提高飼料營養，有效降低飼料成本。

三、2001年，石教授與歐洲學者合作，發現此酵素可降解導致狂牛病的普昂蛋白。若能使用角蛋白酵素做消毒劑，則大大儉省了收拾狂牛症染病牧場的成本。

石教授以上一系列的研究成果，贏得九項世界專利，亦即百瑞開發產品的內容。

回頭看石家興教授對角蛋白酵素的發現，可以說是無心插柳的結果；1987年，他致力研究家禽廢棄物的處理，希望把雞肥轉化為沼氣能源及其他有價值的資源，附帶發揮環保的作用。他在鑽研的過程當中，發現一種降解羽毛的細菌，隨後取得其氨基酸，將其複製（clone），稱為角蛋白酵素，它可製造成易消化的蛋白質，品質不遜於豆類，而且從不值錢的羽毛中提取昂貴的氨基酸的方法，亦可應用於製造塑膠品、汽車配件、化妝品及健康食品的添加物。

更由於美國人食用雞肉的習慣,每年約有八十億磅的雞肉上桌,北卡州又擁有美國最大的養雞業,倘若使用生化方法處理家禽的廢棄物,其商業前景十分樂觀。由於廠家之間的競爭日趨激烈,迫使業者不得不從副產品中尋求利潤,增加收益。

吳教授的品題

石家興所發現「角蛋白酵素」的重要性,可從康乃爾大學前生物化學系系主任吳瑞所發表的〈華族在生物化學及分子生物學的貢獻〉一文知其梗概(見2003年1月《科技華美族》,紐約:天外出版社)。吳教授在該文中列舉近數十年來八十五位華裔生物科學家所做研究的重要貢獻,石家興的降解羽毛菌居其一。吳教授不脫學者的嚴謹作風,謂這份名單僅限於他個人十分讚賞的科學家,並在取樣時只包括留美的學者。

前此,石家興發明一種酵素擴散分析法,不需貴重的儀器,便可進行大量分析,譬如有一家養雞場死了很多小雞,當使用酵素檢驗法加以分析後,就很快察知是缺少維他命B2所致。它也可用來檢驗飼料中的大豆是否處理得當,石教授發明的方法省時、省力,已被列入重要的「酵素方法」(Methods in Enzymology)。

石家興教授指出:生物科技雖是新名詞,但廣義地說,農業和醫學向來就是生物科學的應用,可歸類為傳統的生物科技;爾今新起的生物科技,完全衍生於分子生物學,最初的實驗對象一直是微生物,如今分子生物學的理論齊備,科學家開始把理論與技術應用到醫學、畜牧、農作物等經濟價值較高的

範疇。

生物科技產業化

　　尤其進入二十一世紀，由於過去因人類大量開發農地，造成水土流失；大量施用化學肥料、殺蟲劑，而嚴重污染環境，同時上世紀末興起的大型養殖場，如處理不當便會污染空氣、土壤和水源，面對以上諸樣問題，可引用新的生物科技、新產品以及新的經營方式。

　　除了環境污染，由於人口增加的壓力，能源危機成為全人類所面對的迫切問題，業者紛紛投資開發非石化的清潔能源，包括風能、太陽能、農業生產的能源作物及農畜業廢料所產生的沼氣。石家興教授數十年前初到北卡州立大學任教時，便展開禽畜廢棄物資源化的研究。他利用生物科技方法（厭氧消化過程）將廢棄物轉化為液、固、氣三態，固體做為農作物的肥料，或雞飼料，液態可以養魚，氣體便是沼氣，可用來發電或取暖。

　　分子生物學的欣欣向榮，理所當然導致生物科技公司如雨後春筍般地拔尖出土，百瑞科技便是其中一員。這類公司一面鑽研學理技術，一面推廣應用範圍，對於勤奮而又傑出的華裔科研工作者而言，無異開闢一條創業途徑。

工業園區基地

　　如欲瞭解百瑞在過去三年所創造的市場佳績，除了前面所

提到父子攜手合作的成果，還有若干時代背景和在地的優異條件。所謂時代背景即全球化浪濤之下，分布全球各地的農畜生產業都成為潛在的行銷市場；說到在地條件，石家興教授在他九〇年代出版《牛頓來訪》一書，曾談到國內外的科學工業園區，他說設在美國著名大學附近的科學園區把校園的學術研究結果，應用到工業生產，是一種很有效的推廣工作，同時也把教授從象牙塔裡拖出來見見世面，替工業界解決難題，無疑是一種高級的建教合作和學術加工。接著他介紹了美國在八〇、九〇年代最成功也是規模最大的科學園區——北卡三角研究園區，即他所執教的北卡州立大學的所在地。他在該文文尾的附記中指出，1993 年 11 月份的《財富雜誌》選舉北卡州三角地區是全美國發展企業的最佳地點，百瑞生物科技在千禧年選擇該園區做為創業之地，自有其豐厚的天時與地利條件。

其次，石家興的實驗室位在北卡州立大學，該校以農學院聞名學界，石教授指出此類州立大學的研究偏重實用問題，正因為它們草根性的特色是地方上農工業的推動者，這類大學的對美國社會的貢獻並不小於頂尖名校。提起美國的高等學府，常被有識者認為是美國國力強盛之所由。

美高校的優勢

不過美國高校所持有的優勢，因為美國近年來經濟力衰退而有江河日下之虞，今夏美國的全國研究協會（National Research Council）就美國的「研究大學」（Research Universities）發表一份報告，它指出，美國為了保證來日的繁榮，必

須努力維持這些學校的實力和水準。在以往這些高等學府所提供的人才、創新思維和新技術對於國家社會產生諸多貢獻，然而由於當前美國所面臨金融和財政的危機，使得這些大學的品質受到威脅。該報告特別呼籲國會和行政部門以及州政府要把對高教機構的預算及撥款數恢復到 1987 年到 2002 年的標準。

除了北卡州立大學的地利人和，石家興父子創業還結合了兩代移民的優點，父親石家興教授半甲子的研究成果出自華夏子孫的勤奮與智慧，然而第一代移民求學、成家立業，再從實驗室發現神奇的「角蛋白酶」已耗去一生黃金時光，至於如何將生產「角蛋白酶」的技術加以產業化，的確有待下一代延續接力。

兩代科技傳承

石教授的長子石全立志創業，雖然取得微生物和遺傳學的博士學位，但他志不在實驗室的研究工作，於是再至杜克大學（Duke University）攻讀企業管理，畢業後替投資公司擔任顧問，此時發現投資公司也在尋找好的項目，於是他和父親一起到北卡州立大學和校方研商之後達成協議，授權百瑞生物科技公司將學校所共同擁有的專利轉化為市場上的商品。

對於許多從事研究工作的華裔人士而言，如何把實驗室的發明變成科技產品的重要策略何在？石全認為必須要做多方面的準備工作：首先提高語言的能力，你必須具備和外邊世界打交道的溝通工具，譬如和學校商議「專利權」轉讓的問題，其次就是走出實驗室去融入這個世界，如何拿出開創性的思維和

行動。顯而易見，凡以上所述都是百瑞生技公司踏上坦途之前所經歷的情況和困難。

　　成功創業的兩件必然要素是資金和打開行銷市場：百瑞生物科技公司成立之初，除了石教授拿出儲蓄之外，並且申請到美國農業部對小型企業創新資金（SBIR）的支持，其次是獲得了美國和臺灣方面的資金融入。在百瑞初創的七年當中，公司沒有產生很大的效益，當時逐漸面臨資金窘困的情況，但來自臺灣的投資人並沒有抽回資金，石全說：「如果是美國專業投資銀行，很可能早就中斷投資。」

　　石家興教授表示，百瑞在創立九年之後，與動物飼料行銷公司的龍頭 Novus 簽約，自身仍掌握生產權，但行銷權交由 Novus，而能將提升飼料蛋白質消化的 Versazyme 酵素，行銷至全世界。石教授說，目前分解角蛋白的技術在全球並無對手，但三、五年後的佔有率就會下降，公司必須不斷保持研發創新力，第二代菌種透過基因工程技術已成功改造，可提升至三、四倍的產量，曾有化妝品公司前來接洽，希望將此酵素應用於去角質的保養。

兩岸生化研究

　　曾在中研院、臺大、北京農業大學、英國威爾斯大學任客座教授的石家興教授，雖身居海外，但對兩岸科學發展的關懷，始終不曾間斷，時而往返其間出席學術研討會，率外籍教授訪問團從事交流，或進行合作研究計畫。筆者請他比較兩岸對生化研究的現況，他說臺灣的普遍水準高，推廣新事務較

易，但企圖心不夠強，總是一窩蜂，跟在別人後面，所以走不出自己的路來，雖有人力、財力，而且由於政黨政治的擺動，學術界也顯得不夠沈穩。他說大陸方面由於整個社會的服從性高，企圖心強，所以擅於點的突破，數年前已經把「稻米」的基因體全部解了出來，讓美國學界也嚇了一跳。但整體的觀感是，各級學術機構的水平參差不齊，因此難以做到全面的推廣。

石家興的另一半是知名的華文作家簡宛女士，曾任海外華文女作家協會會長。他倆除了各自專門科研和寫作之外，同時熱心中文教育及華人參政活動。簡宛有一次來休士頓演講，主題說愛有很多同心圓，外圈的圓包括了親人之外的社團、宗教、社會、國家，甚至不同的種族。

正由於這種同心圓的重疊與擴大，使他倆不辭勞苦，應邀至各處演講。譬如數年前石教授前往德州農工大學參加學術會議，休士頓地區的美南華文作協獲悉後，特邀兩位主講「生活品質」。由於他們的見識和才華超行越界，實際經驗即為「活典範」，演講題目從寫作談到做人、處世、教子和夫妻相處之道，聽眾久久不散，成為那年夏天美南藝文圈的一件盛事。

圓熟的人生

石家興多才多藝，散文家思果先生稱讚這位生物學家的「歌喉比我所知道最著名的歌星還要好，他不以唱歌為業，這是歌迷的損失，文章也寫得深入淺出，充滿趣味。」石家興所寫的《實驗台畔》和《牛頓來訪》兩本集子，是以科學理念來

申訴人文思考。簡宛說她自己「為文重情，而家興為文重理」。他們的摯友郭振羽教授說「如此情理交融，才是圓熟的人生！」

　　老友口中圓熟的人生，早在 1990 年 10 月底，石家興教授在《世界日報》所發表的一篇〈為父之言〉的文章露其端倪，石教授記述他的長子剛自康乃爾大學畢業，小兒子中學畢業成績優異，得了四年全額獎學金，他感嘆：「看著孩子的成長與成就是我與妻子的最大快樂……而有時候我們確實會因為家而放棄了一些『功業』的機會，但是我們得到的補償是如此的優厚！」石教授所指的「最大快樂」是「達成為人父母的責任」，回憶當初寫這篇文章的時候，並沒想到那份衷心的安慰和快樂，竟然成就了家族企業的一塊基石！

震動全球天文學界的馬中珮

2012 年 4 月，馬中珮於加大柏克
萊街頭──石麗東攝。

第十三章

馬中珮身為科研小組領導人、大
學教授、學術刊物主編、又為人
妻、母等多重角色，馬中珮認為
「分身有術」（Compartmentalize）
十分重要，她以前曾請教一位麻
省理工學院的女教授，所給的箴
言是：「要懂得分配控制時間，
把情緒劃分開來。」馬中珮說：
「當我陪兒子玩的時候就不去想
工作，當我做研究時，就專心工
作。」

發現兩大黑洞

不論是希臘的哲學家蘇格拉底，或《三國演義》裡的諸葛亮，似乎都能從夜觀天象而領悟到宇宙的奧妙和社稷興亡動亂的徵兆。事實上，天文學和人類社會的關係密切，日常生活當中的晝夜交替、四季變化、日月星辰的排列組合都經由天文學的規律決定。天文學興起於人類文化的萌芽時代，是人類自然科學中的老大哥，至今仍是最能引起大眾興趣的一門自然科學。

2011 年 12 月初，英國《自然》雜誌和全球各大媒體紛紛報導加大柏克萊分校華裔天文物理學家馬中珮（Ma Chung-Pei）所領導的科研小組發現了天文學史上最大的兩個黑洞。

這八人研究小組，在四年前開始利用雙子星上的望遠鏡和夏威夷天文台的 KECK 觀察儀做為觀測儀器，將所搜集的資料，再使用電腦演算及數據分析，爾後所得的結果是：距離地球三億光年的銀河系，發現兩個相當於一百億倍太陽的超級大黑洞，而人類上一次發現黑洞是在三十三年前，黑洞質量僅為現今新發現之半。

一連串的驚奇

對於臺灣的同胞而言，這件新聞的背後還包含了另一種驚奇和欣喜；領導這件科研工作的女科學家馬中珮教授，1966年出生於臺灣，在一女中讀完高二之後，前往美國完成最後一年的高中課程，而後進入麻省理工學院攻讀天文物理及宇宙

學，取得物理博士，她在柏克萊執教之前，曾任教賓州大學天文物理系。

在美國，女性投入科學領域較之其他行業為少，前哈佛大學校長萊瑞·桑莫斯（Larry Summers）曾經發表女性不適宜從事科學的言論，立即受到多位社會領袖的抨擊，並引起該校女教授群的反感，據說這種頑固而又政治不正確的意見也促成桑莫斯提前辭去哈佛校長職務。

馬中珮身為科學界的女強人，她不僅研究天文物理的成績出眾，而且擅長拉小提琴，四歲那年就開始學琴，十六歲獲得臺灣青少年小提琴賽冠軍，曾隨少年管絃樂團到歐美演出，因此認識了許多朋友，這些美好的回憶，使她一直想繼續學下去，「做音樂家」一度成為馬中珮的事業優先選項。直到赴美進入麻省理工學院攻讀天文物理，她同時也獲得該校音樂系提供的獎學金，再以交換學生的身分到新英倫音樂學院修習小提琴，日後被人稱為「左手做物理，右手拉提琴」的女科學家。

當超級大黑洞的發現在媒體上傳開之後，電視鏡頭上的受訪科學家，不同於慣見的禿頭鶴髮老先生，而是一位面貌姣好的清秀佳人，雖然不是美國土生的東方女性，她犀利的英語常以幽默點綴，這也種因於馬中珮自己決心高二結束後就有意到美國深造，她認為國內的高三課業都花在複習功課、準備升大學，所以儘管母親怕她年紀尚小，不能適應環境的顧慮，她毅然決定離家赴美求學。就馬中珮個人的求學時間表而言，她精簡了學習的時間，提早融入美國社會，馬中珮並且憑藉著一份自信心和積極的人生觀，替她的科研成績奠定基礎。

我從事自由撰稿多年，平日注意新聞動向，2011 年底接

連在美國公視台（PBS）和國家廣播電台（NPR）看到馬中珮接受訪問的節目，深感她答話進退有度，誠然言談間所流露的機智和幽默，和她的資質學養有關，但恐怕多少也受了父親是新聞學者馬驥伸、母親為名記者黃肇珩的耳濡目染之故。

機智兼帶幽默

尤其是馬中珮她接受NPR記者Scott Brown的那一段訪問充滿音樂和笑聲，足以顯示馬中珮處理人際關係的歷練和圓融，以下摘譯訪問的片段以饗讀者。Brown先生在開場白中介紹加大柏克萊分校的科學家發現了有史以來宇宙間最大的兩個黑洞，每一個黑洞的大小等於我們太陽的一百億倍，距離我們有三億光年。他說：「我們現在知道黑洞的引力很強，它的質地堅固，就連光線也難以穿透，這是馬教授所領導小組的大發現。」

接著Brown請馬教授補充「我對黑洞解釋的不足之處，」馬中珮說：「你的開場白太漂亮了，正是我想說的，沒有什麼可增加的了。」記者反問：「是嗎？」馬說：「的確。」

記者接著又表示：「馬博士，我真是高興請您來到我們這個節目！讓我再請教您，據說上次所發現黑洞的記錄，它只有我們太陽的六倍大，為什麼這一次發現的會如此之大？」

馬中珮回答：「真的，為什麼這些怪獸會變得這麼大？牠們到底吃了什麼？我的意思是一定有人餵牠們，我想牠們年幼的時候，大概在雙親的銀河系裡吞食不少GAS，牠們都生活在非常安靜的銀河系，於是就逐漸變成了今天這麼大，現在牠

們已經退休了，沒有那麼多的GAS，所以也不容易被發現。」

記者問：「那麼您是如何發現這距離我們有三億光年的怪物？」

馬中珮回答：「黑洞四周的星球可以感受很大的引力，我們科學小組以記錄星球移動的速度來觀察黑洞質量的大小，」馬中珮並且打了一個比喻來形容科學觀測之不易。她說這就像你身在華府住家之內的門縫裡、瞇著眼觀察馬友友在紐約卡乃基音樂廳演奏 *The Flight of Bumblebee* 一樣，你想計算馬友友演奏時是怎樣撥弄琴弦。

記者說：「那可真難為了你們這些科學家！」節目結尾時背景正播送節奏快速的 *The Flight of Bumblebee* 的音樂，背景混雜著一團笑聲。

2012 年 4 月初，我有北加行，因為過去曾訪問多位華裔科學家，百分九十是男性，所以希望能約見到因發現黑洞而震動國際科學界的馬中珮教授，除了平日教學、科研工作忙碌，3 月底，她飛到北京接受「影響世界華人獎」，這是一個由鳳凰衛視策畫發起，十餘家在兩岸三地、東南亞、美加（包括北美《世界日報》）及歐洲富影響力的華文媒體及機構共同主辦，2011 年為第五屆，同屆獲獎的華裔科學家還有專長太空物理及第一位華裔太空人的王贛駿。

獲麥爾物理獎

前此，馬中珮的得獎紀錄包括：1997 年獲安妮・卡農獎（Annie Canon Award），它表彰宇宙天文學的傑出學者，為

該獎設立六十三年以來的首位華裔得主。2000年馬中珮以「微中子宇宙研究」論文獲海外華人物理學會年度傑出青年研究學者獎，2001年獲同一學會傑出人員獎，2003年獲麥爾（Mayer）夫人物理獎，紀念歷史上第二位女性諾貝爾科學獎得主，該獎頒給凡獲博士學位十年之內，展現具體物理成就的高潛力女性。

馬中珮在2012年3月底赴北京領獎後，順道去臺北探望雙親，當回到柏克萊校園，在不折不扣的「百忙之中」接受我的訪問。說起這位科學家的忙碌程度，直接和馬中珮領導的八人研究小組的科研進度有關，該小組已成立四年，分別由來自加大柏克萊校、德大奧斯汀分校、多倫多大學、密西根大學、以及亞利桑納州國家光學天文台的專家組合而成。由於觀測宇宙星象所使用儀器的費用很高，每一日達十萬美元，申請使用的人絡繹於途，而且因為四季氣候的關係，使得觀測儀的使用時間受限，大家必須先排隊再排班。科研小組的成果是依據分析過的三個銀河系的基礎上完成，正在進行分析的還有五、六個銀河系資料。除此而外，在研究暗物質和暗能量的過程當中，馬中珮說：「從我們所知道地球上的元素週期表中的元素只佔宇宙的百分之四，這表示百分之九十六那些不發光的部分都是人類所看不到的暗物質和暗能量。」該小組的研究執著於解讀宇宙之謎。

主編學術期刊

在教學和做科研之外，她還擔任《Institute of Physics》刊

物的主編，這項職務已經做了五年，每月出版三期，必須閱讀許多文章和新書，馬中珮說，大量的閱讀也讓她掌握這一行最新的發展，當然對於科研工作十分有利。

馬中珮談到天文物理這一行，如果留在學術界，工作機會不多，從一開始必須按部就班讀碩士、博士，做博士後，再申請教職，每一步驟都不容易，目前的趨勢是：天文物理方面學術交流頻繁，全球化的合作方興未艾，因此做科學研究的人還必須懂得推銷術，推銷自己所學，當你站在課堂上或參加學術會議的時候，才能夠妥善地表達自己的意見。馬中珮認為無論情況如何艱難，只要有興趣就應該堅持下去。

當初曾動念以音樂為職業的馬中珮，雖然放棄了對它的專業追求，如今透過音樂，讓她接觸科學之外的藝術世界，無論平日工作多麼忙碌，她和朋友們每年暑假都參加一個音樂營，由職業樂團的音樂家指導，她說她現在很痴迷弦樂四重奏，貝多芬的十六首弦樂四重奏對她說來是音樂創作中的經典之作，她現在會演奏其中的三首，希望在未來的十年中，把其餘的十三首都給學會。

她的人生伴侶也因參加音樂營而結緣，他在加大聖塔芭芭拉分校教授音樂史，擅長中提琴和巴松管，他們有一個四歲的男孩，馬中珮生活節奏的忙碌可想見一斑。

勵行「分身有術」

為人妻、母，又身為教授、科研小組領導人等多重角色，馬中珮認為「分身有術」（Compartmentalize）十分重要，她

以前曾請教一位麻省理工學院的女教授，所給的箴言是：「要懂得分配控制時間，把情緒劃分開來。」馬中珮說：「當我陪兒子玩的時候就不去想工作，當我做研究時，就專心工作。」

馬中珮說她十二歲就決定做物理學家，這個願望一直受到尊重，周遭從來沒有人反對她進入這一行，沒想到在美國攻讀物理博士，性別歧視似乎是一個敏感話題，雖然沒有人公開討論，但是大家心照不宣，那時若干年長的女科學家私下還可以舉出明顯的個案，就連二十一世紀初葉，擔任哈佛大學校長的桑莫斯還說出女性不宜投入科學一行的話。如果在美國職場遇到不平的待遇，應該怎麼辦？馬教授說，那時就要拿出勇氣來質疑權威，對自己有信心，中國人固然講求自省的功夫，但是「自我批評」必須是對事不對人。

馬教授認為，在根本上要培養女性在數理和自然科學方面的興趣，凡是家庭和中小學的影響都十分重要，如果等進了大學才開始培植，那就太遲了。關於美國女性不被鼓勵進入科學領域的社會現象，我有一次在前白宮女發言人的演講場合聽到一個例子。

這位前白宮女發言人 D.D. Myers 於 2010 年 3 月 10 日訪問休士頓，在一個民主黨婦女團體的籌款會上發表演說，她指出：雖然美國人在法律之前，男女平等，但是傳統的社會習俗與態度，常給女性帶來奮鬥過程中的阻力，譬如有一回在西屋科學獎的頒贈典禮上，一位男學生在答謝詞時表示：「我從小就對科學有興趣，下功夫，I deserve it!」輪到女學生得獎人致詞時表示，她則表示得到這個獎十分意外，「I am really sur-prised!」這兩式答話，表現了兩種不同的心理狀態，D.D. Myers 強調後者是傳統女性一貫缺乏自信心的反映。

　　訪問馬中珮教授那天下午，我要趕搭飛返休士頓的班機，當時馬中珮也剛從亞洲領獎回家，原先說好在柏克萊校園的天文物理系辦公室碰頭，後來進一步電話斟酌見面地點的時候，她選擇一處距離捷運站較近的咖啡館，的確在舊金山霪雨霏霏的季節、給拖著行李的我增加不少方便。

穩重與自信

　　那天上午我依時抵達，只見這位國際知名的天文物理學家，著一件深紅色套頭毛衣和黑長褲，正卸下肩上的背包，看上去像是一位女研究生。她笑容可掬地打開話匣子，隨後神情專注地回答我的問題，做為一個媒體工作者，我深知因 2011 年底黑洞的發現，而連續接受全球各地媒體訪問的她，仍舊很有耐心地回答我（大概約有百分之九十）重複了的問題。當我提起自己像大多數記者對科學題目不知從何說起的時候，她立即加重語氣表示，根據她接受無數記者的採訪經驗，今下媒體記者的問題出乎意料之外地抓住重點。

　　訪談結束後，我們在北加州的斜風細雨之中道別，我忍不住告訴她：「在妳出生那年，我正進入妳父母親工作的新聞機構實習……。」在替女科學家攝影留照時，發現她臉龐的上半部像母親，下半部像父親，兼具二人銳利與穩重的特徵。在春寒料峭的天氣裡，她開朗的笑容，能讓人感受「百尺竿頭、更上層樓」的豐富能量與自信。

一位海歸派的故事——
中科院高分子物理及化學重點實驗室主任韓志超

韓志超 **2012** 年攝於實驗室（韓志超提供）

第十四章

韓志超如今回望走過的路途，他說人生充滿起伏和波動，只要全力以赴，不患得患失，若把得失之心放開，則一路總結下來，必然能夠有所收穫。

材料和器物的學問

　　每人每天開門七件事都不離「器物」和「材料」，尤其在今日的經濟結構之下，每一種新材料的出現，就意味著科技的進步與新產業的形成，眼前最明顯的例子是二十世紀六〇年代半導體材料的發現，和電腦資訊事業的興起，使令美國西海岸的「矽谷」和「微軟」躍升為全球性的企業龍頭之一。

　　時序進入二十一世紀初葉，凡經濟開發國家對於科學技術的追求方興未艾，若誰能在高科技研究和產業發展中取得優勢，誰就能從激烈的國際競爭中掌握先機。本文報導的主題韓志超博士出生大陸，臺大畢業後，赴美求學、並生活三十餘載，2002 年應聘到中國科學院化學研究所擔任高分子科學與材料聯合實驗室主任及首席科學家，並自 2004 年 12 月又擔任該院高分子物理與化學國家重點實驗室主任。若依英國經濟學家《國富論》作者亞當‧史密斯的歸類，韓志超屬於「新的專家階層，勤於思索，他們利用知識而為經濟生產做出貢獻」。

　　韓志超出生於四川，長於臺灣，1966 年臺大化工系畢業，1973 年在美國威斯康辛大學獲得物理化學博士學位，次年任職商務部國家標準技術局（NIST），直到 2002 年初退休為止，歷時三十八載。在這段期間內，他於 1984 年獲美國物理學會狄龍獎（Dillon），1986 年獲美國商業部金質獎，1990 年美國國家標準局 Samuel Wesley Stratton Award 最佳研究獎，1995 年德國亞歷山大——洪堡基金會資深洪堡學者研究獎，1999 年美國物理學會高分子物理學會高分子物理榮譽獎。他在標準技術局（NIST）任內的職銜為研究科學家（Research

Scientist），自 1985 到 1995 年間韓志超在標準技術局擔任「高分子共混團隊」（Polymer Blends Group）主任，自 1999 到 2002 年，他擔任「多相材料團隊」（Multiphase Materials Group）主任。

何謂高分子？

韓志超在北京中科院所領導的兩個實驗室都以高分子 Polymer 為研究的主要對象，高分子的研究及應用範圍究竟如何？根據百科全書的綜述：高分子是分子量很高的一大類化合物，按來源可分為「天然」與「人工合成」兩類；前者天然類如澱粉、蛋白質、纖維素和天然橡膠，後者人工合成類如聚乙烯、聚氯乙烯。又由於它們是由成千上萬個小分子化合物通過聚合反應連結而成，故又稱聚合物，往日人類的食衣住行大部分是靠天然高分子所提供，1909 年西歐設立第一座酚醛樹脂廠，此為製作「合成」高分子之始。1920 年德國化學家斯達丁格（Staudinger）提出「長鏈大分子」的概念（日後因此獲諾貝爾獎），後來經過許多科學家數十年的共同努力，在有機化學、物理化學、物理學和力學的基礎上建立了高分子學科。

高分子的未來發展的前景又如何呢？2007 年九月韓志超博士在北京接受筆者的訪問時表示，上世紀人們所使用的器物材料以塑料、橡膠和纖維為代表的高分子材料為大宗，今後高分子的應用要脫離對石化資源的依賴，設法使用化學、物理或生命科學的方法合成新的高分子材料，此中包含綠色材料的環保新觀念。

對於高分子的實際應用，早在 2005 年 12 月底，韓志超接受北京《科技日報》的訪問曾細說日常生活中的「高分子」，他指出最典型的高分子是聚烯烴（包括聚乙烯、聚丙烯），比如各種膜、新的管材、汽車上的保險桿、儀表板都是聚丙烯或聚乙烯製成的，目前聚烯烴在全世界所有塑料中佔百分之八十五。

「在以前聚烯烴產品中都使用單純的聚乙烯、或聚丙烯，都是比較低檔的，現在科學家把高分子加以合金化，通過一種不均勻的混合程序，使它具有不同的性質，增加它的韌性、耐磨性和硬度。」

這種合金在哪些方面得以使用？韓志超回答：譬如人們希望汽車越輕便越能節省能源，於是使用更多的塑料產品，但是又希望汽車很環保，將廢棄的汽車加以回收，汽車的金屬部分一般可以全部回收，但塑料部分就很困難，因為目前生產的汽車中含有一百多公斤的塑料，品種很多，回收時不容易把它分開。現在歐盟國家規定自 2006 年生產的汽車必須百分之八十五的材料能夠回收，韓志超說，如果使用高分子合金技術所生產的塑料，回收時就無需再對它進行分類或分解，在統一收回後可以做成下一級的塑料，即比較低檔的成品，比如製造儀表板的材料，回收後可以做成汽車的底盤，等把底盤回收後，可以把它做成更低檔的產品（譬如代替木板材料的廉價產品）等。

繞道產權限制

韓志超指出：高分子學科的發展直接影響到與國民經濟關係密切的農業、能源、資訊、環境、人口與健康等領域的進步與發展。目前由於高分子的先進技術的知識產權主要被世界上幾個大公司所壟斷，一般的研究很難突破這種專利的限制，韓志超說：「我們研究所的工程塑料實驗室和高分子物理與化學實驗室聯合起來，再與中油合作，目的就要研究出這種聚烯烴合金的製造技術，在催化劑方面，已通過一種複合技術製成『複合催化劑』，世界上還未見報導，是為創舉，它繞道產權的限制而有所發見，而且這種方法已經申請到中國及世界的產權專利，其合金產品在實驗室已經完成，剩下來是在工廠裡進行模式試測和試用。」

有關醫學的高分子應用方面，2008 年 8 月 15 日江蘇錫山經濟開發區發布一則消息指出：韓志超院士今年的研究項目「醫用體內奈米纖維膜、人工皮膚和傷口包覆材料」申報了無錫市的五百三十項目並獲列入 A 類，其產品具有奈米材料特有的優勢：高孔隙率、高比表面積、良好的生物相容性、而且安全無毒可被人體自然吸收。該新聞說，「該項目已於 7 月底完成工商註冊手續，正式成立無錫中科光遠生物材料有限公司，投資八百萬人民幣，相信會對開發區科技創業園的生物醫學產業發生一定的引領作用，並可帶動產業急遽發展。」

反諷意味十足

　　上列諸項的工作成績足以說明韓志超因何在美國事業有成、到了服務屆滿的退休之齡，接著又應聘到北京做起海歸派的來龍去脈，當筆者請他就這一點抒發感懷時，他表示在美國工作雖然擔任研究團隊的領袖，帶頭做科研，但對研究方向卻無決定權；其反諷意味十足的是，在美國必須聽上級領導的話，後來到了中國，他所提出重要的工作方針和方案大致都獲得採納。依他個人體驗：今日中國大陸的科研工作者擁有相當的主導權。在他所領導的高分子物理與化學國家重點實驗室裡，現有研究員十四人左右，其餘攻讀博士及碩士者百餘人，重點實驗室邀請了德、日、韓、美的知名學者、及國內獲得國家傑出青年基金的學者六人。

　　韓志超能夠施展平生所學，並與高階層領導溝通順暢的例子，可能在海歸派中並不尋常，根據《環球華網》在今年3月初，標題為〈華人海歸：存活率低於百分之五十〉的一則消息中指出，華人回流中國的熱潮雖盛，但它所引用的一項調查說：回流人才的生存率低於百分之五十，新聞指出，海歸派中不乏企業高管，平均在加入六個月後選擇離開。

　　有一失敗案例的周女士說，這種「分手」不存在誰好誰壞、誰高誰低的問題，雖然大家說的都是中國話，但有時聽不懂老闆想說的是什麼……。經常在開會時聽到這樣的結論「讓我再想想吧」，後來我才知道「再想想」就等於「不同意」。該新聞的結尾說，這種情況可能是許多海歸派所熟悉，成功轉型大概需要一年時間，而且必須要經過三個不同的階段，即先

要進入，再被接受，最後工作成果才能替企業帶來變化。或許支配私人企業營運的因素比政府科研機構來得複雜，所以兩種情況殊異。

三元工資法

外邊對於大陸實行改革開放後的學術機構的支薪辦法不免好奇，據韓志超解釋，他工作單位所採行的是一種極端資本主義的三元工資制，所謂三元即三分之一為社會主義的基本工資，三分之一為崗位工資（教授及研究員的 Grant），剩下的三分之一為績效獎金，每個人心裡都有一把小算盤，工作的壓力都不小。

韓志超最後總結他的工作目標時表示：「是對重要科學題目開展創造性的基礎研究，承擔對國民經濟發展具有影響力的任務，解決高分子材料產業的一些重要的關鍵技術問題，更由於高分子研究只要跨出去一步，就能走向應用，所以我們實驗室還要求研究員一邊做基礎研究，一邊設法將它推展到應用層面。」

韓志超工作中的另一要項是擔任英文學術刊物《高分子學報》（*Journal of Polymers*）的亞洲編輯，他主持編務的重要意義是「讓實驗室和國際學界、產界能夠接軌、交流」。韓志超過去在華府商務部標準局工作逾半甲子，加上和日、德等國學術交流的經驗，因此替這份編輯工作攢足了資歷，追根究柢，這也是當局聘請像他這樣國際知名高分子學者的重大緣由。其間也反映了全球化浪潮之中，專業知識分子早先出國的

移民傾向，和日後回流同文同種社會的趨勢。

　　記得參觀訪問中科院高分子重點實驗室的那天下午，正逢北京 9 月末梢的金秋季節，因為韓志超下週一要到外地開會，於是趕在他出門前，到中科院的重點實驗室做番巡禮。抵達「科技現場」後，首先映入眼簾的是外表新穎的圓形五樓建築，由於是休假日，只有少數做實驗的研究人員出現在辦公室，手持一大串鑰匙的韓志超，開啟數個實驗室房間的門戶，展示他回國後所領導製作的「剪切光散射儀」、「顯微鏡試測平台」、「光散射測試平台」、「三維透射電鏡實驗室」等先進的科研設備……。

　　筆者對他所介紹的專業學術名詞有如鴨子聽雷，但卻注意到牆角和窗戶邊綠油油的盆景，替這個科研機構平添不少蓬勃朝氣，忍不住就脫口稱讚生意盎然的盆栽，只聽他說「每過幾個月我就會提醒他們換一些新的來」（足見事無鉅細，他都照管），韓志超邊走邊談地自我期許「要在兩任（十年）之間，把這個實驗室帶成國際一流的學術機構」。他表示自從回歸北京之後，對於國際形勢看得更為清楚，他曾經和駐派北京的美國商務部科技外銷控制局官員聊天，一邊抱怨美國高分子成品出貨的時間慢，已有老大習性，雖然對方同意他的論點，但卻無法有效地以行動回應。

以故人為榮！

　　我回到美國提筆做這篇報導時，找到韓志超當年在威斯康辛大學讀書時的一位摯友，此人在美國的華人社區大大有名，

即《世界周刊》的專欄作家信懷南，我請他對老友韓志超的相識相知說幾句話，信懷南所回覆的 e-mail 言道：「我們相識於六〇年代末葉，兩人同一天成婚，過從甚密。但離開學校後，他往東，我往西，追隨不同的鼓聲，各忙各的。近年來中間隔著太平洋，並無聯絡，志超事業有成並非意外，懷南為故人感到高興，也以故人為榮！」信懷南對這位海歸派老友的一番讚辭，若對映當前中國經濟發展的景觀，勢必引來無數回應！

年逾七十的韓志超，歷經十年北京的科學領導生涯，已於 2012 年秋，離開中科院高分子物理及化學重點實驗室主任的職位，而解甲歸田，回到妻子劉西琳和三個子女身旁，開始享受含飴弄孫之樂。西琳畢業於臺大心理學系，在休士頓大學校園和韓志超相識，兩人婚後定居華府，她曾任當地中文學校校長。夫婿赴北京擔任科學領導，她不像許多海歸派的妻子仍遠居海外，而跟隨左右照料起居飲食；劉西琳擅長交際，且多才多藝，是一位成功男人背後的賢內助。

韓志超如今回望走過的路途，他說人生充滿起伏和波動，只要全力以赴，不患得患失，或把得失之心放開，則一路總結下來，必然能夠有所收穫。

「街頭醫生」黃至成追尋人生真諦

哈佛大學醫學院畢業的黃至成在玻利維亞街頭照顧流
浪兒。（黃梅子提供）

第十五章

黃至成在南美洲玻利維亞的工作難免侵犯當地
毒梟和警察的權威和利益，雖然生命安危受到
威脅，他仍舊努力以赴，座談會中他表示：
「生為亞裔社區一員，深深感覺亞裔和外界接
觸時，時常躊躇不前，總覺得在自己熟悉的環
境裡，便感到安全。」他說：我們應該邁前一
步，爭取主動的地位，才能開創優勢和契機！

不同的人生目標

「他人生的終極目標不在打拚成為一個百萬富翁，而是幫助那些無依無靠的人。」這段話聽起來像牧師的證道詞，確是休士頓臺灣人傳統基金會理事長林秋成在介紹青年醫生黃至成時實寫實描。

千禧年1月中旬，休士頓臺灣人活動中心為黃至成醫生舉辦了一場心靈對談會，分享他連續兩年前往玻利維亞大都市的貧民窟，治療街頭無依孤兒的心路旅程。

1997年夏天，兼修內科與小兒科的黃至成，剛完成哈佛大學醫學院的課業，手中握有一個金飯碗，但是他拋棄一般追求功名利祿的路子，選擇少有人跋涉的冷僻途徑，除了決定行醫維生，那年夏天，他毅然前往南美洲的玻利維亞去照顧一群無家可歸的街頭棄兒。

1972年次出生於美國南卡羅萊納州的黃至成（Chi-cheng Huang），1993年畢業於德州農工大學生物系，隨後進入人人豔羨的哈佛大學醫學院專攻小兒科，五年後取得學位，並以第一志願進入該校附設的醫院工作，就在畢業的前一年暑假，他參加學校附近教堂（Park West Church）的醫療宣教團，前往南美玻利維亞（西半球第二貧窮的國家）的首都拉帕斯（La Paz）市，展開夜間巡迴街頭的工作。

參加醫療服務

這個宣教團的主要任務是傳道和醫療服務；每星期二、四

晚上，都對拉帕斯街上的流浪兒童提供醫療服務，並照顧他們的切身需要，而這些孤兒所遭遇的兩大困難是：濫用毒品和遭受警察及其他成年人對他們「身心和性」的殘暴侵犯。

街頭流浪兒的出現，並非一族一國一地的孤立現象，根據聯合國在二十世紀末的估計，全世界大約有三千萬到一億七千萬的小孩在街頭流浪，截至 2010 年，地球上將有兩億多的流浪兒童，他們被看成小罪犯、不存在的人，黃至成在座談會中報告：1980 年代的初期，玻利維亞經歷一次嚴重的財政危機，由於政府不善理財，造成國家嚴重的經濟衰退，自 1986 年以來，玻國的通貨膨脹高達百分之二十，物價膨脹和貧富差距日漸拉大的結果，愈加惡化街頭流浪兒童所形成的社會問題。

1997 年 8 月，當黃至成隨宣教團抵達玻利維亞的首都拉帕斯以後，他帶著一個當地醫學院的高年級生每週兩晚替街頭小孩義診。他眼見小孩為了躲警察和驅寒取暖（拉帕斯位於高原，夜間溫度華氏三十度左右），而藏身地下水道系統，黃至成說，排污渠道的氣味難聞，但為保暖，久了也不聞其臭。這些小孩為了活下去，或在街頭替人擦皮鞋，賣番薯片、糖果，做雛妓，於是也染上吸毒和酗酒的惡習。

黃至成主要的工作是替這些小遊民治療身體的傷痛，因為玻國不像美國有血庫的制度，為了救人，他必須帶頭示範，把自己的血輸給有需要的病童，他還告訴年輕女孩如何照顧產下的嬰兒，防治「性」的傳染病，和他們談話，關心他們，讓他們覺得自己也是人。

撫平社會傷痕

座談會中有一位聽眾發問：這種流浪兒的問題普遍存在於地球村的各個角落，像南美的巴西，亞洲的泰國，和非洲的莫三比克……。為什麼黃醫生要跑到玻利維亞去？他回答，因為學過西班牙文，雖然是陌生國度，仍有相當的安全感，再者當地的教會和他在麻省哈佛求學時所上的教堂是姊妹會，另一個重要的原因：「對抗貧富不均，撫平社會傷痕」是他平生最大的願望。

這位街頭醫生年少時便充滿正義感，大學時代立志做一位政治家來撫平這個世界的傷痕，黃至成曾利用大學暑假參加夸克（Quaker）教派的和平工作隊前往東歐，致力於終止塞爾維亞和克羅西亞兩國之間的戰爭，但是當他在貝爾格勒城（Belgrade）看見流離失所的孤兒和開槍濫殺的士兵，讓他覺得自己太急躁、太誠實、太容易憤怒，以致於無法在政壇存活。後來他選擇到南美最貧窮的玻利維亞，照顧無家可歸的街童，以他的醫療技術和真心誠意得到孩子們的信任，與先前在東歐目睹戰亂的無力感確是一番不同的對照。

黃至成告訴休士頓臺灣人活動中心座談會上的鄉親，社會上人人追求成功，每個人的成功指標不同，「我的目標是幫助別人，感謝父母給我一個舒適的成長環境，而且我所受的教育，能讓我一年工作兩、三個月的收入，便可供全年所需，能把其餘的時間用來幫助孤苦無依的人。」

黃至成在玻利維亞的工作難免侵犯到當地毒梟和警察的權威與利益，在生命安危受到威脅的情況下，他仍舊努力以赴，

座談會中他表示：身為亞裔社區一員，他覺得亞裔和外界接觸時，時常躊躇不前，總覺得在自己所熟悉的環境裡，便感到安全。他說：我們應該邁前一步，爭取主動的地位，然後才能開創優勢的契機。

春天的訊息

當他在帕拉斯與流浪兒相處時，曾一一詢問孩子們心中最大的願望是什麼？大部分的回答是希望有個家，其次是把他們的故事傳揚出去。果然數年後，黃至成邀請他高中同學唐諾邦——至今已出版了好幾本書的德州華裔知名作家，前往玻利維亞，目睹黃至成照顧流浪兒的工作，兩人共同完成《玻利維亞街童的春天》（*When Invisible Children Sing*），先後有英文與中文版問世，臺北的譯本是由劉介修翻譯，望春風出版社發行。

這本書的英文原版得到美國《出版人周刊》（*Publishers Weekly*）令作家們豔羨的星級書評，該書的序文由哈佛大學精神科教授克爾（Dr. Roert Coles）執筆，他讚揚照顧街童的義行可與史懷哲遠至非洲行醫的事蹟比擬。

這本書寫數個街童的故事讓讀者知道這些命運悲慘的兒童為何吸毒、嗑藥、做雛妓，書中並以黃醫師的童年回憶穿插他在玻利維亞照顧街頭流浪兒的細節和經過。推測作者的用意在於藉著黃至成自己兒時的親身經驗，而把遙遠的南美洲兒童拉近到讀者的面前。

當讀者看到《玻利維亞街童的春天》的十二至十六章，會

發現黃至成有一個小他三歲的妹妹明芳自幼得了白血球過多症，1987 年（他十六歲）的聖誕節，明芳因心臟病猝逝，黃至成在這本書的前言和後記中一再提起，1987 年的聖誕節改變了他的生命，為什麼有這樣多的人因疾病戰亂飢荒而喪命，為什麼我卻活著？為什麼上帝帶走我的妹妹明芳？讀者看到一顆少年敏感的心最後如何成就了一件正義的志業。

　　該書的共同作者唐謐邦是黃至成的高中和大學同學，二人都是充滿正義感的熱血青年，樂於幫助弱者，唐謐邦念大學的時候參加學校社團和地方社安組織合作替貧民蓋屋，同時幫助無家可歸的老人爭取糧票和住處。唐大學畢業後，前往亞利桑那州的外勞組織擔任一年義工，隨後轉往德大奧斯汀，取得「亞納研究」碩士學位。然而他最大的興趣在於寫作，接著在南加大取得「專業寫作」的另一碩士學位。

　　唐謐邦的第一本著作：《營火：德州農工大學的傳統和悲劇》論述學校為趕建一年一度足球大賽前的營火，而發生柴堆倒塌，十二人喪生，二十七人受傷的慘劇，事後校方成立調查委員會，唐謐邦在不到四個月的時間打鐵趁熱，完成論災一書，趕在調查委員會的報告發表之前付梓。因為立論中肯，文字流暢，得到主流媒體的注意，登上《休士頓紀事報》的頭版新聞，唐謐邦因此打響了作家的名號。唐母早年畢業於臺大外文系，她的同班白先勇來休士頓演講時，見面說畢寒暄語，做母親的就告訴大作家，我的兒子也從事寫作。

古今孤雛淚

《玻利維亞街童的春天》一書，記述玻利維亞街童的苦難，其中心話題乃是普世流浪街童的現象，雖然這件社會問題由來已久，在十九世紀的英國狄更斯小說裡，描述工業革命之後，弱肉強食的森林規則當令，使得無數的貧苦兒童飽受虐待，譬如《孤雛淚》（*Oliver Twist*）一書所以賺人熱淚，因為取材自狄更斯自幼悲慘境遇的血汗經驗，如今人類走進二十一世紀，科技文明一日千里，黃至成以他的實際行動告訴世人應該如何對待這些在貧困苦難中掙扎的孩子。

當黃至成在 1998 年到達玻利維亞的時候，雖然帕拉斯市有幾處收容流浪兒的地方，但孩子們不相信那裡的輔導員，這些街童都不願意入住，收容所裡性侵害或被孩子王欺侮的事件時有所聞，黃至成計畫在未來的十年到二十年間，能說服當地的官員及警察把流浪街頭的兒童移進孤兒院。

2001 年，黃至成建立了玻利維亞街童計畫的組織（The Bolivia Street Children Project），街童在帕拉斯市有了第一個家，取名伯納比之家（Hogar Bernabe），收容十名孩童，專責照顧曾被遺棄的流浪兒，為孩子提供一個安全的生活環境，不施體罰，還請家庭教師協助孩子彌補他們失學的課程，有人或謂收容量太小，但黃至成醫生說，伯納比之家所復健的孩子，要超過當地幾所收容五十名孩子的孤兒院。接著在 2005 和 2006 年又成立第二和第三處街童之家，黃醫生希望另外成立小型學校、圖書館、足球場，並且透過實際情境，讓小孩學習商業活動的微型。

黃至成於 2002 年完成哈佛內科和小兒科的住院醫師的訓練，現任職波士頓大學的醫學院醫學中心，並且擔任內科和小兒科的主治醫生，他將時間分配在波士頓和玻利維亞帕拉斯兩地，一邊行醫，一邊做街童計畫的推手。但玻利維亞街童計畫的成功除了黃至成不懈的努力，並且得到他父母親和妻子的全力支持，他的母親黃梅子也曾在暑假裡，不辭勞苦地跑到玻利維亞做義工替孩子們煮飯，黃至成的妻子在哈佛大學攻讀教育學博士，他倆於 2006 年生育一女，前此收養兩個女兒，一個來自玻利維亞，一個來自中國大陸。

為街童打造未來

　　黃志成表示：認識這些街頭的孩子，改變了他的一生，而他生命中的許多高峰是和街童相處時發生的，當他們的疾病治癒，能夠玩樂和歡笑的時候，他感到莫大的歡喜。玻利維亞街童計畫的組織在 2008 年正式改名為 Kaya Children International，更名一事醞釀已久，目的在於顯示此一組織有意擴張為獨立的國際非政府機構（NGO），新名稱中的 Kaya 在玻利維亞當地的土著語裡意味「明日」之意，對於街童而言，他們都活在當下，過一日算一日，並無將來。黃至成表示，新的組織名稱不但希望恢復流浪兒的童年，而且以「愛」和「支持」替他們籌畫一個光明的未來。

　　2008 年 12 月中旬，黃至成返臺參加「龍應台文化基金會」所舉辦的「街童，被遺忘的天使」座談會，他在會上呼籲大家透過閱讀來瞭解街童現況，並且鼓勵在場學生將此狀況傳

揚出去，進而引起社會大眾的注意，黃至成強調：如果對現狀不滿意，就嘗試去改變，大家可以從關心臺灣做起，他以自己的經驗現身說法，鼓勵大學生把對社會的不滿和憤怒，轉變為改進社會的熱情。

成長於德州農工大學城的黃至成，父母親來自臺灣，其母黃梅子擔任休士頓臺灣人活動中心經理多年，早歲在台是一位芭蕾舞者，父親在休士頓社區大學教授數學，黃至成的姊姊是位心理醫生，和弟弟一樣自哈佛大學（心理系）畢業，目前在德州達拉斯地區執業行醫。

臺灣「海底地震儀」推手陳讚煌

2005年，陳讚煌在休士頓東南郊明湖社區集會上介紹他所推動的「海底地震儀」——石麗東攝。

站在退休與否的十字路口上，陳讚煌檢視當初返臺自訂的目標：一、完全以回饋的心情，走一條新的研究領域，發展海底地震儀。第二、不擔任行政工作，好好教書，帶幾個學生，替社會培養一些人才。第三、在學校不參與政治活動，保持知識分子對社會和公義的獨立本色。他說十六年來漫長的路途，自覺差強人意，並且是把人生壯年時光奉獻給鄉里，並沒有做老態龍鍾的「供奉學人」，或蜻蜓點水式的「酬酢學者」。

「海底地震儀」之必要

新舊世紀之交，地球上發生了幾起令人驚惶失措的天災人禍。而天災之中又以地殼變動引起的地震和海嘯的威力最強，所造成的損失也最為慘重。

尤其臺灣位於歐亞大陸板塊和菲律賓板塊的擠撞帶，為全世界地震最活躍的地區之一，1999 年「921」集集大地震之後，造成兩千餘人的死亡和房屋、橋梁及路面嚴重破壞，根據災區重建的資料看板顯示：地震的餘悸和陰影不時走進災民和孩童的睡夢中。

對於 1970 年代初期自臺大地質系畢業，負笈至美獲得地球物理博士學位的陳讚煌而言，留美的時間愈長，便「愈覺得對家鄉有一種逃脫的虧欠」。早年讀建中時，他和同學合辦一些社團，進臺大前後，響應「自覺運動」、參加新生報「中學生科學週刊」編輯工作，出版、翻譯科學書籍，留美求學期間投入保釣運動，一向愛國愛鄉不後人，隨著日月流轉，年紀漸長，每每思忖如何為臺灣盡一份心力，終於等到環境許可，有機會回國服務時，立刻配合自己的專長發展「海底地震儀」，開闢在地球科學研究的新領域。

雖然今日科技已達到登陸月球、複製牛羊動物及造人的地步，但仍舊無法真正瞭解地球內部的構造和活動，準確地預測地震，陳讚煌指出，目前只能大致估計地震的機率，而預測工作中的最大挑戰之一就是收集地殼變動的資料，瞭解應力場的現象，和地震機理。對於四周環海的臺灣，學者早有共識，應該發展「海底地震儀」，陳讚煌於 1989 年應聘國立海洋大學

教職，獲得國科會、教育部和海洋大學的支援，開始著手相關的規劃。1991 年組裝完成兩顆「海底地震儀」，並成立「海底地震儀」實驗室；同年暑假，海洋大學有了獨立出海運作的能力，並於 1993、1994 年與俄羅斯、澳大利亞進行合作計畫，臺灣從此列入世界「海底地震儀」俱樂部的名單。

發展「海底地震儀」

根據地質學的研究，臺灣是千百萬年來歐亞和菲律賓兩大板塊在海底擠撞後逐漸抬升形成的，這個造島過程至今仍在進行之中，很可能還要進行數千萬年，如欲瞭解此一過程則必須掌握相關的地質構造和演化，尤其是發生在臺灣和附近海域的地震現象，往往能夠反映出從琉球海溝，經臺灣本島到馬尼拉海溝所包含的板塊交界的性質與幾何形狀問題。

為解決這些關鍵問題，必須進行海域地震及地體構造方面的研究，它無法僅僅依賴布置在陸地上的地震站的偵測和定位，因此陸上的裝置不能對地震的板塊邊界、斷層或斷裂機制，導出精確的結果和推論。

多功能的設計

顧名思義「海底地震儀」是一種放置海底，進行震測實驗，接受人工和自然產生的地震波，用以研究海底沈積和地殼構造，並從事天然地震研究的儀器，陳讚煌說，就今天的科技觀點而言，不能算是高科技儀器，只要將一般製造地震儀的材

料和零件組裝成抗高壓而且密封不滲水的儀器，放置海底，並有令它浮沉並得以收回的裝置，即構成一個海底地震儀的基本要件。

多功能的「海底地震儀」還可以附加收集其他海底環境的資料，例如溫度、壓底流、壓力甚至錄影像的設備，隨研究的目的而增減。陳教授指出，各學術單位對「海底地震儀」各自有不同的設計，大致而言，共有自躍式（pop up）、拖纜式、簡易型、多功能型，隨規劃之不同而異。由於涉及使用研究船的昂貴費用，到目前為止，世界上擁有「海底地震儀」設備的國家大約一打左右。

基隆國立海洋大學所規劃的「海底地震儀」是屬於簡易型的（pop up）式，使用方便，造價便宜，源出美國德州大學，由陳讚煌的指導教授 Gary Latham 博士在七〇年代中葉發展的品類，Latham 博士在地震學儀器研製方面，卓爾超群，當年太空總署在月球表面所安置的月震儀，亦出於他的設計。

發展過程與運作

回顧「海底地震儀」在臺灣發展的過程，陳讚煌表示：當年臺灣錢淹腳目，經費不成問題，而且臺灣物理學界也都認同支持，但在具體落實的過程當中，卻面臨到現實的作業困難，首先需要電子技術人員的合作，當時中研院地球科學所葉永田所長表示可以支援電子技術人員，但儀器必須跟著技術員，換言之，儀器要放在中研院，這對陳讚煌在基隆海洋大學的教學和研究工作都造成莫大的不便，考慮之後，決定婉拒。於是再

向海洋大學校長鄭森雄求援，鄭校長同意由該校電算中心調撥一名技術人員參與工作。

隨後陳讚煌教授在學校所撥出的四十萬台幣和國科會核定的製造兩個「海底地震儀」的經費中進行零件採購，並派送一位電子技術人員前往德州大學、向該校負責「海底地震儀」的中村吉雄博士，學習相關技術。後因中村博士對派送的電子技術員不甚滿意，1990年底再從教育部爭取到一位電子技術員，調配到海洋大學參加「海底地震儀」的工作。

到了1991年3月，陳讚煌邀請中村博士到海洋大學客座研究三個月，同時訓練技術員吳立維，從此「海底地震儀」實驗室就建立起來，擔負著儀器製造、組裝、維修、設計、實驗及訓練研究生的工作，同年暑假利用海洋一號收集資料、以及資料的處理、分析與解釋整個流程和操作步驟，因而掌握獨立出海運作的能力。日後這個實驗室也就成為海洋大學的一個特色。

陳讚煌說，此後測試和運作都無問題，其中主要關鍵是，海上作業必須有船，臺灣這方面有海研一號、二號及三號可用，其中「一號」的規模比較大，還有空氣槍的設備，通常一艘船一年的維持費用在數千萬臺幣，冬日西北季風風浪大，一年只有兩百餘天可以出海，若以臺灣各學府相關科系、國科會等各機構提出五十件左右的研究計畫計算，船期的安排就十分緊張，大約只能分配到四、五天的作業時間。

主要研究計畫

綜計在陳讚煌的主持之下，國立海洋大學自成立「海底地震儀」實驗室後的海底地震測量計畫所完成的項目有：

＊從 1991 到 1993 年，海洋大學的「海底地震儀」配合「海研一號」研究臺灣西南外海和新竹外海南日島盆地，以及南部巴士海峽的沈積與構造為主。

＊1993 年 10 月，和俄國研究船 Professor Gagarinskiy 號上，俄國拖纜式「海底地震儀」聯合布置兩條測線，取得花蓮外海和沖繩海槽的震測資料，可惜俄國的「海底地震儀」飄失三顆，海洋大學的地震儀完全收回，彼此資料因為格式及軟體差異，未做交換。

＊1994 年 5 月，首次以四顆「海底地震儀」，在宜蘭外海的沖繩海槽布置了一個收集天然地震的小「海底地震網」，為期一個月，取得相當珍貴的地震資料。

＊1995 年暑假，海洋大學的「海底地震儀」參加國科會 TAI-CRUST 大型研究計畫，在臺灣東部以及橫貫恆春半島布置海陸聯合的長距離側線，研究臺灣深部地殼構造。

＊1995 年底海洋大學的技術人員應邀參加澳洲地調所（AGSO）的海域震測活動，使用該校海底地震儀，收集震測資料，雖然約定資料分享，但海洋大學始終未能獲得相關資料。

1994 年，海洋大學成立應用地球物理研究所，陳讚煌教授劃歸該所，但是電子技術研究員仍屬海洋系，該系決議電子技術研究員不得參加震測工作的技術人員，於是「海底地震

儀」在 1994 年之後，就沒有可參加震測工作的技術人員，而將相關的計畫中心移到資料的處理和論文的撰述。日後「海底地震儀」的操作便移交給臺灣氣象局。

相反的觀點

陳讚煌說論文的撰述只能給研究人員增加個人的光環，不像震測工作對整個臺灣更有意義。他不諱言也有一些人持相反觀點，認為只要花點錢買儀器來使用就好了，何必那麼辛苦，但陳教授指出，科學的發展必須確切掌握到相關的技術，其中涉及許多獨特的技巧，並非隨便可以複製；它是一個承先啟後的過程，必須按部就班地推動，才能生根發展，取得成果。

陳讚煌教授於 2005 年 9 月底結束了十六年在海洋大學的教學和研究，退休回美與家人團聚，目前在休士頓一家石油探勘公司工作。他說退休前曾對自己的狀況做了一次評估，過去十六年在海底地震儀研究領域方面累積了一些成績，往後的教學或研究工作駕輕就熟，日子相當好過。尤其在臺灣，教授是受到尊敬的高薪職業，但是他認為這些年來臺灣的政局發展卻嚴重阻滯了經濟成長，由於政治紛亂所造成的社會風氣丕變，邦已無道，心情難免沮喪，何況十六年來，他的妻子劉虛心母兼父職，要照顧兩個孩子，又要在職場中全力以赴，他對家鄉的回饋是他的另一半重大犧牲所換來，「所以不如歸去！」。

站在退休與否的十字路口上，陳讚煌檢視當初回國的目標：一、完全以回饋的心情，走一條新的研究領域，發展海底地震儀。第二、不擔任行政工作，好好教書，帶幾個學生，替

社會培養一些人才。第三、在學校不參與政治活動，保持知識分子對社會和公義的獨立本色。他說十六年來漫長的路途，自覺差強人意，並且是把人生壯年時光奉獻給鄉里，並沒有做老態龍鍾的「供奉學人」，或蜻蜓點水式的「酬酢學者」。

回首來時路

陳讚煌這一番「歸去來」的原始起點，是從臺北聞名的迪化街往北走，跨越臺北大橋進入「草埔仔」，他的生長環境使他有機會目睹中下階層像菜販、肉販、妓女和流氓的生活方式，因此埋下他社會意識的根苗，父親雖然只接受了小學教育，但天性急公好義，鼓勵陳讚煌多讀書。

身為家中長子，增添一份責任感，從小學一年級起，他每年名列前茅，交往的朋友也都上進。陳讚煌念中小學時因為師長鼓勵寫文章，初一的時候，國文老師要他每星期作文一篇，改好了，替他寄出去投稿。尤其是初中畢業直升建中高中的那一年暑假，他花了近四個月的時間把臺北市立城北圖書館裡社會科學類的書發憤念完，他說從那以後，他的視野比較開闊，所注意的事和別人不一樣。

進入高中以後，他結識一位和自己背景殊異的朋友，這位胡姓同學的父親是胡秋原，那時李敖和胡秋原正進行東西文化論戰，陳讚煌因為同學的介紹而接觸了這方面的文章，和一些人物傳記，在高中時代很少讀課內的書，大部分的時間都花在組織及參加社團活動，譬如四育勵進會，參加的人包括臺北五個省中（建中、附中、成功和北一女、二女）的學生，馬英九

的大姊馬以南那時也參加了這個組織。隨後又發起勵進會，所辦的活動包括出版刊物，演講會並探討一些社會問題、郊遊等，高三在建中又組織利達會。

來來來，來臺大

在臺大，陳讚煌先後攻讀數學和地質系，依舊熱衷課外活動，例如，和林孝信等在《新生報》編寫「中學生科學週刊」，又辦「志譯社」，翻譯科學方面的新書，徐氏基金會當時提供資助出版計畫，總而言之，求學時代的他，年少氣盛，很希望結合志同道合的朋友，舉辦活動，突破現狀，參與社會改造。那時恰巧有臺大法律系教授俞叔平，在《中央日報》發表了一篇遊德觀感，另有一位留學生狄仁華發表一篇〈人情味與公德心〉的文章。陳讚煌這一時期便響應「自覺運動」、「真科學運動」，又參與「愛樂小舍」，每月有系統地欣賞音樂。

那年頭臺大畢業的學生大多循著「來來來，來臺大；去去去，去美國」的模式，出國留學，陳讚煌先後在南密西西比州大學獲「構造地質學」碩士、德大達拉斯分校獲「地球物理」博士學位，留學期間，他加入海外的保釣運動，獨立發行通訊並參加《新苗》、《柏城青苗》等刊物的編寫刊印工作。

陳讚煌取得地球物理的博士學位前後，大陸剛剛開放黃海、南海、鶯歌海的探勘，這時他任職的 Union Texas Petroleum Corp 也參與探勘，在中國沿海地區搜集地質與地球物理的資料，並因此在涿縣石油物探局評估酒泉盆地的石油礦產，

1989 年應大慶石油管理局之邀，協助建立重磁力勘測系統，並估評內蒙邊境的石油潛力，但因為發生天安門事件，他就再沒去工作過。

回回回，回臺灣！

早在 1985 年，陳讚煌便萌生返鄉服務的念頭，開始投石問路，但決定聘用他的中央大學物理系發現陳讚煌名列黑名單，後來臺大海研所的邀請亦踢到同一塊鐵板。此後四年，曾有當時在柏克萊教書的李遠哲、和德州聖安東尼市的僑務委員董厚吉給予協助，和有關方面溝通。1989 年，一個深夜接獲臺灣來的道歉電話，謂以前是一場誤會，終於打通歸鄉之路。對於自己為什麼上了黑名單的曲折，至今依然讓陳讚煌納悶，因為出國之後，除了參加保釣，從未涉足其他政治活動，難道是去過大陸的緣故？究竟是什麼人打了他的小報告，使他的還鄉曲推遲了四年，仍是一個疑案。

在兩岸都累積了工作經驗的陳讚煌博士，曾比較兩方面的科研特色；他在八〇年代中葉有機會接觸大陸的石油探勘業，雖然那時吃大鍋飯的色彩濃厚，「但是他們做事認真，很想從我這裡學點、挖點東西，以前跟著我做事的小夥子，現在已經成為領導。」陳讚煌所見的大陸學生也是拚命讀書，很像他求學時代的臺灣學生一樣，把出國當作一條出路。

1989 年，他回到臺灣的時候，所指導的研究生素質仍然不差，但是較為富裕的經濟生活給一般大學生帶來價值觀的改變，不再熱衷出國深造，也不像以前的學生那樣用功讀書。在

學校做研究，「要錢」不是很大的問題，相對而言，「要人」比較困難；這是因為臺灣人事行政的結構，比較僵化，要先佔缺，才能雇人。若以專任助理的名義雇用，工作沒有保障，經常做不到三年就跑人，對科研工作很不利。他認為民進黨執政後一直停留在好鬥、競選的心態，連大學校園也變成藍綠抗爭之地。李遠哲以前希望政黨輪替，使社會品質向上提升，真沒想到，它的結果卻是向下沉淪……。

不輕言退休

2005 年秋天，陳讚煌自臺灣學界退休，返回德州休士頓與家人團聚，又恢復朝九晚五的上班族生活。週末，他依然熱心參與僑社活動，代表臺灣保釣團體參與慶祝抗戰六十週大會、奔波高金素梅 9 月中旬來美巡迴表演募款活動……。轉眼行至 2012 年秋天，兩岸三地和北美洲又掀起保釣運動，陳讚煌駕輕就熟地和一群北美保釣老將——包括寓居歐洲的俞力工、胡祖庶等幫忙寫文宣，透過網路抨擊日本對釣魚台的偏差看法，並替休士頓保釣聯合會邀請老友林孝信前來演講。9 月 16 日，陳讚煌和妻子劉虛心飛往紐約市參加日本領事館門前的示威，接著又參加籌備年底 12 月 7 日休士頓保釣聯合會所舉辦的「南京大屠殺七十五週年紀念會」。目前陳讚煌供職美國一家油田資訊公司，其作業範圍遍及全世界，他負責的是東北亞地區的那一塊，包括中國、臺灣、日本、韓國及內蒙古，陳讚煌說他對自己的工作非常喜愛，不會輕言退休，就像一匹老馬一樣繼續馳騁。

II
人文篇

移植「金山」的一株「蘭」

Dr. Betty Lee Sung 於 **1997** 年，在休士頓舉行的美華協會全國年會上演講——石麗東攝。

第
一
章

1996 年，李瑞芳教授榮獲紐約州立大學（at Old Westbury）名譽文學博士學位，頒贈學位的當局推崇她是：「研究美國華裔的權威，在此領域有拓荒性的貢獻」。同年她被 *Avenue* 雜誌列為五百位知名而又具影響力的亞裔人士。平日除了寫作、教書之外，她經常應邀到全美華裔集會上發表演講，必要時前往聯邦政府舉辦的公聽會上替華裔爭取福利，若不幸發生華人被欺辱事件，不但寫信給有關當局，或媒體機構、組織抗議活動，並且走向街頭！面對如此一位三頭六臂的先鋒女鬥士，問起她一生最大的成就是什麼？她說：「是教育八個子女獨立自強、成家立業」。

細說「金山客」

　　李瑞芳教授的尊翁李老先生於二十世紀初葉、遠自廣東台山至美國西海岸登陸，隨後再遷移到東岸馬利蘭州巴爾狄摩市開設洗衣店，李教授的兒女說：母親簡直就是譚恩美筆下《喜福會》裡的「媽媽」，不僅和移民的新環境奮鬥，同時也和上一代的中國舊傳統作戰。她告訴兒女：「你們就像『喜福會』裡、美國長大的第二代子女，彷彿溫室裡的花朵，不識母親所經歷的風霜雨雪。」

　　李瑞芳博士一生以她的勇氣、智慧與毅力，終於達到成功的彼岸，這位集作家、教授及民權運動者令譽於一身的第二代炎黃子孫，並且時時不忘幫助華裔同胞對抗社會中的岐視和不平等待遇。

　　1967 年秋天，她出版《金山客》（*Mountain of Gold*）一書，敘述華人來美的移民歷史，不出數月，《金山客》躍進《紐約時報》的暢銷榜，她說「筆比劍更有力」，藉著書的形式，作者可以和千千萬萬的讀者交換心聲，尤其進了暢銷榜的書，讀者的數量以及它所涵載訊息的影響力，自然不在話下。

　　二十九年後、她榮獲紐約州立大學（State University of New York at Old Westbury）名譽文學博士學位，頒贈學位的當局推崇她是：「研究美國華裔的權威，在這個領域有拓荒性的貢獻。」同年她被 *Avenue* 雜誌列為五百位知名而又具影響力的亞裔人士。平日除了寫作、教書之外，她經常應邀到全美華裔集會上發表演講，必要時前往聯邦政府舉辦的公聽會上替華裔爭取福利，若不幸發生華人被欺辱事件，她不但寫信給有關

當局，或媒體機構、組織抗議活動，並且身先士卒、走向街頭。面對如此一位三頭六臂的先鋒女鬥士，問起她一生最大的成就是什麼？她說：「是教育八個子女獨立自強、成家立業。」

守舊的父親

李瑞芳生於 1924 年 10 月 3 日的馬利蘭州巴爾狄摩市，父母親經營洗衣店，八歲那年因受到美國經濟蕭條的影響，舉家遷回中國大陸，此後四年又遇上日本侵粵，一家人疲於躲空襲、逃難，不幸此時母親病逝，父親決定先行返回美國，四個子女經過一段坎坷險阨的路途，才輾轉回到華盛頓 D.C. 和父親團聚。

李瑞芳雖然出生於新大陸，但家中一切行事規矩仍沿襲中國舊式傳統；兄弟與姊妹之間的待遇差別很大，雖然人人都得分擔洗衣店的瑣事雜務，女孩除了店務之外，另外還要清理屋子、煮飯，只有看店時才能偷空做功課，平素總不得閒。李瑞芳說因為母親早逝，多做家事，本無怨言，但是高中畢業那年，她古板守舊的父親卻堅決反對她念大學，並且叫她趕快選擇對象結婚。

由於李瑞芳以全校第二名畢業，成績優異，得到伊利諾大學的全額獎學金，所以在父親「出門升學就斷絕父女關係」的威脅下，毅然遠走伊大，此後三年，她未曾回過家門，直到快畢業時，做父親的開始回心轉意，叫她不要再到朋友家過年，這才恢復了父女關係。

在伊大求學期間，李瑞芳因享有不用繳學費的獎學金待遇，但是平日生活費用卻必須自己賺取，趁著課餘時間，她應徵做清潔工、掃廁所，給飯店廚房洗碗盤，終於 1948 年獲得經濟學與社會學的雙料學位。

李瑞芳的大學生活節奏雖然忙碌、艱苦，但是來到充滿自由氣氛的高等學府，同時校園內的中國男女同學人數為一百對二之比，中國女孩變得十分吃香，社交機會驟然增加，彷若天之驕女，和家中重男輕女的情況非同日而語，然而她並沒有對課業鬆懈下來，每年依然保持拿獎學金的優異成績。

寫作結緣一生

李瑞芳大學畢業不久，即與孫姓同學共組家庭，前往紐約定居。1949 年，她前往紐約「美國之音」電台謀職；面試時，主任問她是否能寫東西，她說她在學校最討厭寫報告，主任說電台急需寫稿人，試寫兩則之後，立即錄用，而且薪水是前一份工作的兩倍。不意自此與寫作結緣一生。

在「美國之音」的五年工作期間、李瑞芳每週固定撰寫一篇華人在美國的報導。她說就有限的書報資料之中，華人形象不是被扭曲、便是受污衊。不僅美國人不懂得中國人，就連華人自己也不瞭解自己。於是在「民族自尊心」和「明辨是非」的感情和理智的驅策之下，她立志要寫一本華人來美移民的歷史。

1954 年，「美國之音」總部自紐約遷往華府，李瑞芳另謀書局編輯的工作，同時生下第二個孩子，但是依然不忘提起

筆來，身兼家庭主婦、母親和職業婦女之餘，開始搜集資料，書寫華人歷史，其間一度停止在外工作，因為她已經做了四個孩子的母親，根本沒有時間寫作，但最後堅持完成這件工作，乃基於一股義憤──必須要洗清中國人的面貌！

1965 年，她在紐約皇后區公共圖書館謀得一份工作，當獲悉沒有相關學位就不能列入正式編制的時候，她立即註冊攻讀圖書館碩士，三年後、取得此一學位。她的忙碌與堅持，得不到丈夫的體諒與分勞，二人歧見日深，終於 1966 年離異，四個孩子歸她扶養。

當李教授回述第一次觸礁的婚姻，她說老一輩的中國男性都不喜歡幫忙做家事，並且認為家務是女人的「事」。離婚八年以後，她和鍾嘉謀先生再組家庭，兩人都添了四個繼子繼女。鍾先生雖然也不愛做家事，但是非常體恤妻子的辛勞，她說「這也就夠了」。此後她教育這八個子女自立自強、尤其是男孩也要幫忙家務，她的幾個媳婦因此受了實惠，都感激婆婆的這番調教。

處女作《金山客》

1967 年，她的第一本著作《金山客》由麥克米倫書局出版，它是美國華人自掘金熱時期以至 1960 年代中葉的一部移民歷史，因為暢銷，次年印行平裝本。這本書不但叫座，而且叫好，當年夏威夷華裔參議員鄺友良特別要求將讚譽該書的書評列入國會紀錄。

《金山客》之堂堂進入暢銷榜，在她此後人生的道路之

上，不止開啟了一扇新的門窗，其中最重要的一個轉折發生在1970 年：紐約市立大學因此聘請她講授美國華僑史，爾後她能身在黌宮學苑，眼觀華、亞裔社區動態，作為繼續著書立說的依據。不久該校成立亞洲學系，成為美國研究亞裔的開路先鋒。

自從擔任大學教席以後，一則為充實自己、再則也為更上層樓，她又開始攻讀社會學博士學位，有志者事竟成，終於在1983 年取得學位。總計退休前的二十三年之間、每遇華人社區有值得深入研究的問題發生，她便根據社會學的方法，搜集資料、著書立說，一共又完成了六部著作。除陞任正教授之外，她還擔任系主任。以下便是她研究與著作的簡要概述。

傳道解惑、著述不輟

1972 年，她得到美國勞工部的研究基金，歷時三年撰成《美國華僑人力就業調查研究》，英文名是 *Chinese American Manpower and Employment*，勞工部大為激賞，原定出版五百本，又加印一倍，分贈各聯邦機構，並且邀請李教授前往說明報告內容，並將之推薦給書局出版，該報告以「書」的形式和讀者見面時，只有原報告的三分之二，該書在 1976 年被《書評雜誌》評選為 1976 年的優良佳作，這是一件非常難得的榮譽。

1973 年，她把《金山客》改寫為兒童讀物的形式，書名為《美國華人》（*The Chinese in America*）。1977 年，她為美國學童出版一本《美國華僑圖片集覽》（*Album of Chinese*

Americans），李瑞芳教授多年來居住紐約，對於青年幫派問題，十分關心，有一次在華埠發生青年幫派鬧事之後，立即作實地訪查，1977 年，她出版了《美國華人幫派》（*Gangs in New York's Chinatown*）一書。

隨後，中國移民人數增加，年輕人的就學就業等適應問題、日益突顯，而且事干未來前途，她於是走訪華人父母和子女，1979 年完成《移植的華人子女》（*Transplanted Chinese Children*）。1987 年，她就此問題作進一步研究，出版了《紐約市中國移民兒童的適應經驗》（*Adjustment Experience of Chinese Immigrant Children*）。

九〇年代，亞裔人口增加到七百餘萬，無論在學校或工作場合，年輕一代與異族通婚的機率相當高，李瑞芳教授分別從 1972 和 1982 年兩年、接近二十萬份的結婚申請中，檢出華人的申請表，再以社會學的標準，加以統計、分析、選樣，親自出馬訪問五十對華人與異族通婚的當事人及子女，然後撰寫《華美異族通婚》（*Chinese American Intermarriage*），行政院新聞局駐紐約辦事處曾將之摘要譯介。

發掘華裔歷史

李瑞芳喜讀歷史，同時一生關注華裔社區事務。無巧不成書，她在 1990 年聽說位於紐約附近的一座國家檔案中心大樓，存放五百八十一箱華人移民紐約的檔案，她前往開箱抽查，其年代上溯 1882 年，近至 1943 年，正是美國國會當年公布排華法案後、美國移民史頁上絕少提到的一段歧視華裔的陰森晦黯

時期。

　　這些珍貴的歷史文件包括電報、證明書、明信片，照片和公文謄本等，經過李教授的鑑定之後，認為有進一步研究的價值，她擬列計畫，向蔣經國基金會請准五萬美元的經費，交由紐約大學東亞系的一位講師逐案查閱登記，歷時兩年，事後向蔣經國基金會報告研究結果，接著又請到美國人文基金會的八萬元研究費，聘約三、四位華僑學界人士繼續開箱整理；到了1995 年，屬於紐約地區的檔案全部整理完畢，並將資料輸入電腦系統，可供華人尋根。這項拓荒式整理移民史料的創舉，引起了《紐約時報》的注意，並在 1994 年 7 月 17 日作了一長篇專訪。

　　那篇報導是以李瑞芳教授的話作結論：「這是美國華裔移民史中最悲哀沈痛的一頁，這些文件反映了他們遭遇什麼樣的迫害，有些人被關了一、兩年，不斷受到盤問、折磨，有些人走上自殺的絕路，但是大多數的人硬挺過來，終而變成美國歷史的一部分。」

　　美國國家檔案中心的主任建議李教授不妨把其他各大城市的華裔移民檔案都依樣整理出來，但是因為她一個人的時間、精力有限，於是她鼓勵其他各城市的華裔人士籌款進行。據聞，西雅圖、舊金山、芝加哥，都準備向蔣經國基金會申請經費，借來李教授所繪製的藍圖大綱，好把全美華裔移民歷史串連成冊。

熱心民權運動

李瑞芳教授在美國亞洲學界的努力耕耘，已先花後果、贏得「拓荒者」的美譽，然而她的難能可貴，不止於紙上談兵，向有關方面投遞抗議函，而且摩頂放踵、走出學術的象牙塔，和華、亞裔的同胞並肩在街頭一塊舉旗抗爭。以下便是她早先和近年來參加民權運動的選樣與切片。

她第一次代表亞裔仗義執言、爭取權利是在 1970 年，當時聯邦的族裔分類表中，亞裔並不被視為少數民族，而那時候的確也有一派亞裔人士不願意被標籤為少數族裔。即使有人看出其中的利害得失，也絕不願出面爭取；假使拋頭露臉前往民權委員會的公聽會去發言做證，就會被視作搗蛋分子或激進派。

更有傳言：如果被公認是「激進派」，繼之將招惹聯邦調查局 FBI 的注意，成為被調查的對象。無論傳言如何，李瑞芳和一位已作古的秦姓律師出現在民權委員會的公聽會上，極力爭取亞裔列入少數族裔，並獲通過。此後為華裔贏得不少福利，這還要歸功於李教授等，當初不怕被人貼標籤的勇氣。

1996 年 3 月 31 日，《紐約時報》頭版刊登了一則新聞說：法拉盛 Flushing 區選出的女市議員茱麗‧哈蕾森多次攻擊該區的亞洲人是「偷渡客、亞洲強盜、粗魯商人、和壓低美國工資的非法移民」。隨後她又指責：亞裔移民是入侵美國，而非有心融入地主國的社會。

對於一城一地的居民而言，新遷入的外來移民，自然造成景觀和日常生活節奏的改變，易地而處、若老居民有所抱怨，

情猶可原，但事實上亞洲移民同時也帶來市面繁榮。哈蕾森身為民意代表，應設法促進各族裔之間的瞭解，而非挑起戰火、製造事端。

李教授聽到女議員對亞裔的謾罵之詞，感到非常生氣，一方面以亞美高等教育協會副會長的名義向五十位市議員寄出一封義正詞嚴的抗議函，另方面聯絡其他團體。李教授說，經社區多位熱心人士的奔走，結果 4 月 2 日有兩、三千人之眾的華裔及韓裔聚集市府前廣場，舉行抗議大會，當時她並擔任大會司儀，紐約副市長、財政局長、及多位市議員都上台讚揚亞裔的努力和成就，當這場集會結束一小時後，女議員哈蕾森便在市政府宣讀一份道歉的公開信。

榮獲海華獎章

我第一次見到李瑞芳教授是 1997 年夏天，她赴休士頓參加全美亞裔專業人士協會，主講「異族通婚」。演講結束後，不忘提醒在場的聽眾：賺錢固然重要，但是「瞭解自己」更為重要。現在大家都忙著賺錢，做華裔社會調查的愈來愈少，她老了，希望年輕人能夠繼續做，尤其今日有電腦幫忙，比以前做起來方便許多。

李教授身材纖巧，那日演講，著一身櫻紅色短袖套裝，看上去只有五、六十歲的模樣，說話語氣不疾不徐、未見經歷風霜雨雪的痕跡，你如果在紐約唐人街碰到她，難以料到這是一位知名的學者與作家。

1997 年的華僑節，中華民國僑委會頒贈「海華榮譽獎章」

給李瑞芳教授，公函說：「李瑞芳博士任教於紐約市立大學經年，對美國華僑史、華僑人力就業、華人社會適應與結構變遷，夙有專精研究，有助於提升華人形象與福祉，貢獻卓著。本會特頒海華榮譽獎章，以資鼓勵。」筆者能藉採訪和文字機緣記述這樣一位嶔崎磊落的時代女性，深深引以為榮。

捕捉進行中的歷史——
李又寧尋覓華美族的藍天

2011 年，李又寧籌辦「民國肇造與北美華人」。攝於會場——石麗東攝。

第二章

2008 年 4 月 5 日，李又寧在休士頓一場「華族對美國的貢獻」的演說中，對於一般所謂主流與非主流的界定有所顛覆：她指出，過去的說法是華人必須打入主流社會；她認為，今天華族在美各行業都有傑出的表現，我們既是重要的演員，手中又握有豐厚的資源。尤其今天美國社會道德渙散，不少年輕人染上吸毒喝酒的惡習，正需要借鏡中國儒家重視教育和家庭的觀念，只要華族在美國有貢獻，就可稱得上主流，她反問：「為什麼我們不能稱為主流呢？」

潛心華族留美史

凡居住地球村像紐約般的繁華都會，難免感嘆「長安居大不易」！華裔女同胞在地鐵站被搶皮包的事件時有所聞；紐約聖若望大學東亞研究所所長李又寧教授安身於斯數十載，她對這個包容多元文化的大都市，懷抱一份深厚的感情，舉例自己的因應之道：「我的手提袋經常放了兩個錢包，裡面裝滿硬幣，萬一碰上強梁搶匪，就立即把錢包交出，再說一聲 God Bless You！」這則小故事包涵了中國儒家調和現實的哲學，並且反映李教授樂天知命的人生態度。

由於她治學勤奮再加上樂觀的天性，李又寧於近三十年傾力「捕捉進行中的歷史」，潛心「華族留美史」和「華美族」的史料搜集和撰述，為充滿陰霾的近代中國史尋獲一片藍天。

出生大陸、來自臺灣的李又寧，臺大歷史系畢業，赴美求學獲紐約哥倫比亞大學歷史博士學位，早先治理中國近代婦女運動史，並研究「胡適在美的生活」，從鑽研胡適的史料及相關文物當中發現「中國留學史」的重要性。李教授認為留學生用功勤勞，在外為祖國爭光，回到國內「把外邊的世界帶進中國」，促進現代化的建設，她指出：留學制度化是近現代中國的一項創舉，一大成就，也是中國近代史上最光輝的一頁。相對於近一百五十年喪權辱國、割地賠款和貧窮落後的陰影，做為一名歷史學者，李又寧教授突破窠臼，提出與眾不同的看法，無異在灰黯的天空之下，找到一線鼓舞人心的霽光。

前瞻的「主流」觀

2008 年 4 月 5 日，她在休士頓一場「華族對美國的貢獻」的演說中，對於一般所謂主流與非主流的界定有所顛覆：她指出，過去的說法是華人必須打入主流社會；她認為，今天華族在美各行業都有傑出的表現，我們既是重要的演員，手中又握有豐厚的資源。尤其今天美國社會道德渙散，不少年輕人染上吸毒喝酒的惡習，正需要借鏡中國儒家重視教育和家庭的觀念，只要華族在美國有貢獻，就可稱得上主流，她反問：「為什麼我們不能稱為主流呢？」她這番論點比「設法融入主流」更具前瞻性，令人耳目一新。

李又寧自喻「大半生最幸運的一件事乃踏入近代史的專業，行內的史料豐富，人才眾多，但在這一行活了幾十年，總有一些自己的看法」。

「回應論」的偏差

經過長久的探索與苦思，她發現由於晚清屢戰屢敗，中國人信心盡失，知識分子常將外國人的史觀及史學方法移花接木，用來看自己的歷史，其中有兩個明顯的例子，一是清末民初的留日學生從日文書報抓來一些史料和史論，略加剪裁和翻譯，寄回國內適應一般大眾讀史的需要，另一例發生在二十世紀中葉，費正清自美國漢學界興起，他的立論亦著重陰暗面，其史觀大致以一個程式表現；即晚近西方的衝擊造成中國的回應，換言之，先進而又具有活力的西方，刺激、帶動了落後遲

緩的中國，這種說法隱含著歐美人的優越感。

李教授同時指出，二十世紀以來，國、共兩黨都以民族主義為利器，把歷史的焦點放在國辱和國喪之上，不僅可激發抗外敵的民怨，而且強調前朝之衰敗，以示本朝得之於天命或民意。但是具有五千年歷史文化的中華民族，走到今天，其智慧的延續性何去何往？其遺傳基因流失何方？難道所剩餘皆是無知與無奈？

禍福相依之理

她提出老子：「禍福相依」的道理，究竟晚清以來的禍患，給中國帶來什麼樣的福益？李又寧認為：中國現代化過程當中，國人所擁有的各種空間大為擴展（包括生活、學習、工作及歷史的空間），繼而走向世界，以前因閉關自守受到種種束縛，如今豁然開朗，從有限走向無限，以前是僑居國外，希望落葉歸根，如今變作落地生根，炎黃子孫已遍布全球每個角落，它在各處的重要性和地位正在上升，已是日不落族。諸如此類的開拓與發展不正是中國近代化進程中的光明面？也是因「禍」而引來的「福」。

往日撰述歷史的人習慣把眼光放在國境之內，像華僑史或留學生的歷史僅是史學的邊緣，而且主其事者也身居國境之內，對天外的事難免不知其詳，李教授因此搜集可以記錄的當代資料，創辦「天外出版社」，陸續出版《華美族研究集刊》、《新法拉盛集刊》、《科技界的華美族》和《中美關係系列》，李又寧認為集刊是持續保存史料的一種比較便捷的工

具。天外出版社現已成為北美洲創辦最早、最重要的雙語出版社，她所彙編的豐富史料將留予後人參考印證。

「留美史」的重要性

中國留學史的源頭肇始於十九世紀的現代化運動，其目的在尋求中國的富國強兵之道，二十世紀以來所發展的教育改革和出國留學已成沛然莫禦之勢，根據王奇生在 1992 年出版的《中國留學生軌跡》一書的統計，自 1850 年到 1949 年的赴美留學生約一萬八千六百餘人，他們對中國政治、經濟、科技、文化方面的貢獻與影響難以計量。構成「華族留美史」重要性的另一原因是：美國文化乃二十世紀最強勢的文化，留美知識分子對美國社會也做出重要的貢獻，尤其是高等教育的師資及全國的科學實驗室，華族占據重要比例，應是美國史的一部分，卻沒有得到應得的肯定。李又寧在《華族留美史：一百五十年的學習與成就》一書的前言呼籲，這樣一個重要的題目竟缺乏有計畫、大規模的研究，連史料都沒有做系統地收集，實為一大遺憾！李又寧說她教授近代史數十年，直到晚近才發現此一缺失，因此努力搜集、保存這方面的史料，以補現有之不足。

從十餘歲就開始認真學習歷史的李又寧，在決定「捕捉進行中的歷史」之前，曾遇到一個障礙；即她師輩共同的看法是，晚近五十年的事情不屬歷史研究的範疇，這種不鼓勵學生論述「最近的過去」，為的是保證客觀性（在此順道一提的是：新聞記者的訓練也強調「客觀」的重要，因無法做到完全

的客觀，有識者進而主張增加不同消息來源的數量，以期接近事實的全貌）。李又寧教授認為歷史是一個持續不斷的過程，所以開始搜集、記錄當代的資料，尤其科技突飛猛進，網路上的資料經常遭到刪除，其中不乏可貴的篇章。

華人與911浩劫

天災人禍自始與人類社會相左右，二十一世紀開端的最大災難莫過於911的浩劫，李又寧教授「捕捉進行中的歷史」的另一有目共睹的成果是編印《華美族與911浩劫》，她為了收集有關的資料，曾主辦了兩次座談會，訪談對象分別是華文媒體、和華埠菁英及領袖，她自己到場聽講、錄音、並請人整理為文字檔案；在這本書的前言中，她特別提到網路資料的特性如：提供全球交流的機會、使用便利、內容多樣化、數量多……。

在搜集資料的過程當中，她發現華美族及華文媒體對911的反應大致和美國人立場相同，但中國大陸知識界園地（網路所流傳）痛批「美帝」咎由自取的，大有人在。凡香港和美國的華文媒體對此一現象有所披露，但英文媒體卻很少摘要或節譯這些相關的報導，如果後人想瞭解全球各地對911的反應（包括中國大陸知識分子），李又寧教授所編輯的這兩冊書即是不可或缺的參考資料。

教學、著述不輟

　　自獲得哥倫比亞大學的歷史博士學位，李又寧便在紐約聖若望大學擔任亞美研究及亞華研究的教席，教學之外的著述包括：

＊1969年，創辦《英文季刊》（*Chinese Studies in History*），迄今擔任主編。

＊1975年，與中研院張玉法教授合編《中國近代女權運動史料》，上下兩冊超出一千五百頁，三十年歲月流轉，該書仍舊是開中國近代婦女研究領域先河，資料最豐富的著作之一。

＊1990年，她創辦國際胡適研究學會，相繼於1997年與1998年出版：《回憶胡適先生文集》、《胡適與他的朋友》、《胡適與民主人士》等書。當李又寧教授從事胡適研究的過程當中，不僅收集大量珍貴的史料，而且在研究方法上，從縱的時間直線延伸到橫面的周遭人物，以胡適為軸心，遍及他的家人和相識者。1989年10月，李又寧知道胡適的家鄉安徽績溪縣對三胞（台胞、港澳同胞、和海外同胞）開放之後，便搭汽車從上海趕到安徽績溪縣，事後寫成上下兩篇〈走訪胡適故鄉〉，刊載於次年3月上旬的中國時報周刊。

　　這篇文章一則記述胡適的出生、早年歷史，又對映家鄉的現狀，旁徵博引，文筆生動。在眾多讀者之中，有一位鼎鼎大名的女科學家吳健雄博士，她讀後寫了一封信給李又寧：「今日閱報看到尊作，立即從頭讀到尾，您把誠英的故事細細道

來，和她的人格風度非常配合，可惜他兩人（指胡適和曹誠英）至死未再相見，可慘之至。我與誠英是中大同學，但她比我大十歲，所以我是她的小輩……。您的文章寫得清雅動人，就是描寫中國窮鄉僻壤的行旅之難，也寫得細緻，有香有色。」

因為胡適是留美學生，使李又寧注意到留學生的成就，她闡釋留學生的重要性時表示：留學生在國外居住一段時間，經歷文化的震撼和適應，能夠做一番選擇和比較，當留學生向國人傳播知識的時候，比外國傳教士更具備說服力及親和感，因此留學生的一項重要功能是引導國人和外界溝通，發揮文化橋樑的作用。

舉辦研討會

1996 年，她成立華族留美史研討會，次年 11 月 17 日，舉辦「華族留美 150 年成就的研討會」；2000 年 10 月，又舉辦「華族對美國的貢獻研討會」，每次會議完畢之後，她便將研討成果匯集而成論文集。以 1997 年的會議為例，她出版了三本書：《華族留美史：一百五十年的學習與成就》、《留美八十年》（共分三冊）、《當代美中學生》（談小留學生的心聲，分上下兩集）。2008 年 10 月，她又舉辦「華族留美一百六十年成就的研討會」，同時也是聖若望大學亞洲研究中心成立五十週年慶。除了舉辦學術會議，她曾任二十世紀中國史學會會長，在紐約華人社區擔任臺大校友會會長；2003 年，華僑協會在紐約成立分會，她被推舉為會長，或許由於她辦會議的聲名遠播，中國大陸學界有一個名叫「現代應用文學會」的

組織也越洋邀她擔任副會長，過去數年先後受邀在南京大學與天津南開大學擔任客座教授。

華語熱闢財源

在聖大執教近三十載的李又寧，於 2004 年接掌該校的東亞研究所，她說辦教育行政，並非蕭規曹隨，當你把學生迎進系、所以後，除去課業指導，還要給他們找獎學金……。辦教育行政需要技巧、魄力與智慧，若不熱愛這份工作，便難以為繼。

聖若望大學是一所天主教的大學，1958 年（為赴中國傳教的目的）而設立中文項目，它接受各方捐款，往日國民黨政府每年捐助三十萬美金，阿扁執政後決定終止，於是學校當局有人提出裁減亞洲研究所之議，李又寧接掌亞洲研究所之後，先在日、韓、華三個語文類別當中擴充華語教學，此舉恰逢美國人學華語的熱潮，不意因此替學校開闢財源，第一年（2004）收入二十餘萬美元，第二年三十餘萬，第三年五十餘萬，收入逐年增加。聖大也設置與之相關的課程；如中國商法、對中貿易與投資、美中關係和商業中文等，此外提供中國研究文憑培訓，拿到十二個學分，就能獲得證書，有益求職。聖若望大學亞洲研究所的「存廢之議」也就迎刃而解。

年逾「從心所欲而不踰矩」的境界，李又寧教授內心最想完成的工作目標是多舉辦幾場有關華族的國際學術研討會，多印行幾本集刊，以此來延續華美族的歷史生命，再以「今世之緣」銜接「來世之緣」！

孫康宜主編《劍橋中國文學史》

耶魯大學東亞語文學系教授孫康宜。（孫康宜提
供）

第三章

半世紀之前，由於時間和空間因素的疊
合，我與孫康宜一同就讀高雄女中，除了
青年學子一顆敏感和向上的心，當年的孫
康宜已嶄露來日成為學者的天賦與勤奮，
年年入榜模範生，一路直升高中，保送第
一志願（東海大學外文系）。還聽說她課
餘跑到高雄女中對門的修道院、跟隨修女
學英文、法文。高中畢業後，才陸續從校
友口中知悉孫康宜的父親是白色恐怖的受
害者，坐了十年的政治監獄，對於她能把
家中所遭遇的悲劇與痛楚，化作求知、向
上的毅力，格外令人敬佩。

文化交流使者

　　在一個「全球化」和「地球村」高唱入雲的二十一世紀，當中西文化相遇後所碰撞的火花令人目不暇給之際；今日的中華文庫瑰寶已逐漸為世界上非華文讀者所青睞，尤其 2010 年所出版的《劍橋中國文學史》（上下兩冊），動員近二十位美國高等學府漢學家、歷時五年編寫而成。它和劍橋大學出版社所主導的《劍橋俄國文學史》、《劍橋德國文學史》、《劍橋義大利文學史》卓然並列，但由於中國歷史悠久，與其他三本不同的是：《劍橋中國文學史》分成上下兩冊，而兩位主編孫康宜（耶魯教授）、宇文所安（Stephen Owen，哈佛教授）無疑是今日中西文化交流之中的領軍人物。

　　孫康宜在今日美國的漢學界是最具影響力的華裔學者之一，她於 1978 年獲普林斯頓大學文學博士，曾任普大東方圖書館館長，又轉任教職於耶魯大學東亞語文學系近半甲子，擔任八年的研究所所長與六年的系主任，她所發掘的明清女詩人的作品，確定了女性書寫在美國漢學研究中的地位，日後她奔走中西學界，推動全球化的漢學教育更新工作。

　　若在華文閱讀世界提起孫康宜的名字，讀者對她並不陌生；自 1993 年以來，她使用漢文創作散文，陸續發表許多關於美國的文化觀察、詩歌評論、中西文化比較的文章，更由於執教耶魯大學東亞語文系，並擔任過學術行政領導，在她教學和所出席的國際學術會議之間、向西方人介紹東方，再向東方介紹西方，她不止一次表示，非常喜歡「這個文化交流使者的工作」，雖然「道可道非常道，語言有時很難表達一些東西」

但是她堅信還是可以找到一個清晰、簡單的方法而達到交流的效果。

患難是心靈資產

一個人一生如果能從事自己喜愛的工作，是何等幸運！若追蹤孫康宜教授的治學歷程，會發現她的起步階段充滿陰霾。2011 年，孫康宜教授接受《南方人物周刊》訪問時便自抒：「患難是我心靈的資產。」「我有把壞遭遇變好的習慣。」

1944 年出生於北京的孫康宜，兩歲時候隨著父親和家人在二戰之後遷徙臺灣，日本早稻田大學畢業的孫父先在基隆港務局任總務科長，由此開啟了她身世跨越兩岸、家族在共產黨和國民黨統治下皆遭遇創傷的人生旅程。借用孫康宜在《遊學集》一書中的描述：「自從 1950 年代初，家中遭遇晴天霹靂的政治悲劇之後，媽媽就帶著不滿六歲的我和兩個弟弟搬到鄉下，所以我基本上是從一個臺灣南方小鎮（高雄縣的林園鎮）奮鬥起來的。」

到了 1949 年，國民政府播遷臺灣，臺灣本土的一些左翼分子在鹿窟組織鄉民，發動「鹿窟事件」，其中的一位領袖是孫康宜的大舅陳本江，保密局的人把孫康宜的父親孫裕光帶走，讓他說出大舅的下落，但孫父並不知情，仍被判了十年政治監。這件事對於孫康宜的刺激非常大，使她得了失語症，數日之內便把小時朗朗上口的京片子完全給忘記了，後來只會說臺灣話，過了兩年臺灣推行國語，才又學了一口臺灣腔的國語。「自我六歲這年開始，母親在林園小鎮開裁縫補習班，直

至往後的十年中，我們都過著十分艱難的生活。」

雄女中的模範生

半世紀之前，由於時間和空間因素的疊合，我與孫康宜一同就讀高雄女中，即她口中十年艱難歲月的後半段，除了青年學子一顆敏感和向上的心，當年的孫康宜已嶄露來日成為學者的天賦與勤奮，年年入榜模範生，一路直升高中，保送第一志願（東海大學外文系）。還聽說她課餘跑到高雄女中對門的修道院、跟隨修女學英文、法文。高中畢業後，才陸續從校友口中知悉孫康宜的父親是白色恐怖的受害者，坐了十年的政治監獄，對於她能把家中所遭遇的悲劇與痛楚，化作求知、向上的毅力，格外令人敬佩。

回憶當年求學的情景，同學們並不知道她內心和家庭的創傷，師長和同學都視她為頂尖的好學生，她也為文指出，臺灣讀書的環境很公平，即使是在她父親坐牢的情況下，依然獲得中山獎學金和陳果夫獎學金，她說這也是臺灣沒有失去傳統文化的地方。

1967 年，她進入臺大外文研究所就讀，專攻美國文學，次年移居美國，如今執教耶魯大學東亞語文系近半甲子的孫康宜教授在獲得普林斯頓大學比較文學博士之初，任職該校東方圖書館館長（胡適早先曾任此職），但發覺志趣不合而另謀教職。她說因自幼喜愛英、法文，在美國拿到兩個碩士以後，有一日讀錢鍾書的《談藝錄》，見作者把英國、希臘的美學與唐朝詩人李賀作比較，突然之間勾起她尋根的欲望，於是從英文

系轉入比較文學系，又轉入東亞研究，她說：「我所做研究的轉變，恰與時潮的改變合而為一。」

漢學走向全球化

回述學術研究走向全球化的時代潮流，她在 2001 年 6 月德州休士頓的一次演講中指出：「美國近年來漢學研究的重大變化，乃增強比較文學的視角和跨學科的學術研究。首先，它替文學批評提供了嶄新的方法，使我們對中西文化有了更寬廣的了解，藉此透過中、西比較的稜鏡，在重構既有文化之時，也可對它作出新的闡釋，這種方法當然迥異六〇年代以考證和翻譯為主的漢學，自然更容易被一般讀者所接受。」根據孫教授近年來的研究與觀察，顯示中國文化如何與西方不同的過程當中，那些漢學研究者已經讓世人看到「漢學研究」的本身，已逐漸把某種「不同」（difference）帶進世界文化的廣闊天地。

孫教授闡釋自上世紀九〇年代以來、影響漢學研究最深的性別研究（Gender Studies），其間幾項研究重點包括：

＊聲音（voice）：作者在當時的文化環境裡，想說些什麼。

＊區別（difference）：西方女性主義受解構主義的影響，主張男女之間各方面的差異與區別，因而導致兩性對立，但孫教授和不少漢學家以為兩性關係方面，不必強調差異，可用中國陰陽八卦互補的觀念調處。

＊權力（power）：一般以為中國男人比女人有權，事實上像

武則天或《紅樓夢》中的賈母都是很有權威的女人，許多中國古代的女性受到壓迫，相對地中國男人也被社會制度所壓迫。

＊慾望（desire）：從前古典文學的研究者大多只注意男人的慾望，如《金瓶梅》中西門慶酒色財氣的慾望，至於女人的慾望，則很少提及，不過今日漢學家如芝加哥大學的蔡九迪教授（Judith Zeitlin）指出，連《聊齋》的女鬼也有慾望。

執教萊斯大學東亞研究中心二十載的錢南秀教授，在2006年「美國漢學研究中的性別研究——與孫康宜教授對談」的論文中，推崇美國漢學中的性別研究，尤以明清婦女文學研究的成績最為卓著，錢南秀認為1993年孫康宜和哈佛大學的魏愛蓮教授所召開的研討會，即是這方面第一次規模最大的會議，它在總結前此學術成就的基礎上，把這一研究引向深入的層面。

主編中國文學史

孫教授指出，漢學的性別研究涉及女權的課題，西方文學界對「權力」和「美學」曾有激烈爭辯，它對今日漢學研究的影響甚鉅，同時最近十餘年來漢學家們在性別關係上所做的大量研究，已經引起學界的廣泛注意。1999年，她和蘇源熙教授（Huan Saussy）主編的《中國歷代女詩人選集》，邀請美國六十三位漢學家，選出中國古代一百三十位女詩人，將作品翻譯成英文，並附上男、女作家對這位詩人的評語，希望大家

聽到作者真正的聲音，找出作者在當時環境想要表達的思想，讓古代女詩人的才華音容重現今人的眼前。

對於漢學中的性別研究，孫康宜教授有一番發人深省的見解，她說一般人總以為西方的文化理論可以為中國的文學研究帶來嶄新的視角，卻很少有人想過中國文學的研究成果也能為西方的批評界帶來新的展望。所以漢學性別研究可以幫我們重構中國文學史、中國歷史。

新世紀之初，劍橋大學出版社籌計出版《中國文學史》，邀請孫康宜擔任主編，經過三番兩次的躊躇和思索，她決定接下這份重任，她並邀請哈佛大學的宇文所安（Stephen Owen）教授擔任共同主編，集合十八位漢學家的心血，歷時五年完成。

學養與編纂角度

當歸納這部文學史的特色時，孫康宜說，這是一本深入淺出、寫給專家和一般英文讀者看的書，可讀性高。其次，這本書以年代為先後次序，它與現有文學史中以文類（詩詞散文戲劇）的劃分法有所不同。這部書的第三大特色是使用原來的史料，而非抄襲的歷史。她簡扼地說，《劍橋中國文學史》使用講故事的論述方法，基本上按照年代編排，有意不把政治和文學混為一談，誠然二者有若干關聯，但並非等同，文學有它自身發展的過程，朝代換了，文學不一定跟著改變。有人問為什麼劍橋大學要出版這兩冊中國文學史？孫教授的答案是：書必須有讀者，出版者估計今日的西方世界已經具備這本書潛在的

讀者群。

相形之下，閱讀容易，編寫難，尤其要敘說自古到今的中國文學故事是何等鉅大的工程，如果翻閱首席工程師的履歷表，除了三十年在耶魯大學東方語文系的教職和行政領導的資歷；再細看她的著作與研究，領域跨越中國古典文學、傳統女性文學、詩學、文學批評、性別研究、釋經學、文化美學。她是如何融會貫通這些不同的領域？是在怎樣的情況下接連獲得圖書館碩士、英國文學碩士、和文學博士？

孫康宜教授說，剛來美國的時候，攻讀圖書館碩士學位，是因為在美國沒有讀過中小學，很想瞭解他們工具書是如何編排的，沒想到這方面的學習對日後的研究工作大有幫助，都能比較順利地找到自己所需要的參考書；同時這個學位還替她謀得普林斯頓大學東方圖書館館長的工作。此外，在治學過程當中，由於小時苦難的遭遇，已經學會養成把「壞」遭遇變「好」的習慣，於是不停地調整、不停地學習，很自然地就得到好幾個學位。

2003 年，我獲贈孫康宜教授自傳體的《走出白色恐怖》，和一般描寫政治受難事件的視野、筆法迥異，她在序文中寫道：「這本書並非控訴文書，也不是傷痕文學，相反的這是一本感恩的書，對於那些雪中送炭的朋友和親人，我的感激是一言難盡的……。我原來以為從前幼時所遭遇的患難是我生命中的缺陷，但是現在發現，那才是我心靈的資產。」

學人的赤子之心

孫康宜是一位虔誠的基督徒,她強調:「信仰是我人生中重要的一部分,在過去路程中,希望把每一種角色盡力做好,但也經常感覺軟弱,只希望從上帝那裡得到力量!」

2001 年夏天,孫康宜在穿梭北京和臺北的國際學術會議的行程夾縫當中,撥冗應邀前來休士頓,向美南華文寫作協會發表「談論今日美國漢學」的演講,讓聽者對映華文世界的動向與趨勢,格外受益。

孫康宜離開休士頓的那一天,發生一件奇妙的插曲;足以顯示這位知名學者的赤子之心!臨去機場之前,兩位文友陪伴她參觀萊斯大學(Rice University)校園,正待踏出校門右側的停車場,便發現草坪上有一隻處變不驚的松鼠,正以逸待勞、翹著美麗的尾巴朝著我們這群人張望。孫康宜說:「這隻松鼠好像閱歷不淺,怎麼一點也不怕人。」她走上前去用英文和這松鼠攀談起來,問牠:「你好嗎?你好像有話要說……」那隻松鼠似乎通靈異,知道這位說話的人非等閒之輩,於是歪著頭全神貫注地傾聽,我們一旁驚嘆聲所製造的喧譁,也沒嚇跑這隻松鼠,如是持續三、四分鐘之久。而後松鼠揚長上樹,甚至爬到樹幹半截處,還停下來回頭看一看剛才和牠說話的人。這件名人軼聞且有照片為證!

世紀新夢——
李澤厚談「美學」與「告別革命」

李澤厚 2001 年造訪休士頓——
石麗東攝。

八〇年代,李澤厚被尊為青年導師,風光一時。據報導,只要他到社科院哲學所上班,辦公室就塞滿了全國各地來拜訪他的人,和他同一辦公室的人就擠不進去;中午到食堂吃飯的時候,後面就跟著一、二十人的隊伍浩浩蕩蕩。雖然李澤厚被任命過政協委員,但是他決定不入黨,等於放棄了將自己學術影響力轉化為政治影響力的機會。終其一生,李澤厚都關心政治而不參與政治。

八〇年代青年導師

李澤厚是中國大陸的著名學者，鑽研美學、哲學、文學史與思想史，屬於大陸轉型期的思想家，自文革以後，成為哲學思想界的先鋒人物，影響鉅大。

李澤厚的名字，對於海外及臺灣的讀者，並不陌生，1980年代後期，他所著《美的歷程》在台進入暢銷榜，該書並翻譯成數種外語版本，不只受到專家學者的重視，同時也為一般人所喜愛，讓年輕一代在民族傳統急遽流失的關頭，能夠回顧往昔的審美經驗。

2012 年 2 月，美國最具權威的世界性古今文藝理論選集《諾頓理論與批評文選》收錄李澤厚《美學四講》中的第二章〈形式層與原始積澱〉，這套文集從柏拉圖的論著選起；直到當代，李是第一位進入這套由西方理論家主導的論文選的中國學人。

出生於 1930 年，本籍湖南長沙的李澤厚，於 1950 年考進北大哲學系，1954 年進入北京社科院，此後的半世紀裡，他的主要論述有：《批判哲學的批判》、《我的哲學提綱》、《中國古代、近代、現代思想史論》、《美的歷程》、《華夏美學》、《美學四講》、《走我自己的路》，以及《論語新讀》，和劉再復合著的長篇對話錄《告別革命》。李澤厚的著述影響深遠，大陸教委會在八〇年代全國的調查發現：「幾乎所有文科研究生宿舍都有李澤厚的著作。」

學術重鎮外遷

1989 年「六四」之後，任教社科院哲學所的李澤厚因同情青年學生，事後成為被中共當局和文人批判「最」多的大陸知識分子。1992 年初，獲准移居美國，陳蘭在香港《九十年代》雜誌的一篇文章說：李澤厚的出國，因而造成大陸學術重鎮的外遷（尤其是西邊）。1990 年，李澤厚當選法國哲學院院士，此繼三〇年代馮友蘭之後，乃第二位入選的中國學者，這項榮譽替他對當代思潮的影響力，提出有力的證明。

我寓居海外曾多次閱讀李所著《我走過的路》和《美的歷程》等書，也關心六四的後續發展，1992 年獲悉李澤厚出國移居美國科羅拉多州的山城，執教該地的人文學院，便以自由作家的方式自掏腰包，前去採訪，事先籌劃的時候，希望他談談對六四天安門的感受，並以歷史的角度如何看待這件學生爭取民主的運動。然而事與願違，他對這些敏感話題都未回應，追蹤之下，李澤厚表示「我以後還是希望每年都回北京走一趟」，當時深深感受到一名採訪者的無力感。再加上一開頭，我就心無城府地告訴李教授，計畫稿子寫成，投給《中央日報》副刊發表。他知曉這是一份國民黨的報紙，自然格外提高警覺。幸好我是自付旅行費用，沒有因為沒達到預期目標而受責。總之，那篇訪問後來在中副刊出，但內容方面和我當初的構想相去甚遠。數年後我在圖書館翻閱一本德國明斯特大學的漢學家齊墨（本名修海濤，山東即墨人）所著《大陸當代文化名人評傳》，在李澤厚的部分，曾引用我 1992 年的訪問片段；那段話說，李澤厚回憶年輕時喜歡閱讀武俠小說，他並且

認為武俠小說對於滿足和培養少年人的想像力是很有益處的。這個發現少許彌補了當年徒勞無功的遺憾。

千禧年訪休士頓

千禧年三月，李澤厚教授應我所屬的北美華文作協美南分會之邀「細說美學」，休士頓萊斯大學（Rice University）斐克公共政策中心的「中美跨文化遊廊」主任劉瓊毅博士（Dr. Steven Lewis）聞訊後，也聯袂邀請李澤厚到該校演講，談論1995年李與劉再復合著的《告別革命》。

李澤厚在休士頓的兩場演講，首先談《告別革命》，其後闡釋「美學」。前者訴說他移居美國以後，思想的近況。至於美學觀念，為李治學的核心，一般人可以從這兩場演說，而對李澤厚的今昔能得到一個概略的印象。

「告別革命」一詞，因何而起？原是1995年他和劉再復所出版的一本對話錄的書名，他倆指出：影響過去中國百年命運最重要事件就是革命（所謂革命是指群眾以急劇暴力方式，推翻現有制度與權威的行動）。但展望新世紀之際，不能再把革命當作聖物，否則會將中國推向殘殺的內戰泥淖，因此他們主張以「改良」、「建設」代替「破壞」，而決心告別革命。

李澤厚說，這本書出版以後，內受大陸官方火力十足的批判，外受民運分子的夾攻，可謂兩面不討好。李澤厚表示，革命是共產黨的象徵和符號，這本書因此被解釋為反對共產黨。而民運分子指責李、劉兩位則放棄革命，放棄推翻共產黨。李澤厚說，這本書在大陸不准出版，但是「告別革命」一詞，卻

變得十分流行。

大陸興起美學熱

　　李澤厚分析：文革以後，大陸首先在八〇年代初期興起「美學熱」，它從毛思想解脫出來，和政治的距離大，自由探討的空間也來得大，當時熱鬧得連工廠也邀請人舉行美學講座，八〇年代後期以「河殤」為代表，又興起「文化熱」，實際上就是通過文化談政治。六四以後，風氣丕變，政府和民間組織都大力提倡國學熱，於是思想家（像嚴復）淡出，學問家突出（像王維國）。日後大陸的思想界則出現了自由派和新左派，前者認為政府不要干預太多，應實行改革，全面自由化，後者則強調經改以後，社會貧富懸殊，問題嚴重，政府應多加干預，此一爭論自 1999 年才開始公開，官方認為是茶壺裡的風波，對一般老百姓並沒發生影響，所以未加干預。

　　李澤厚說，這是一場關於「自由」和「平等」的爭論，他個人比較傾向自由派，他認為中國的自由不是太多，而是不夠，現在一般人民逐漸有了搬家、吃飯（不必領飯票）、工作和婚姻自由，但還沒有言論、出版、新聞自由，他說現在中國要的不是民主，而是自由。根據一般了解，「自由」如果是由政府欽定，而非得自契約形式的民主基礎，那麼就是無根的自由，推測李澤厚身為哲學思想家，自然有識於此，只緣他主張循序漸進的和平改良，而不得不如此妥協。

　　演講結束後，一位聽眾關心地詢問李澤厚移居海外的轉折，李澤厚回答，出國對他的研究生涯是一種損失，但在國內

不能教書、招學生，不能發表文章，《漢書》上說：「寧為雞口，不為牛後。」在國外可以隨便發表意見，講話的自由空間較大，可以出版像《告別革命》這樣的書，不像在國內做牛後，只能排泄一大堆廢物。

六四後受批判

根據漢學家齊墨《大陸當代文化名人評傳》一書中敘述：「李澤厚雖對八九民運持溫和態度，但中共官方卻視他為暴亂的支持者，被命停職檢查，六四後的兩年間，歐、美、日有二十多個大學邀他出國講學都不被允許……，但最可貴之處，他在強壓之下並沒有低頭檢討，且兩次拒絕出席參加批判他的會議。」

翻開李澤厚早年的歷史，五〇年代中葉進入社科院的哲學研究所之後，他在學術上頗有建樹，1955 年發表「關於中國古代抒情詩中的人民性的問題」，接著又有美學論戰令他聲名大噪。但李澤厚的文章卻不按領導的意思寫，曾被批判好幾次。因為稿費收入豐，很少為錢的事發愁，不像少年求學時代為貧窮所困。文革時，被下放到河南五七幹校，有一位同學在牛棚裡學做木器，李澤厚利用這個機會仔細閱讀康德，上面蓋著毛選，還一邊做筆記，不改其樂。

近年來出版業做過統計，李澤厚的版稅超過百萬，這在學者之中非常少見，他自己也在媒體訪問中透露：「個人經濟搞得很好，回國坐商務艙，都是自己的錢。」

八〇年代，李澤厚被尊為青年導師，更是風光一時，據報

導，只要他到哲學所上班，辦公室就塞滿了全國各地來拜訪他的人，和他同一辦公室的人就擠不進去；中午到食堂吃飯的時候，後面就跟著一、二十人的隊伍浩浩蕩蕩。雖然李澤厚被任命過政協委員，但是他決定不入黨，等於放棄了將自己學術影響力轉化為政治影響力的機會。終其一生，李澤厚都關心政治而不參與政治。

1991 年夏天，臺北中研院院士林毓生聯絡美國漢學界和政治家一百餘人，寫信給布希和江澤民，要求准許李澤厚出國講學。1991 年 11 月初，美國務卿斐克訪問北京的前一週，李澤厚獲准出國。八年半之後，李澤厚來到了萊斯大學（以退休國務卿斐克命名）的公共政策研究中心講演，不禁令人慨嘆歷史與個人腳步的交錯、重疊，是如何地出人意表！

「實踐」與「動性」美學

次日李澤厚蒞臨休士頓美南華文作協，重申他一向「不會演說、不愛演說」的習慣，而將以對話的方式和聽眾做雙向交流。當日下午的題目是「從美學講起」，李澤厚說：「美」恆常在實踐與動性過程之中出現；譬如中國的文章需要朗讀，讀韓愈的文章是一種味道，讀柳宗元的又是另一種味道，讀出來以後便會影響你的思維，進而產生一種境界，這便是美的出現。除此而外，中國文化之中，有一個「氣」字，氣是精神也屬物質，亦身亦心。人有人氣，國有國家氣運，它與自然、天地相關，又與人際、人情聯繫，是遠古巫術活動中所感受和掌握到的神祕而又現實的力量，並為一種理性化的提升。孟子所

謂的浩然之氣，不止於道德，「其為氣也至大至剛，充塞於天地之間」，李澤厚解釋「有了浩然之氣，什麼也不怕，所謂威武不能屈，富貴不能淫，雖千萬人吾往矣」！

李澤厚最後歸納：「美」超出感性之上，包含道德、社會、或神聖的品質，它在人類實踐動性之中，影響個人的思維，改造了客觀世界，此為中國人理性美學的傳統。李澤厚同時也強調華夏美學是以儒家思想為主體的中華傳統美學，他認為儒家有久遠深厚的社會歷史根基，又不斷吸取、同化各家學說而豐富發展，從而構成華夏文化的主流和基幹。近年來也有人將李澤厚列類為新儒家。

相對的「民主、自由」

聽完「美」的結語，有人問道：在後工業化時代，如何避免「為物所役」？他回答：現在的人變成一半機器，一半動物，成了電腦的附件，不僅工作的時候如此，一個人外在的生活也被機器有形無形地控制。在美國，你常可以聽到「沒有愛，只有性」的說法。西方第一次文藝復興是從宗教統治的世界解放出來，這一次的文藝復興要從機器世界和動物世界解放出來。「人為什麼活著？」生命的意義必須自己去尋找！李澤厚說現在美國教育的大問題，是培養機器的奴隸，而教育的真正目的應是塑造一個「人」。

被問到中國未來的民主前途，李澤厚教授很不樂觀，他說「進步慢，但火車開快了，又怕容易翻車」，不過他認為民主自由都是相對的，臺灣比大陸民主，美國比臺灣民主，但美國

的民主又被商業傳媒和廣告所控制，他指出中國人實行民主「激情有餘，理性不足」，一直缺乏一種形式觀念的建立，革命時談的是打破舊程序，更重要的是建立新的形式程序，「程序」代表理性的落實和具體化，民主不是「為所欲為」，嚴復把約翰‧米勒的《論自由》，譯成《群己權界論》，是很有道理的，所以早在五〇年代，李澤厚就主張大家研讀孫中山的《民權初步》，先學習怎麼開會。

夷狄區別何在

　　談論政治現實的音符剛剛落定，一位聽眾便有意返古，問起李教授今早參觀的休士頓美術館中國文物展覽，有何感想？美學大師連忙讚嘆「很精采」，是由大陸三十七個博物館所調來的珍藏，集中在此展出。尤其是四川三星堆所發現的青銅（在臺灣也展出過），和以前所發現商代的東西有些不同，學者們認為它代表西南的巴族文化，具地域性色彩，李澤厚認為它和其他出土的商代青銅器有關聯，仍舊受了中原文化的影響。這位對中國古代思想史下過苦功的學者表示：由此可以說明，「中國」一詞為文化的概念，而非「種族」，他認為中國的文化傳統一向接受、並吸取外來文化，最後往往將異族同化。譬如漢代的宰相有外國人當；本來猶太人是最難同化的民族，但現在河南開封有採漢姓、不吃豬肉的猶太人村莊；再如滿族人，在兩、三百年前居統治地位，現在也被融化，依了漢姓，至今只留下旗人多禮、待人客氣的遺風。

　　聽眾接著又有一問：質疑中國古代因何沒有像埃及金字塔

一樣的石建築？李澤厚認為，中國沒有奴隸制度的氏族社會，講「義」講「愛」，重感情（在黃土高原上建木建築，比較容易，規模也很大，項羽燒阿房宮持續了好幾個月），不像古羅馬社會，人圍觀獅子吃人，社會有了奴隸制度才會有偉大的石建築；李澤厚說，至少這是我的解釋。他指出，西方的人道主義從個人出發，強調個人的獨立、自由，中國的人道主義是互愛合作，中國的「人」在五倫關係之內，而「禮」即制度化這種人與人的關係。

世紀新夢

　　來自中國浪漫文學《楚辭》發源地（湖南）的李澤厚教授，在休士頓停留的兩日期間，戴了一條西部牛仔繩索式的領飾，傳統繫領結的位置、掛著一方藍綠色的石頭，不經意地流露一派屬於美學的、浪漫主義的氣息。他的湘楚之風，也表現在文革之後，率先研究美學，從事哲學思想的啟蒙工作，並且在馬克斯教條之下，力主恢復孔儒傳統；如今身在海外，心繫華夏文化，極力替它尋找一個合適的去處，如果將這位學問家的心路旅程，命名為「李澤厚的離騷曲」，應該還算妥當?!

從《花鼓歌》到奧斯卡——
再訪黎錦揚

1991 年，黎錦揚在臺北圓山飯店出席世華第一屆大會
——石麗東攝。

黎錦揚先生在二十世紀中葉，以寫英文小說和劇本揚名美國，這位腳跨中英雙語文壇的前輩指出：「一定要喜歡，如果把它當作發財或成名的途徑就會恨它。」黎先生於起步的階段做過報社記者、在美國陸軍語文學校教中文，還在洗衣店雜貨鋪打過工，嚐遍十年寒窗的滋味。提起這些往事，他認為對寫作人而言，體力勞動並不一定是壞事，還可以一邊動腦筋構思故事。「一個真正喜歡寫作的人，即使是餓肚子也要寫下去！」

日夜筆耕不輟

2012 年 5 月末梢，一個豔陽高照的南加州午後，我重訪《花鼓歌》作者黎錦揚先生。距離第一次採訪這位在二十世紀五〇年代以英文寫作揚名美國文壇的作家，忽忽二十載從指縫間溜過。除了步履不似往日矯健，言談依舊幽默，而且寫作的熱情有增無減，他說：「為了不讓腦子退化，我每日花在寫作上的時間比以前還要多。」

近幾年，他常在床邊、廚房餐桌和客廳茶几上放些筆紙，譬如夜半醒來或用餐時有了靈感或佳句，便立即把它記下，以免稍後遺忘，許多寫作人或許有過隨身攜帶筆記本的經驗，這位華裔元老作家的做法確實加強了筆記的密集程度。他表示近年來寫作上的一大遺憾是沒有使用電腦打字，他說在這方面比較隨性（自謂懶），以前的英文書稿都由妻子打字。

二十一世紀的新作

詢及近年來的寫作成果，黎錦揚先生在二十一新世紀以來推出不少小型英文劇本，其中已在好萊塢劇場演出的有四齣：

＊2004 年，演出《中國媽媽》（*Mama from China*）：寫一位中國女留學生赴加州念書，住在美國製片人家裡，母親自家鄉探女，看見製片人募款，便出主意相助，結果圓滿豐收。
＊2006 年，演出《臺灣女人的靈與肉》（*Body and Soul of A Chinese Woman*）：主角是一位來自臺灣的離婚女人，家教嚴，個性狂野，內心經常發生掙扎和煎熬。

＊2007 年，演出《新疆來客》（*House Guest from Xinjiang*）：
一位新疆小姐住在華裔教授家裡，因為出自回教家庭，兩種
文化衝突迭起。

＊2008 年，演出《船屋故事》（*The Houseboat Called the Bubble*）：
一位美國小說家住進船屋，遇見一位賣香水，支持歐巴馬競
選總統的中國小姐的故事。

　　最近有一齣剛完成的歌舞劇《賽金花》。

　　黎先生在接受訪問時，自言年過九十五歲，目前正努力書
寫英文自傳，暫訂名：《從黑市到百老匯》（中文版由臺北傳
記文學社於 2008 年出版），所謂黑市必須回溯到 1941 年，他
在雲南土司衙門當英文祕書，日本攻擊緬甸，土司叫他趕快逃
命，送他一些值錢衣物和現鈔，逃回重慶之後，在黑市售得三
千美金，用作赴美國求學的費用。日後他在《紐約客》的雜誌
上發表這段帶著傳奇色彩的人生經歷，譯成中文後，由臺灣中
視公司改編成電視劇《怒江春暖》，造成轟動。

　　黎先生表示，他一輩子寫作，並以此維生：「三成是基
因，三成是努力，其餘都是運氣，但是我的運氣多過四成」。
平心而論，一位成功人物強調自己「運氣好」，乃自謙的成分
居多。所謂基因，即中國人常說的「家學淵源」；最近黎錦揚
在中文雜誌發表的一篇《黎家的點點滴滴》中，搜集黎氏家族
所寫家人的故事：

黎氏家族點滴

＊黎錦揚的祖父中過舉人，父親和大哥皆為前清秀才，黎家是湖南湘潭的鄉紳家庭，四代單傳，到了他父母親養育八男四女，八兄弟個個頭角崢嶸，是地方上有名的「黎家八駿」，家中兄弟姊妹都隨大哥黎錦熙到北京求學打天下。

＊大哥早年在長沙教過毛澤東的書，曾任北師大的文學院長，與錢玄同、趙元任發明注音字母，提倡白話文，當時毛澤東在北大圖書館做事，常來大哥家。毛有菸癮，錦熙總借故離開客廳，讓毛拿幾支桌上菸盒裡的菸，成為黎家上下流傳的笑話。六〇年代文化大革命，紅衛兵前來抄家，大嫂馬上把毛澤東的書信擺在桌上，躲過劫難，大陸鬧文化大革命時，只有大哥家沒吃苦頭。

＊齊白石原是黎家的木匠，成名後搬到北京賣畫，黎錦揚年幼時常隨父親到齊白石家大吃一頓，臨別總是得到老畫家給的紅包（兩枚袁大頭）。

＊二哥黎錦暉擅寫兒童歌劇和流行歌曲，名曲〈桃花江〉人人會唱，又寫了〈妹妹我愛你〉，被人認是靡靡之音，他寫的〈總理紀念歌〉為宋慶齡所提倡。黎錦暉為了提倡平民音樂，組織「明月社」，所招收歌星日後成名的包括：王人美、黎莉莉（五〇年代任北京電影學院導演系主任）、周璇、黎明健（嫁給郭沫若）、白虹（後來嫁給黎家老七錦光）、姚敏、姚莉……。二哥錦暉把周璇的名字從周小紅改成周璇，她一生灌製上百張唱片，演過四十部電影，成為歌壇與影壇的天后。1950 年周璇病故，是二哥錦暉替她做了

治喪委員會的主委，並扶棺送葬。

*黎錦暉曾任上海國專校長，他女兒的一位小學同班是蔣介石的大公子，錦暉日後到江西工作，蔣經國特來拜訪。後來二哥在文化大革命中被江青活活整死。

*四哥錦紓，也參加過「明月社」，替錦暉管錢，後來和鄧小平一塊到歐洲留學做室友，專攻政治哲學，留學德國時官費未到，房東老太太宣稱三天內不繳租錢，就請搬家，晚飯後，鄧小平要大家把口袋裡的零錢拿出來，讓黎錦紓請房東看電影，回來後房東太太說，房租可以欠，明晚還要請大家吃酸菜豬腳。當年的同學回憶，錦紓雖然長得不錯，但有頭腦的還是鄧小平。

*六哥黎錦明為左派作家，曾是魯迅的學生，很得郭沫若的欣賞，成名小說是《烈火》。

*排行老七的錦光亦喜好音樂作曲，寫下膾炙人口的〈夜來香〉、〈鍾山春〉、〈五月的風〉、〈香格里拉〉等著名老歌，被譽為流行歌王。

*湘潭八駿的老么黎錦揚，年齡最小，1945 年聽從大哥的建議赴美留學，最初在哥倫比亞大學攻讀比較文學，打算回國教書，恰有老同學羅靜予來美進修，勸他學寫劇本，將來也好一塊回國拍戲。據說哈佛大學有個舉世聞名的寫作班，戲劇大師尤金・歐尼爾就在那裡畢業，但整個寫作班轉到耶魯，於是黎錦揚申請念耶魯，由於大哥好友趙元任的幫忙，得到獎學金，進入耶魯戲劇系。

花鼓歌揚名異域

　　錦揚先生在耶魯求學期間十分努力，經常感嘆自己的英文不夠好，師長告訴他：你是來學寫故事，而不是來學英文的。黎先生在校的寫作成績斐然，他寫了好幾齣長短劇，其中兩部曾在校園演出，一位紐約經紀人觀賞之後對黎說，戲劇的市場小，何不改寫小說，這便是他跨行寫小說之始。

　　1947年，他自耶魯畢業，應徵擔任「聯合國」翻譯未果，隨後到洛杉磯謀職一邊打零工，1949年大陸變色，受聘到舊金山的中文《世界日報》擔任助理編輯，兼寫專欄，每星期的酬勞除了管飯還有二十五元薪水，當時一碗叉燒麵的價錢是兩毛五。

　　那段時間他寫作甚勤，應徵《作家文摘》短篇小說的比賽，不意得了首獎，獲贈七百五十美金，另一家雜誌也要購買翻印權，給予同樣金額，所以一共是一千五百美金。編輯打電話通知領獎時把黎先生的身分、來歷問得一清二楚，作家誤以為是移民局的驅逐令，最後他拿了這些得獎的資料申請居留權，因此得以繼續在美國搖筆桿的生涯。

　　黎先生回憶寫作的初航旅程，並沒有因為自己是一流學府的學生，而對微薄的薪酬感到不平，反而說：「舊金山中文報社的工作對寫作最方便、最有益，因為工作量少（很可能是他手快），下午便到附近公園去想故事，望著天上的白雲，文思特別好。」

「代溝」和「文化隔閡」

　　《花鼓歌》的故事便是這段看雲的日子裡所飄游出來的靈感，那時住在舊金山的中國城附近，腦子裡想到耶魯課堂上的老師強調所有的戲劇都是表現不同的理念和衝突，於是他決定以中國人兩代之間的代溝做主題。在《花鼓歌》裡創造了老頭子王戚陽，兒子王大，分別代表老派及西化的中國人，並以故事情節及詼諧幽默的對話來突顯「代溝」和「文化隔閡」的雙重衝突。

　　黎先生說《花鼓歌》在 1956 年出版以後，《紐約時報》的書評甚佳，立即成了暢銷書，當時經紀人打電話來，有好些位要買電影和舞台劇的版權，一家電影公司想一次付清、出價五萬元，一家舞台劇公司則出三千定洋，以抽版稅為原則。黎錦揚誤打誤撞地選擇後者，「沒想到年輕時押的寶，竟為我打開了寫作的大門。」

小說、戲劇、電影之別

　　1957 年，百老匯的黃金搭檔作曲家 Rodgers & Hammerstein 將《花鼓歌》改編為音樂劇，由金凱利導演，在波士頓首演，隨後在紐約和倫敦演出了千餘場，接著由環球影片公司改編成電影，獲得奧斯卡五項提名，得了三項金像獎，2005 年由「東尼獎」劇作家黃哲倫再改編，又重登百老匯。

　　黎錦揚以寫小說和戲劇在美揚名，於是請教他：「在創作方法和客觀條件上，小說和戲劇究竟有什麼不同？」

黎先生回答：「戲劇的表演場地只有舞台那麼大，因此內容必然受此限制，腦中的一切想像一定要用對白說給觀眾聽；相對地，寫小說不但思想不受限制，可以洩漏內心的祕密，還能夠穿插動作，譬如汽車追汽車，直昇機追火車，皆隨心所欲，當然在這一點上，電影和小說也同樣地靈活。」

　　他提出小說的另一個優越省力之處是寫好之後便可以交給出版商，但劇本一定要演出來，如果不演就如同一疊廢紙，當然，莎士比亞的劇本又屬例外，但古今中外又有幾個莎士比亞？

　　從《花鼓歌》的兩代華人的代溝，黎錦揚談到東西社會對待「學文科」的差異，他認為或許因為近百年來中國科技及槍砲不如人的心理因素，大家都喜歡子女讀理工科、學醫。但事實證明，賽珍珠以中國題材寫的小說得了諾貝爾文學獎，義大利導演拍攝的《末代皇帝》也得了奧斯卡金像獎，其實中國文化中有很好的材料可以介紹給外國人。

賽金花與華工築路

　　黎錦揚先生說許多中國人為了「經濟上的擔保」而強迫自己的志趣，似乎歸因於「歷史的包袱」，他希望今後海峽兩岸的中國人在社會較為富裕之後，能夠放下這個包袱，注重「物質」與「精神」的均衡發展。依他之見，中國人的故事當中最適合拍攝國際性影片題材的有兩個：一個是八國聯軍與賽金花，另一個是中國移民參與加州掘金及修築鐵路的故事。

　　他曾透過多方面的管道，在 1980 年代探問海峽兩岸的電影主管是否就這兩個題材，願意和美國人攜手合作。他發現帶

美國朋友到大陸談投資合作，地主非常熱心招待，然而大吃大喝之後便不見下文。於此期間，他也曾不止一次帶領外國朋友到臺灣，一經投石問路，電影工作者十分樂意參與，但投資老闆認為妓女（賽金花）的名目不好聽，有辱國體。另外一則華工開鐵路的題材，黎先生安排了一個中國寡婦和美國人談戀愛，當時一位電影主管認為這是讓中國人到國際獻醜，於是建議修改劇本，叫寡婦自殺，黎先生帶著詼諧的語氣說：「先把我故事裡的女主角殺了，這齣戲還如何演下去？」

黎先生指出，西方人常以妓女題材在影展中得獎，或創下票房紀錄，他們很少用道德或丟臉與否來決定取捨之道。其實演妓女就代表丟臉，也是見仁見智的問題。他說過去洽談投資對象都是官方，時而發生一、兩人操生殺大權，而無回轉餘地的情況，如今富比世雜誌社所名列東方資本家的數目增多，但一般中國人仍舊守著老觀念，以為文化投資一定虧本，孰不知品質優秀的影片不僅可以一賣再賣，同時還能夠產生文化上的影響力量。

文創事業的今昔

2012 年重訪黎錦揚先生，他從文人的觀點再度呼籲藝文人士一定要和企業家合作，黎先生提起前香港影業大亨邵逸夫曾經說過，搞文藝要有兩個「本」字：一個是劇本，一個是資本。邵先生不會寫、不會演、不會導，可是他做了東南亞的影業大王，就因為他是有眼光、有資本的企業家。在美國的大媒體公司當中，只有華特‧迪斯耐是文藝人，創辦公司之後，交

由企業家經營，自己仍舊用心創作。其他大公司如 News Cor-
ps、Viacom、Time-Warner、Universal、Sony 等都由企業大亨
來操作，他們擁有美國最大的影視公司、電視台、出版社
……，我們都是他們的主顧，文藝人都替他們打工，替他們賺
錢，這證明藝人必須和企業家合作，才有出路。黎先生認為有
些華人對於文藝事業的態度必須改變，不能把搞文藝的永遠看
成不和外界打交道的窮秀才。

　　黎先生的婚姻美滿，妻子 Joyce Lacky 史坦福大學英文系
畢業，早先從事小說創作，曾經出版過四本愛情小說，因為書
商事先給了一個框架，所以創作性比較小，但競爭對手很多，
寫起來十分辛苦。追憶兩人的相識經過，當年的好友黃宗霑
（James Wong Howe）得過奧斯卡攝影獎，有一回邀黎先生參
加一個作家晚會（Writer's party），來賓各自朗讀自己的作
品，黎先生當晚帶去的中國女伴不肯替他念，宴會中有一位漂
亮的美國小姐舉手願意代勞，沒想到當晚的朗讀插曲，竟埋下
兩人結緣一生的伏筆。黎先生說，她愛讀書，比較好靜、不運
動，七十二歲就中風過世了，他倆育有一兒一女，都從事與電
影編導有關的工作。

　　黎錦揚先生在二十世紀中葉以寫英文小說和劇本揚名美
國，到了二十世紀末（1995）年開始中文寫作，緣因世界華文
作家協會邀請他和幾位華裔英文作家到臺灣訪問，當時聯副主
編瘂弦邀他寫一篇如何打入主流的文章，他說該文在《世界副
刊》刊出後，他好比中學生作文得了甲一樣高興。又有人建議
他寫中文小說，因為中國城有許多移民故事可寫，累積了二十
多篇，出版一本短篇小說集《旗袍姑娘》，最近又把其中的故

事改寫成歌舞劇。洛杉磯有個「趙氏演藝中心」，除了演京劇，希望加演現代歌舞劇，提供免費場地，他十分鼓勵有志演戲的華人走這條路。

餓著肚子也要寫

回頭說到他專業寫作的題目，這位腳跨中英雙語文壇的前輩指出：「一定要喜歡，如果把它當作發財或成名的途徑就會恨它。」黎先生於起步的階段做過報社記者、在美國陸軍語文學校教中文，還在洗衣店雜貨鋪打過工，嘗遍十年寒窗的滋味。提起這些往事，他認為對一個寫作的人而言，體力勞動並不一定是壞事，還可以一邊動腦筋構思故事。「一個真正喜歡寫作的人，即使餓肚子也還是要寫下去！」

傳統與現代的交融——
白先勇三大文化工程

左起辜懷箴、白先勇和德大「比較文」教授張
誦聖——石麗東攝於 **2009** 年 **3** 月休士頓中美寺
演講會場。

第六章

白先勇推動三件文化工程的時候，除了得
力於文壇的金字招牌、勇於任事之外，還
靠他做人的親和力，但是具有親和力的人
依然會遇到困難，他的解決之道為何？文
學大師以一函釋疑：「我在推廣文學、崑
曲的時候，全靠一股信念，是對文學崑
曲，以及中國文化的信念。我從事文化工
作不單是為自己，而是為了復興我們文化
的大業，所以有那麼多人無私的來幫助
我，沒有他們，我將一事無成。」

文化使命感

白先勇的《臺北人》於 1999 年在臺灣獲選為經典文學的榜首，接著由香港《亞洲周刊》遴選為「20 世紀中文小說一百強」的第七名，2003 年又榮獲國家文藝獎，他的作品在華文文壇的經典地位卓然而立；另一方面，白先勇所寫的小說〈玉卿嫂〉、〈謫仙記〉、〈遊園驚夢〉等改編為電影、舞台劇，皆廣受歡迎，轟動票房。

自 1960 年代以來，華文世界的讀者都被白先勇小說裡的人性關懷和文字造詣所傾倒，然而他一生所推動幾項文化工程的貢獻卻未受到相等的關注，誠然諸樣文化活動的推展，本借助其文壇盛名和個人的親和力，但是白先勇經理事務的長才卻不容等閒視之，尤其是新世紀以來所推動青春版的《牡丹亭》，先後在兩岸三地和歐美城市上演，引發青年觀眾的熱烈迴響，這無異就是古典「文藝復興」的實踐，自白先勇推動這三大文化工程以來，他排除萬難，結合無限能量，產生了深遠的影響！自古所推崇的「三不朽」，白先勇至少擁有「立言」和「立功」兩項。

白先勇在文學作品中打造的繁華盛景與歷史滄桑，無論在臺灣或大陸都有精密深刻的評述，本篇的重點在於記載他自六〇年代所創辦的文學雜誌，八〇年代《遊園驚夢》舞台劇的演出，以至於新世紀青春版《牡丹亭》巡迴演出所掀起的轟動。恰巧白先勇在 1991 年的紐約和 2009 年休士頓的兩場公開演講會中回述創辦《現代文學》和演出青春版的《牡丹亭》，我有幸躬逢其盛，事後寫了兩篇報導分別在中副（中央日報）

及世副（世界日報）刊出。

創辦《現代文學》

1959年白先勇就讀臺大外文系，當選「南北社」的社長，1960年他向會友提出創辦文學雜誌之議，得到全體支持。1991年北美華文作協在紐約舉行成立大會，白先勇在演講中回述：《現代文學》創刊的時候，政府從大陸播遷臺灣、歷經十年建設，剛剛跨出經濟轉型的第一步，「我們除了念書還想安身立命，希望在精神上有所追求。剛好陳若曦、王文興、歐陽子和劉紹銘同在一班，於是一起耕耘，發展一個屬於自己的天空。」

白先勇回憶那個年代大家從來不打筆戰，各自為政，文風有所不同，各忙各地寫稿，欲成文學不朽之業。《現代文學》自創刊以來從不賺錢，常因短缺經費而脫期，有時跑到印刷廠催印，如果稿子不上機器就賴著不走。學校大考的時候一邊校對，一邊溫書。「最後因經濟營養不良而飄零枯萎……對我個人來說，是我個人的一副十字架。」

這份文學雜誌辦了十三年，由於經營困難而停刊，1977年復刊，進入八○年代之後影響力減低，1984年不得不停止出刊，二十一世紀之初，白先勇榮獲國家文藝獎，得獎理由提到《現代文學》的部分說：「白先勇與文學同儕創辦的《現代文學》雜誌，引介西方現代思潮，鼓動文學創作，對臺灣文學發展有一定的影響。」

1988年八月文學評論家（中央研究院院士）夏志清教授

發表〈現代文學的努力與成就〉一文，在「努力」的項目之下，夏教授指出，尤其是初創期間，每期都有一個西方現代作家的專輯，一方面把他的作品譯介給讀者，另一方面編輯也趁機攻讀，以求自己的長進及寫作風格之早日形成。夏志清認為這種教育作用，增強了臺灣當代作家之形成。

進一步提到《現代文學》雜誌的整體成就，夏志清說，他們的天賦有別，遭遇不同，十三年所表現的創作治學成績各有高低，但是他們的集體努力即是在中華民國土地上建立了一個與歐美先進國家看齊的現代傳統，這是一個了不起的成就。夏教授總結：「大體說來，《現代文學》的撰稿者，不論是詩人或小說家，他們用可讀的中文、記錄了中國人在這個現代世界的真實感情，但這些作家們受到西方現代文學的薰陶，……勾劃起中國人的精神面貌，這可以說是現代文學作者群最足以自傲的成就。」

日後有若干學者認為白先勇和大學同儕樂於引進西方的聖火，於是反傳統的「現代主義」成為那一代思想和藝術的啟蒙。白先勇對於六〇年代臺灣流行的現代主義更為接近西方的原型，有所解釋，他說：「過去數百年來我們中華文化受到政治制度和社會結構的影響，跳過文藝復興和產業革命的階段，一直跟在西方人後面跑，當年受到西方的刺激，看得到傑出的作品像卡夫卡、喬也斯及法國新潮電影……，摸索著如何進入『現代』。」

白先勇說：「就我個人而言，一方面看新潮的東西，一方面還到中文系旁聽葉嘉瑩和鄭騫老師的古詩詞，那時就想如何把『傳統』與『現代』結合起來。」可見《現代文學》在六〇

年代也擔負了承先啟後、文學傳薪的工作，知名作家劉大任、李黎、王禎和、三毛、荊棘和李昂的第一篇作品都是在《現代文學》上發表。白先勇創辦《現代文學》對於臺灣文學創作的影響可說是難以計量。日後這些作品傳揚海外華文世界和中國大陸，又造成一波波的漣漪和後續影響。

舞台劇《遊園驚夢》

1980 年代，白先勇執教加大聖塔芭芭拉分校，時而造訪兩岸三地，他的作品深受華文讀者歡迎，1979 年 8 月，香港政府首次舉行「中文文學週」，邀請白先勇擔任評審，同時香港藝術中心以舞台劇（粵語）演出他的兩部小說《謫仙記》和《遊園驚夢》，觀眾反應熱烈，香港的報紙亦頗為稱許，這趟香港之行引發他把自己小說改編成舞台劇的念頭，回到臺灣後，他和文化界朋友提起此事，得到空前的熱烈支持，最主要也因為臺灣當時經濟、文化的基礎已達到可以推展舞台劇的階段。1982 年，由白先勇親自改編的《遊園驚夢》，在臺北演出十場，場場爆滿，創下舞台劇的票房紀錄。

1983 年香港《文藝》雜誌「座談白先勇的遊園驚夢」，白先勇在會中談及 1980 年代演出這齣舞台劇的艱苦之處，他說臺灣當局對舞台劇的審核尺度相當嚴，但終能演出，也證明當時文化建設大有可為。此外，舞台上多媒體的運用、強勁的演員陣容和名家的捧場，最後不得不加演兩場。白先勇還記得許多朋友和名家從香港、美國、新加坡和日本等地專程到臺北觀賞，像熊式一、焦鴻英、崔冰、陳香梅都是；陳香梅連在美

國的會都不去開了，等看完了戲再走；劉紹銘教授自美到香港擔任「中文文學週」的講員，為了看這齣戲，提前離港，抵達臺北看完戲後，第二天就搭機返美。

根據 2008 年 9 月 8 日，臺北《聯合報》一篇追敘《遊園驚夢》當年演出的報導，名演員及劇場工作者金士傑指出，「那是一個處處緊張、處處受限制的年代」，而 1982 年《遊園驚夢》的演出對舞台劇的演出和革新做出相當的貢獻，而其中不可少的元素是白先勇的個人親和力以及處理事務的圓融。六年之後，該劇在大陸演出，由廣州胡偉民導演籌劃，集合上海與廣州戲劇界的精英，分別在廣州、上海、南京、北京和香港巡迴演出，掀起觀賞舞台劇的熱潮。

曾任上海戲劇學院院長的名作家余秋雨以〈風霜行旅〉一文記述《遊園驚夢》在大陸演出的迴響，這篇文章先從讚賞白先勇的原著說起，他認為無論是白所寫的《遊園驚夢》的小說或改編後的劇本，都呈現了真正的大家手筆，主要得力於作者在摺疊時間藝術上所表現的深廣度，一是故事所跨越的時間，二是所涵蓋社會的人物，三是借助女主角所體現的歷史滄桑，第四是借崑曲藝術所描繪的滄桑意象。

余秋雨感嘆「這部佳作終於出現在大陸讀者的視線之內」，而白先勇、胡偉民和廣州話劇團的朋友不期然地遇到了遠遠超越藝術創作的大問題——海內外的觀眾在阻隔數十年後文化心理結構的異同。

余秋雨指出，《遊園驚夢》舞台劇在大陸演出的文化意義，是《遊園驚夢》的被選擇和被接受，反映著更多中國人在對待歷史、時間、人生的態度上，由浮躁簡單而走向從容、平

正。余秋雨最後表示：「一位海外作家高品位的作品，終於在八〇年代晚期扎根大陸，這實在是一次意味深長的旅程。」

青春版的《牡丹亭》

　　白先勇所推動的第三項文化大工程距離他初次籌演《遊園驚夢》舞台劇的演出又過了二十年，2002年，恰巧在香港大學崑曲講座之中，安排年輕的崑曲演員現身說法，聽眾反應熱烈，他決心把這齣優美的傳統劇目介紹給年輕一代的觀眾。他認為崑曲包涵了許多傳統文化的特色，最能喚起人類對詩意生活的嚮往，在現代社會中仍有存在價值，而最為難能可貴的是白先勇把他復興傳統文化的理念借著《牡丹亭》的演出而付諸實踐。

　　青春版的《牡丹亭》是經過現代詮釋與整編的古老傳統戲劇，這項工程的浩大有目共睹！白先勇先從集合專家改編《牡丹亭》的劇本做起，然後再挑選扮演杜麗娘和柳夢梅的青年崑曲演員、集合兩岸三地最優秀的音樂、舞蹈、舞台設計、服裝等人才，白先勇的毅力和使命感使得許多人深受感動。

　　2009年3月，白先勇應休士頓佛光山中美論壇主持人辜懷箴之邀發表兩場演講：「崑曲面向國際」和「二十一世紀中國文化的走向」，這兩場演講透露了他推動這件文化工程所遇到的困難，休士頓萊斯大學的錢南秀教授在第二場演講的尾聲請問主講人：帶團到世界各地演出《牡丹亭》，大部分的經費從哪裡來？只見這位寫下二十世紀後半葉華文經典作品的大師，帶著一臉的靦腆和苦笑說：「必須開口向人要！」（尾音

拉得特別長），「以前搞出版、辦雜誌，從來沒向人要過錢，開口說少了不好，說多了又要不到，這草台戲的班主真不好當！」台下立即滿堂哄笑，於是「白老闆！」「白老闆！」的呼聲此起彼落！依我那天在場的實地觀察，若非白先勇平易近人又具親和力，就不會出現這種台上台下打成一片的場面。想當然耳，「磁人個性」（Magnetic Personality），對於籌款、組織劇團、演出也都發揮了不可言喻的推助力量。

改良戲劇之難

白先勇表示，戲劇改良的分寸很難拿捏，譬如編寫青春版的《牡丹亭》期間，為了一張桌子的顏色開了五、六次會，只因為考慮到演員衣服的顏色，加上燈光打下來就增加許多變數。再如大陸有一齣《長生殿》的新戲編排，男女主角穿了金黃色的衣服，背景也金黃，結果演員坐到位置上去，人就不見了！說到崑曲的改革，因為它的歷史悠久，本身非常精美，崑曲的美學精神是「眼睛容不下一粒沙子」。

白先勇認為崑曲的唱腔和身段不能變，可以變的是舞台設計，但也以不干擾表演為原則，《牡丹亭》中有一折「如杭」，新婚的杜麗娘和柳夢梅寄居杭州，重編這場戲時，在舞台上加了一塊屏風，但兩人走圓場之間，新添的道具彷彿把演員鎖了起來，等拿掉屏風，又揮灑自如。綜言之，崑曲的美學是抽象的、寫意的，白先勇認為中國文化對線條的掌握很好，音樂像拋物線一樣流瀉出來，演員的水袖動作就是流動的草書。

白先勇說推出青春版《牡丹亭》的最大的快慰是開闢一個
讓下一代接受傳統文化的洗禮，演出後他看見許多年輕學生臉
發亮、眼睛發光，有位臺北政大的女生告訴他：「我看了《牡
丹亭》之後，以做中國人為榮！」在北大上演後，有位學生在
網路上寫道：「這個世界上有兩種人，一種是看過《牡丹亭》
的，另一種是沒看過《牡丹亭》。」白先勇說，時下年輕人對
傳統文化的接觸，除了博物館，就沒有可以認同的東西。

展望二十一世紀

白先勇展望二十一世紀對中國的文化而言，是一個非常重
要的世紀，如今中國人在經濟方面已經站穩起來，下一步是如
何振興文化，首先在教育制度方面的毛病就很多；譬如在中小
學，構成中國重要傳統的山水畫不教，都去學西畫，自己的戲
劇不學，而去學西洋劇。他說，我們應該針對美育教育重新設
計課程，先從認識自己的文化著手，如果不知道自己，談何瞭
解、欣賞自己。

白先勇第三次文化工程的最成功之處是吸引了年輕觀眾，
根據他的統計，青春版《牡丹亭》的觀眾有百分之六、七十是
年輕人；在另方面，請張繼青和汪世瑜把正統的崑曲技藝傳授
給年輕演員，並且從改編劇本到舞台設計，都合乎現代舞台的
水準。就總的來說，青春版的《牡丹亭》可說是既傳統又創
新。他有感而發地表示，「我的原則是：尊重傳統，而不因循
傳統，利用現代，而不濫用現代」。

放眼民國以來的作家當中，有幾人能像白先勇這樣的文壇

奇葩，能創作精品小說、辦文學雜誌、寫劇本、留學美國之後，在高等學府獲得教席，又把自己的小說改編成舞台劇，先後在政治體制不同的兩岸三地演出，而且處處轟動票房。後來籌演青春版《牡丹亭》時所動員的人力物力的規模就更大，演出的地點遠至北美新大陸和英國倫敦，該劇總監汪世瑜曾在接受媒體採訪時表示：「白先勇是萬人迷，連我都不能逃脫他的魅力，原計畫從浙江崑劇團（團長）退下來安享晚年，竟被他說動出來教戲，培養一位新生代的柳夢梅。」

　　正如本文導言所敘，白先勇三件文化工程的推動，除了他的文壇盛名、勇於任事之外，還靠他做人的親和力，但是具有親和力的人依然會遇到困難，他的解決之道為何？文學大師以一函釋疑：「我在推廣文學、崑曲的時候，全靠一股信念，是對文學崑曲，以及中國文化的信念。我從事文化工作不是為了自己，是為了復興我們文化的大業，所以有那麼多人無私的來幫助我，沒有他們，我將一事無成。」想來他的無私奉獻和不居功，就是他成就三項文化工程的主因。

陳若曦再探桃花源

獲國家文藝獎的陳若曦。（陳若曦提供）

牡丹小學畢業那年，老師來家訪問，告訴陳若曦的父親：「你這個女兒書讀得好，應該讓她繼續讀，不念可惜了，」做木匠的父親十分爽快，立即答應「她自己有辦法讀的話，就讓她讀！」

大學時代陳若曦一人做三個家教，還剩下一點錢交給媽媽。對於母親的愛和同情，也成為她日後支持臺灣婦女運動的泉源。她說，從我母親身上，我見到女性在這個社會所受的苦難。

國家文藝獎得主

誰若採訪過當代知名作家陳若曦，便能體會到它是一件既容易而且又困難的工作。容易的是她性情坦率、爽朗，願意回答你的問題，而且口才犀利，絕無冷場；困難的是，她雖然生長在臺灣，大學畢業後留學美國，隨之遷徙大陸、香港、北美洲，三十年後返臺定居，得以親眼觀察生活在不同社會的中國人，她每一階段的漂流都寫下主題與內容殊異的作品，你必須花上相當的時間去消化小說的背景和內涵，才能和她對談。

2011 年，陳若曦在臺北獲得第十五屆國家文藝獎，無異對她一生文學創作是一種肯定，主辦單位公布得獎理由：「以冷靜、含蓄和深刻的藝術手法表現社會真實的面貌，以豐富的寫作經驗，見證歷史，顯露人情關懷，成就卓越。而且她作品關切的議題廣闊，堪稱文學作家的典範。」

這位當代華文世界的知名作家在得獎感言中表示「驚喜、受到鼓勵」，她希望透過得獎，讓更多的人一起關懷我們身處的社會。年輕時便熱心公益的她，一生都在追求理想國，尋覓桃花源，1995 年閏 8 月，她返臺定居之後，投入生態環保和老人福利及婦運等活動，決計在現實環境中打造桃花源。

追求「理想人生」

這種堅持「理想人生」的追求，促使她離開出生地臺北縣而負笈留美，到了六〇年代的左傾聲浪中，1966 年和夫婿自美赴大陸報效祖國，恰巧碰上文革的腥風血雨，七年後，兩人

離開大陸，前往香港，寫下《尹縣長》一系列反映文革的傳世之作。1974 年移民加拿大，五年後應加州柏克萊大學「中國研究中心」之聘，遷居美國的西海岸。1995 年她譜下還鄉曲，決定皈依佛教，「將我的人生奉獻給臺灣家鄉。」

言及對鄉土的深情，返鄉定居近二十載的陳若曦，在回答「對臺灣失望與否」的問題時，表示：「失望是有，但我仍舊是臺灣人，反正我能做多少就多少，能講話就講幾句。雖然為了講真話不知得罪多少人！」

返鄉後的陳若曦，依然保持講真話的本色，對於大勢所趨的「本土化」運動，對於「用臺語寫作」，頗不以為然，她熱心參與教育下一代的工作，曾執教中央大學文學院與花蓮慈濟醫學院，常應邀至大專院校演講，出席學術會議，關懷環保和生態保護工作，積極投入「人間佛教」運動。

能讀就讓她讀

這片精神的家園同時也是她生根發芽的地方，陳若曦出身工人家庭，父親做木匠，母親從小賣給陳家做童養媳，家中兄弟姊妹多，她排行老二，哥哥小學畢業後去台陽煤礦做工人，依照當時重男輕女的社會習俗，怎麼會讓女兒升學呢？記得小學畢業那年，老師來家訪問，告訴陳若曦的父親：「你這個女兒書讀得好，應該讓她繼續讀，不念可惜了。」做木匠的父親十分爽快，立即答應：「她自己有辦法讀的話，就讓她讀！」

多虧這位老師的賞識和一番遊說，才讓我們今天有機會讀到《尹縣長》！初中三年的學費由家裡供給，進了高中她就自

己想辦法開源節流；譬如北一女高中暑假替學校看管游泳池，向高班同學索取她們再也用不著的綠色校服；大學時代一人做三個家教，還剩下來一點錢交給媽媽。對於母親的愛和同情，也成為她日後支持臺灣婦女運動的泉源，她說，從我母親身上，我見到女性在這個社會所受的苦難。

自陳若曦考進臺大以後，她就鼓勵弟妹像她這樣繼續升學，大弟聽她的建議讀了工專，學得一技之長，她又勸說妹妹投考師範大學（公費），中國有句俗話：「千里之途，始於足下」，陳若曦日後出外追尋桃花源的腳步，可說是先從幫助家中手足規劃前途做起。

〈辛莊〉嶄露頭角

作家說，她當初進臺大外文系並非出於對文學的愛好，而是想學西班牙文，準備移民中南美洲。因為那時候閱報見日本人到巴西移民，有感於臺灣地窄人稠也應該走同樣的路。陳若曦進了外文系以後，逐漸展露寫作方面的才華，課餘忙著和白先勇、王文興、李歐梵辦《現代文學》，她曾擔任該雜誌編委，已把到中南美移民的事拋諸腦後。時至今日她走過的地方不在少數，也有讀者邀請陳若曦前往巴西遊歷，但她卻從未涉足過中南美。在寫作多方面，早期受到西方文學流派的影響，曾模仿過現代主義卡夫卡的寫作風格，後來讀同班郭茱松的小說，必須查字典、做筆記，太苦啦！最後陳若曦決定平鋪直敘，寫大家都看得懂的東西。

主意既定，她便寫了一篇名叫〈辛莊〉（故事男主角名）

的小說，情節簡單，描敘一個菜販的妻子有了婚外情，做丈夫的要面子，不敢對人說；是一篇刻劃心理的寫實之作。臺大黎烈文老師（魯迅的學生）看了，告訴歐陽子他很喜歡這篇東西。

陳若曦說此後從事文學創作，大多是循著寫實的路子，平鋪直敘，以自傳式的寫法反映生活。後來她在〈文學是苦悶象徵〉的一篇散文中談起年少的志向時表白：最初想當記者，但政治上的威權統治令人窒息，讓她躲進了文學的象牙塔。

她指出，自己的文學創作可分為四個時期：臺大求學時代的「現代主義」時期，投奔大陸歸來的「傷痕文學」時期，居住北美洲時的書寫「北美華人」時期，和回臺定居後的「書寫臺灣」時期。

譬如《尹縣長》、《任秀蘭》、《耿爾在北京》是第二期的作品；當代知名作家白先勇評論陳若曦此一時期的作品時指出：「陳若曦具有小說家的敏銳觀察和技巧，將文革悲慘恐怖的經驗，提煉昇華，化成藝術，將《尹縣長》超越政治報導，變成闡釋普遍人性的文學作品」。

《尹縣長》反思文革

陳若曦回顧七○年代創作的起由：「那時剛走出紅色恐怖，已有十餘年沒寫東西，香港的胡菊人向我邀稿，因為回大陸的一番記憶猶新，而且沒有人寫這樣的文章，後來有人把它歸類作反共小說，事實上我只是把傷感的事寫出來，如果換作現在，就不會寫這樣東西，一則時間隔太久，而且大陸的作家

有責任寫。」反映文革的《尹縣長》曾譯成英、法、日、德、瑞典等八國文字，並入選為美國 1978 年的最佳書籍之一，到了二十世紀末，登上《亞洲周刊》的「中文小說一百強」。

1979 年，陳若曦從加拿大應聘到柏克萊大學「中國研究中心」，此時她發現華人在美國進入了菁英時代，和六〇年代之前靠三把刀（菜刀、剪刀、裁縫刀）吃飯的景況大不相同，作家心理受了震盪，覺得應該寫。她主張華人應落地生根、應該參政，不要再用華「僑」、「僑」胞等字眼，此一時期她寫了〈二胡〉、〈突圍〉、〈遠見〉、〈紙婚〉等代表作，這是她書寫「北美華人」的時期。

1989 年，她和於梨華、聶華苓商量後，又到東南亞及港臺地區號召文友，決定創立海外華文女作家協會，第一次會議在北加州她家客廳舉行，擬就章程，每兩年開一次會，至今已歷二十餘載，深受文壇和學界的注目，這是陳若曦生平最有成就感的三件事之一，其他兩件是「寫小說」和「有機會去大陸」。

臺灣「人間佛教」

陳若曦第四個寫作期是以 1995 年她回臺定居為起點，寫下《慧心蓮》、《重返桃花源》，這兩部小說都以佛教為題材，主要和臺灣佛教於九〇年代以後取代基督教為「顯教」有關，它吸引了知識分子和年輕人的參與，視為發展個人長才的機會，不再背負遁世和厭世的標籤，轉而傳揚「人間佛教」的精神，並在國際救災活動中贏得令譽。臺灣佛教界的成就和過

去的經濟起飛、政治改革並列為臺灣三大奇蹟。

　　陳若曦說，她下筆寫小說之前曾到大陸對佛教的起源、分支和概況做過研究和調查，她寫小說大多是用事實做主幹，但畢竟小說有小說的寫法，包含虛構的部分就使用戲劇的張力來引人入勝。千禧年出版的《慧心蓮》寫三代女性從出世到入世的故事，讓她第二度獲得中山文藝獎，陳若曦也是唯一兩次獲得此獎的作家。此外她並獲有：聯合報特別小說獎、吳三連文學獎、1978 年獲美國圖書館學會書卷獎、吳濁流文學獎及國家文藝獎等。

推動環保和婦運

　　剛回臺灣時，陳若曦替慈濟做義工，「結果發現證嚴法師太有魅力，要錢有錢，要人有人，用不著我。」而臺灣的環保工作和婦女團體更需要幫忙。她說，隨著二十世紀的結束，家鄉呈現末世紀的驚慌，人心浮躁貪婪，水土污染破壞，空氣渾濁不堪，對國家前途缺乏共識。

　　作家認為：尤其近年來環保變成主要的討論，現實逼得你必須面對日趨劣質的生態環境，就以 2005 年的夏天而論，到了 9 月底為止，臺灣來了十七個颱風，以前被稱作雨港的基隆，現在不下雨，變得非常乾燥，全省山坡地，只要多下幾場雨，就發生土石流的現象，十餘年前環保之士喊出「大地反撲」的警號，現在已逐漸被人淡忘，然而大地竟然真的反撲起來。

　　令作家十分痛心的是，民進黨執政後的態度和做法；她說

民進黨在野的時候，主要政見之一是環保，但上台之後，在環保問題上竟然喊出「民主超過專業」的搪塞之詞。換言之，民進黨的官員認為專家的評估不重要，還是託言「民意」為上。陳若曦說這好像我們又重新回到上兩個世紀的法國大革命時代——「民粹勝過真理正義」，這些人一旦坐上政府的位置，連腦袋也換了。陳若曦認為民進黨成為執政黨以後，腐化速度超過國民黨，國民黨已有百年歷史，民進黨執政不過幾年，就變得如此糟！日後陳水扁下台，他和家人所犯的洗錢貪腐行為，果然證實陳若曦的評論中肯。

目睹陳若曦慷慨陳詞的一幕，便不難瞭解為什麼她樸實精鍊的文字，和是非分明的觀念能夠打動讀者的心扉！休士頓萊斯大學中國古典文學教授錢南秀認為，《尹縣長》畫龍點睛之筆是：主角最後被「紅衛兵」槍決前還高呼「毛澤東萬歲！」「共產黨萬歲！」，嚇得執槍的紅衛兵手軟。錢教授說許多人看了這一段都感覺非常震撼，她請教陳若曦「反諷」的寓意何在？

陳若曦提出兩點可能的解釋，第一可能是古代忠君的思想，「感謝你沒有誅我九族」，第二就是，「我沒做錯事，你們冤枉我了」，故而有此一呼。許多方家也認為，這神來之筆的確把文革的殘酷暴戾刻劃得淋漓盡致，環顧反思文革的作品當中，還沒有其他篇章能在深度上與之並駕齊驅。錢南秀2005年9月的這段訪問如今存檔於萊斯大學「中美跨文化遊廊」的資料庫。

人生幾個起伏

　　假使你想更進一步瞭解陳若曦，不妨參照她人生的幾個起伏；1985 年陳若曦曾當面質疑胡耀邦：「什麼是一國兩制？」隨後應邀訪問西藏，察看其高度的自治性；1979 年她為了替臺灣異議分子說情，而兩度接受安排到總統府見蔣經國先生；1995 年閏 8 月，她返臺定居擔任慈濟義工，替往生的人「助念」（為死者誦經）；日後她為了環保而反對核四，走向街頭，並且有照片為證，目前她是荒野保護協會的終身志工和大安森林公園的講解義工。

　　在推動老人福利活動方面；她籌組臺灣銀髮族協會，除了「下午茶」的藝文活動，她並針對老人的議題舉辦座談，所談的題目包括：如何交代後事、辦信託、寫遺囑、如何少用健保，呼籲安樂死。

　　時下每日清晨起床，陳若曦先到大安公園做氣功操，跳元極舞，2012 年我和她一同參加海外華文女作協年會，會後遊歷武當山，一行共二十餘人，每遇爬山坡或上階梯，她總是一馬當先，拔得頭籌，愧煞大多數比她年輕的會員，足見這是持之以恆的鍛鍊結果。

　　陳若曦長於文學創作，又善於打理生活，在個人婚姻生活方面也條理分明，不拖泥帶水。《聯合報》陳宛茜曾有一篇專訪稱，陳若曦的婚姻中了政治魔咒，兩任丈夫剛好位居政治光譜的兩端；第二任丈夫主張臺獨，兩千年政黨輪替之後，夫妻歧見日深，終於走上離婚一途。朋友笑她「為了政治理念而離婚，創下臺灣紀錄」！

陳若曦說：「對我而言，自由大於愛情！」這句話充分表露了她一生理智而又坦率的本色。

「全美書卷獎」得主哈金

一再獲得美國文學大獎的哈金教授
（哈金提供）

第八章

哈金自幼就想做英雄義士，不願葬身防空避彈壕。當時年僅十四歲的哈金，虛報自己的年齡，加入解放軍，隨部隊開拔到中俄邊境，這頭一年，他在北國冰雪中所度過的青澀歲月，打造了《辭海》（*Ocean of Words*）一書的背景，哈金說：蘇聯的部隊並沒有打過來，趁著空閒的時刻，就背誦中國的詩詞，或閱讀二十世紀初葉的俄國小說。如今回頭望，哈金在北大荒的「苦」並沒有白吃，其間的經歷，都變成日後寫作取材的寶庫。

文學博士寫小說

一位筆名叫哈金（Hajin）的艾默瑞大學（Emory University）華裔文學教授金雪飛，在 1999 年秋天，以《等待》（*Waiting*）一書，獲得第五十屆美國國家書卷獎，消息傳來，立即在全美華人社區和美國主流媒體的藝文版造成不小的騷動。

這件得獎消息之不尋常，在於英文並非哈金的母語，1985年，哈金以大陸留學生的身分來到美國，四年後，獲得麻省布蘭得斯（Brandeis）大學文學博士學位，1993 年應聘至艾默瑞大學教授詩歌寫作，從這時候起，他才開始提筆寫小說。

頻傳得獎捷報

綜計自 1990 年以來，哈金所出版的英文著作有：三本詩集、四部短篇小說、六本長篇和一本論文集。他的得獎紀錄包括：

《好兵》獲美國筆會的海明威小說獎，《等待》獲美國國家書卷獎及美國筆會的福克納小說獎，《新郎》獲亞裔美國文學獎及湯森小說獎，《戰廢品》入選《紐約時報》十大好書，獲美國筆會福克納小說獎。以上的得獎率再加上入圍獎項的次數，不由然令人擊節稱賞。

獲得國家書卷獎之後，哈金成為媒體爭相採訪的對象，千禧年 2 月，《紐約時報》的星期雜誌以哈金為題做了一篇封面報導，名為〈哈金的文化革命〉，是由該報書評編輯前往哈金

擔任教職的亞特蘭大市艾默瑞大學採訪,所謂「文化革命」指的是他以第一代移民從事非母語的英文寫作,與大陸六〇年代的「文化革命」並無直接關係。誠然,全文讚揚與驚訝的成分居多,但它在副標題中強調「這位在毛澤東時代當過兵的移民小說家,口說英文仍有問題,怎麼又能把小說寫得像亨利‧詹姆斯(二十世紀初葉的美國知名作家)一樣?」待進入正文,又重複數回哈金「口說英文仍有問題」的描述。

榮膺 Young Allen 講座

我看到這篇文章後,輾轉聯絡上哈金家中的電話,請他談談《紐約時報》的這篇訪問,當時剛從賓州講學返家的哈金說:去年獲獎以後,學校贈予 Young Allen 講座,等於加了薪,下半年休假不教課,一方面應邀到外地演講,同時還抽空寫作,忙碌依舊。

(按:Young Allen 為艾默瑞大學早期校友,中文名林樂知,於十九世紀中葉,赴華傳教四十七年,創辦《萬國公報》,對中國的現代化運動鼓吹甚力,國父孫中山先生當年奔走革命所寫的一篇〈上李鴻章書〉,即在《萬國公報》發表。)

電話訪問之始,我開門見山地提起《紐約時報》星期雜誌的文章,哈金回答:我在課堂上教英文怎麼可能「口說英文仍有問題」,只因為接受訪問,在斟酌答案時,比較謹慎,這位記者應該能分辨兩者之間的差別。哈金指出:「那篇訪問有一處形容我 small,事實上,我北方人的個子要比《紐約時報》

的那位書評欄編輯高，真不明白他為什麼要那樣寫？」哈金雖然用疑惑的口氣回答我的問話，但是當然心知肚明癥結何在。

文中另有一處引述哈金寫作老師 Leslie Epstein 的話，稱讚哈金是「擅寫強姦的偉大詩人之一」，哈金說他的老師看到這篇特寫以後，立即打電話來道歉，謂《紐約時報》的確訪問了他，但他並不是那樣說的，Epstein 回答記者的原文是：「哈金寫的詩，能把那麼殘酷的場景，寫得如此人性化，這就是一位偉大詩人了不起的地方。」

旅途坎坷不平

哈金的文學天分令師長激賞，然而他躍登美國主流社會文學殿堂的道路，自始坎坷不平。

本名金雪飛的哈金，出生於 1956 年的遼寧省錦州市，父親為駐守該城的一名軍官，他七歲時便被送到學校住讀，兩年後爆出了文化大革命，毛澤東下令關閉全國的各級學校，一片混亂之中，他回到家鄉。因為外祖父是地主，母親遭批鬥，屢受折磨，父親的藏書被扔進街坊的火堆、燒成灰燼……。

哈金因無所事事，就從眾搖旗吶喊，高唱革命歌曲，走進紅衛兵的隊伍。1970 年傳出「蘇聯將攻打中國」的謠言，哈金自幼就想做英雄義士，不願葬身防空避彈壕。當時年僅十四歲的哈金，虛報自己的年齡，加入解放軍，隨部隊開拔到中俄邊境，這頭一年，他在北國冰雪中所度過的青澀歲月，打造了《辭海》（*Ocean of Words*）一書的背景，哈金說：蘇聯的部隊並沒有打過來，趁著空閒的時刻，就背誦中國的詩詞，或閱

讀二十世紀初葉的俄國小說。如今回頭望，哈金在北大荒的「苦」並沒有白吃，其間的經歷，都變成日後寫作取材的寶庫。

十九歲那年（1975 年），哈金解甲歸鄉，因學校尚未復課，他跑到北方偏遠的鄉村做鐵路局的電報員，於是有更多的時間自修，恰巧當地的廣播電台每週六天清晨有半小時教英文的節目，哈金開始按時收聽，有志閱讀英格爾的原著《英國的勞工階級》，他說，以那時候的閱讀能力，要瞭解書中的涵義，還差得很遠。

1979 年，他以自修的學力考上黑龍江大學的英語系，花了四年時光用心讀英文，後來進入山東大學研究院，主修美國文學，當時受到美籍教授的鼓勵，赴美深造。

展露驚人詩才

1985 年，哈金出國，抵達麻省布蘭得斯大學攻讀文學博士學位，第一年的獎學金用完之後，他開始到餐館打工、做清潔工人、剪草，或到工廠做夜班的值工，賺取生活所需。有一回，他在課堂上寫了一首詩，題名〈死亡士兵的談話〉，授課老師叫他拿給同校的另一位兼教職的著名詩人巴達特（Frank Bidart），詩人讀了以後表示：「看見非英文為母語的人，寫出這樣的作品，令人嘆為觀止！」巴達特隨即在電話中把這首詩念給一位藝文雜誌的主編，主編先生立刻決定刊用，數年後，哈金的第一本詩集《沉默之中》（*Between Silences*）是由芝加哥大學圖書公司印行。

哈金於 1989 年取得學位以後，有意學寫小說，於是聽從朋友的建議，前往波士頓大學參加「名師班」，拜在 Leslie Epstein 門下習藝。班上的一位同學說，哈金待人溫文有禮，但是所寫的東西卻充滿暴力，哈金自己解釋：「我訴說的故事並不溫柔，或許一個作家的條件就是出乎讀者的想像之外！」

哈金在波士頓大學擔任了數年講師，1993 年於兩百餘名的競爭者當中，脫穎而出，獲聘前往亞特蘭大艾默瑞（Emory）大學教書，他說當時之所以能拔得頭籌，是因為學校需要一位有博士學位並致力寫作的教師。哈金在這個南方大城安頓下來以後，便開始陸續寫作出書，成為美國文壇中一個閃亮的異數。

寫作如烹調

《紐約時報》的這篇報導還評論哈金與美國其他華裔作家的不同之點，它說，哈金下筆時並沒有碰到其他像譚恩美等作家所感受文化上同化過程的一番折騰，而直接把中國的故事搬進來。就這一點，哈金在電話中解釋：此中涉及寫作的取材和處理的問題；他說，小說故事是否能被讀者接受或喜愛，就像廚師做菜一樣，大家用的材料都是青菜、魚肉，就要看你烹調的技巧。哈金說他來美國的時間還不算長，對美國文化的認識仍淺，他相信以後會有機會使用美國的素材寫小說。果然十年後，他所出版的《自由生活》實現了他書寫第一代華裔移民武男一邊開飯館，一邊寫詩的故事。

2012 年，他告訴我，《自由生活》是他作品之中最鍾愛

的一本。在這本書裡，哈金開始使用華人移民的語言，書中最重要的精神是故事主角願意為美國移民生活付出代價，主角武男找到生存的方式和意義，相形之下，類似的移民小說大多著重離鄉的悲哀和失落。

《紐約時報》千禧年的那篇訪問還指出哈金的小說乃沿襲一種明徹、古典的手法，不像一般現代美國小說，時時提起流行文化——如電視節目或電影等生活枝節。哈金說，他喜歡讀十九世紀末蘇俄作家托爾斯泰、契可夫的作品，因為他們寫的是「人的永恆感情」，哈金在一次喬治亞州亞特蘭大市的華文演說中強調，他寫小說的架構乃師法上述幾位俄國作家，但在意境的營造方面，受中國古代詩歌、尤其受唐詩的影響很大。

天才、用功孰重？

一位以《典型美國佬》一書成名的華裔作家任璧蓮（Gish Jen）認為哈金的創作方法，在二十世紀末美國沉寂的文壇帶來一股新氣象，她說這種「師法某一家的做法，可說是非常中國的」，因為美國作家創作時，生怕受到別人的影響，此中涉及寫作理論中「天才」（genius）與「用功」（mastery）的問題，而哈金竟公然表示他想師法何人，這就非常具有挑戰性。

在寫作的方法上，哈金在電話中表示「必然懷著一顆誠惶誠恐的心，要把每一個句子、每一段落、每一章節都全力寫好。有時候為了一個字，或一個表達方式，花了好幾天才把它弄妥。」他強調：寫作真是沒有捷徑！如此篤實而又推敲再三的章句，美國書評家紛紛給予「平實而睿智」、「精簡」、

「洗練」的評語，並且冠以「海明威式的語言風格」。

非母語的寫作

　　但是哈金在接受媒體訪問時，並不鼓勵青年仿傚他的寫作途徑，他說自己從來沒有移民的精神和準備，當初找不著使用漢語的工作，純粹是為了經濟和生存的原因選擇了這條路，他時時感覺到非母語寫作的煎熬和痛苦，甚至形容自己「就好像用殘疾的語言寫作」。

　　然而哈金如是耕耘數十年而從不間斷他的非母語寫作，必然有其支撐的理由和信念；果然在 2009 年底他不經意透露了非母語寫作給他帶來的報償，他在《落地》短篇小說中的自序中說道：「英文寫作的確使我變得獨立和堅強，還給了我一個意外的機會，就是在別的語言中找到讀者。」

　　在寫作的步驟上，哈金說他先打腹稿，像《等待》一書的腹稿打了十幾年（主要因為沒有時間坐下來寫），隨後寫大綱。每一首詩，每一部小說都是先用手寫，再用電腦打字，然後經過一遍遍的修改，不知要改寫多少次。

　　我們對照哈金有關寫作的表白和他揚名美國文壇的事實，便可得到一個謙虛而又苦幹的印象。他作品的取材大多是 1980 年之前的中國，或今天的美國華人社會。有人批評哈金作品中的若干內涵背叛了中國，哈佛大學的王德威教授曾評論說：「哈金從來沒有寫一個小說是為了販賣東方主義和中國傳統文化，也沒有刻意通過嚴厲批評中國而在西方立足。」

　　2009 年，哈金在《紐約時報》的言論版撰文向讀者透露

他為何使用英文寫作；當他拿到博士學位之後，幾乎花了一年時光思索「去與留」的問題，雖然中國是他唯一書寫的題目，漢語本是母語，但最後決定像康勞德（Conrad）和奈布科夫（Nabokov）一樣使用英文寫作。他說，我瞭解我可能失敗，也可能失去一個大好機會：因為中國的語言在近年來被革命運動和政治術語所污染，其中存在很大的改進空間。哈金相信文學可以凌越語言，「如果我的作品出色而且具有內涵的話，它應該對中國人也發生重大的意義。」

作家的生命力

許多人都想知道中文和英文寫作的重要區別在哪裡？獲有文學博士學位的哈金指出：漢語具有悠久的傳統，「語」與「文」之間的距離比較大，你胸中必須熟知一些典故，文章才有看頭，而中國文學一向在詩詞方面的成就比較大，尤其唐詩的文字簡練，意象明晰，以前自己雖然在失學的情況下，還背誦了很多；相對地，中國人在小說方面的創作成果，就不及詩歌。於是我提起《紅樓夢》，哈金認為（相對西方的好小說而言）《紅樓夢》雖然寫得很美，但卻缺少生命力。

哈金接著分析：英語也有傳統，但是它的容括性強，「文」與「言」分得不清，因為美國是移民國家，吸引了許多外來的語彙，生命力比較強。我認為於其如此，也吸納了像哈金這樣來自漢語系統的作家，得以豐富美國現代文學的內涵，就像好萊塢的電影事業一樣不斷吸引外國的傑出導演及人才。

哈金就他時下的寫作情境作了一番總結，他說作品和作家

的存在方式分不開，每一個大的損失（譬如有家歸不得）都會成為另一個機遇，都能創造出新的寫作空間，於是又回歸到作家生命力到底有多強的契機和轉折點！

查建英的媒體之旅——
從雙語作家到鼓吹人權

1997 年，查建英與夫婿李湛忞（左）、李歐梵在萊斯大學演講會場合影——石麗東攝。

自八〇年代以來，查建英一半住中國，一半住美國的安排，讓她在兩種語言文化之間穿梭。她一方面身在其中，又像旁觀者，加上她熟悉西方學者對中國的成見和誤會，因此查建英用英文寫作，可讓西方讀者更進一步瞭解今下中國快速巨變的複雜現象。「中國通」林培瑞教授（Perry Link）指出：「用英文寫當代中國的作家之中，沒有人對雙語和雙重文化的理解勝過查建英。」

書寫《中國派普》

第一次聽到查建英的名字，是九〇年代在德大奧斯汀校園一次有關「亞洲研究」的討論會上，有位教授推薦查建英用英文寫的《中國派普》（*China Pop*），對六四天安門前後大陸文化界的景觀，有著深入的分析與描繪，值得一讀。

第二次聽見她的名字，是 1996 年哈佛大學文學教授李歐梵在休士頓的一次公開演講中答覆聽眾提問時指出：「八〇年代以來書寫中國留美學生的作品當中，查建英寫的小說可以說是其中的頂尖之作。」

1997 年春天，我前往休士頓萊斯大學（Rice University）聆聽一場以 Global Culture 為題的演說，事先風聞主講人李湛忞（Benjamin Lee）教授以「中國人的消費習慣」為題向福特基金會申請到五十萬美元的研究計畫。演講結束後，我趨前詢問這位在美出生的華裔教授是否願意接受採訪，他直率而且認真地說：「我的妻子查建英，比我值得採訪，你去訪問她吧！」

1997 年的採訪

休士頓的氣候和亞熱帶的臺北相仿，夏季甚至還來得早一些，四月中旬的豔陽天，已和初夏無二致。啟門處的查建英，著一套無袖白色棉質唐衫褲裝，赫本式的短髮，一雙大眼，身材高䠷，給人一種清澈涼爽的感覺，一張口，那悅耳的京片子，即刻完成了一幅「北京姑娘」的速寫圖。

以上是我和查建英在 1997 年初次見面的情景。訪談的話題從她的身世、雙親起頭，問及她寫作的歷史最初從浪漫的小說寫起，而寫實部分從評論雜文入手，進而筆觸敘史性的篇章。查建英表示未來的寫作計畫打算中英兼進，將會一直寫下去。

　　果然 2006 年，查建英出版《八十年代》（北京三聯），五年之間印行九刷，並且被中國出版界評選為二十一世紀前十年當中最具影響力的書籍之一。2011 年，查建英在美國出版英文採訪集子《*Tide Players*》（中譯名《弄潮兒》），講述中國大陸資本家與知識分子的故事（共六人，兩類各半），獲得美國漢學家林培瑞（Perry Link）、普林斯頓大學教授及美國筆會中心主任 K. Anthony Appiah 等的推薦，自她留美的二十餘年間筆耕不輟，佳作連連。2012 年 5 月，她參加在澳大利亞舉行的 Adelaide 作家節（Writers' Festival），該活動主辦人 Laura Kroetsch 介紹查建英時，形容查建英是一位聲譽日隆的歐巴馬總統的中國政策顧問，對於想瞭解中國的外國人士而言，查建英的著作提供了一個極佳的視角。

父親教授哲學

　　查建英自稱是文化大革命的一代，父母親是文革中被批判的知識分子，她出身「文革」以後第一批北大中文系的畢業生，曾在北京附近的農村插隊一年。她說：「自幼稚園起，我就喜歡編故事、作文，或許這是我以後寫中文小說、雜文，又到美國用英文寫作的一個主要動力。」她的父親查汝強，在中

國社科院哲學系教書,搞共產黨的哲學理論,是很有名的保守派,曾與方勵之論戰。查父在「文革」以後去過美國,回到大陸專門介紹西方哲學。查建英認為「他是一個很複雜的人,並不像外界給他評語那般容易歸類。」

查建英一邊接受我的訪問、一邊在茶几櫃子裡找出 1997 年 1 月 19 日《世界周刊》一篇〈毛後中國的科學及異端〉的文章,其中就提到查汝強教授(那時已經去世六年)。查建英說:「我的母親做經濟管理,愛好文學、藝術,他們兩人對我後來走的路,都有很深的影響。」

留美文學碩士

八〇年代初期,中國大陸尚未開始留學潮,查建英就對外邊世界十分好奇。因為缺乏資訊,胡亂申請學校,結果南卡州立大學給她獎學金,於是決定前往。查建英北大的同窗認為她有點發瘋,為什麼跑到南卡留學,就像被發配到中國的雲南貴州一樣。結果她在該校修得英國文學碩士學位。後來轉到紐約哥倫比亞大學修課,夏志清教授對她說:「幸好妳一來就跑到南卡州的鄉下地方,沒人和妳說中文,因此能夠專心讀英文,打下基礎。」

查建英自剖她最初創作中文小說的主題人物是留學生,談的是文化衝突與精神苦悶,下筆時可謂天馬行空,閉門造車,想到哪說到哪,充滿主觀色彩。張頤武在她《叢林下的冰河》小說集的序文中指出:「查建英把中國及其文化的困境,以一種個人經歷的方式寫出來,查建英賦予了她小說一種揮之不

去、完全無法擺脫的『意義』和『深度』……，而將第一世界與第三世界的對峙戲劇化了。」

專欄筆調潑辣

九○年代初期，她開始替香港的《九十年代》雜誌寫專欄，查建英說：「這和一般女性寫的散文不同，是一種麻辣豆腐式的文章；硬、潑辣、尖酸刻薄，在寫作風格上比較俏皮。」

1992 年 9 月，她發表了一篇〈請問理想主義一斤多少錢？〉，在這篇文章裡，她用賈余和王貝兩個人代表棄文從商的知識分子，說出若干士大夫所鬱積的千古牢騷。

賈余說：「我確實心理不平衡，受那麼多年正統教育，從文改商人，等於第二次洗腦。剛進公司的那幾年，我跟手下職員講不騙顧客行不行的時候，結果所有人都瞪眼望我──哪鑽出來這個書呆子……要生存就非騙不可，頂多心裡給自己留一小塊乾淨地方就行。」

王貝「倒」得更為徹底乾淨，「十億人民九億騙，那塊地面乾淨？甭跟我來那個，又當婊子、又立牌坊。我告訴你，當今最拔尖的腦袋都在商界，跟當年的尖子都投奔共產黨一樣，文人？本世紀沒戲，下世紀也沒戲，也就靠吃我們的贊助！」讀查建英的文章，你不得不佩服她豐富的語彙，以及對文字的駕馭能力，更令人心驚的主調是一個農業的共產社會如何面對資本主義的衝擊與拍打。

《中國派普》叫座

查建英使用中文創作的小說和麻辣專欄，獲得華人讀者的讚賞和喜愛，然而她令美國出版界為之側目的著作，則是 1995 年 4 月出版的《中國派普》。

《中國派普》的內容和她在《九十年代》雜誌用中文所發表的部分專欄內容重疊。它談論中國自經濟改革開放以後，大陸的流行文化如電視劇、小道報紙和暢銷書的演變情況。美國菁英報章雜誌，如《紐約時報》、《華盛頓郵報》、《經濟人周刊》、《出版人周刊》等都有專文介紹，並且給予佳評。

《紐約時報》1995 年 8 月 2 日的「時報新書介紹」專欄裡，由理查・伯恩斯坦執筆的書評說：「在近代史上，向西方讀者介紹中國的差事，幾乎全由歐美作家所壟斷，如今此一情況有所改變，一位中國作家用自己的聲音談論自己的國家。」

這篇書評稱讚查建英「使用西方的新聞報導技巧和內線消息，完成這本慧黠、多聞和具有特殊風格的散文，用以訴說中國大陸的流行文化。」這本書被美國 *Village Voice Literary Supplement* 雜誌評選為 1995 年度二十五本最佳書籍之一。由於這本書的反應良好，尤其是受到美國漢學家的佳評，許多美國大學課堂採用它做參考書，出版社也三番五次建議她寫續集，因此替 2011 年的 *Tide Players* 埋下伏筆。

第二本英文書

根據查建英一篇文章的自述，2011 年她寫第二本英文著

作 *Tide Players* 的原因是：用中文寫《八十年代》遇上敏感的話題和人物必須繞著寫，而且有的篇幅在出版時被書局刪減，如果用英文寫作就不會碰到這樣的問題；換句話說查建英使用英文寫作的空間和自由也就來得更寬廣。

自八○年代以來，查建英一半住中國，一半住美國的安排，讓她在兩種語言文化之間穿梭。依據她的觀察，西方完全從自身的角度端詳中國，而身為中國人，又在美國居住將近二十年的查建英，一方面身在其中，又像旁觀者，可以冷靜地觀察事物，加上她熟悉西方學者對中國的成見和誤會，因此查建英用英文寫作，可讓西方讀者更進一步瞭解今下中國快速巨變的複雜現象。「中國通」林培瑞教授（Perry Link）就指出：「用英文寫當代中國的作家之中，沒有人對雙語和雙重文化的理解勝過查建英。」

回顧中國大陸自改革開放以來，不過二、三十年光景，其間爆發的能量，一蹴而成世界第二大經濟體，使得西方人感到驚訝不已；依查建英的觀點，其中的關鍵是「人」，而不是事件。她的《弄潮兒》一書以人物切入，查建英希望通過一組具有代表性的人物故事，以親臨現場的感覺，瞭解中國正在重新出發，逐漸走向多元，並且出現各路英雄，以小見大，從人物的背景和時間幅度看出整個社會的面貌，可以對現在中國的問題能有更深的思考。

「公敵」與「公僕」

《弄潮兒》一共寫了六位人物，前三位是資本家；第一位

家電業大亨張大中，第二位是地產富商潘石屹和妻子張欣夫婦，第三人是出版家孫立哲。後三位是知識分子，有北大經濟學家張維迎、作家王蒙以及查建英的同父異母哥哥中國民主黨創始人之一查建國。

數年前，經朋友推介曾在網路上閱讀到查建英在《紐約客》上發表的〈國家公敵〉，故事的主角是查建英的哥哥；作者以冷靜的筆法從她探監說起，描繪她同父異母的哥哥變成異議分子的過程，令人看了十分感動，後來還有人把它翻譯成中文。查建英表示收錄在《弄潮兒》裡的〈國家公敵〉比《紐約客》上的還要長，補充了她哥哥出獄以後的生活。該文說2008年夏天，查建國從監獄出來，北京正舉行奧運會，他與盯梢的警官，關係良好，這些人甚至幫他上街購物，裝修冷氣機。查建英說，這些細節並不能證明制度上有了改變，中國大陸上政治犯的問題仍很尖銳，不過與毛時代的殘酷相比，已經有了很大的改變。〈國家公敵〉一文提到另一個有趣的例子是，她哥哥出獄回到家裡的那一天，親朋好友替他舉行一個歡迎會，一名跟梢的警察問查建英：你就是建國的妹妹，她點點頭，警察說我讀過你那篇〈國家公敵〉的文章，因為沒有適當的話再接下去，兩人就相視一笑。

《弄潮兒》書裡說完〈國家公敵〉，又接續一篇〈國家公僕〉，它在2010年發表於《紐約客》，該文敘述現年七十五歲的王蒙是當今中國最有名的作家，寫作的種類和數量豐碩，八〇年代被任命為文化部長，許多異議分子和自由派視他為滑頭權貴。有人認為他為了既得利益，而替中國共產黨做辯護，並且也一向迴避尖銳的政治問題。但依查建英的觀察：上一代

人擁有不同的生活經驗，王蒙在體制當中遭受不少磨難，八〇年代當上文化部長以後，用自己開明的方式推動改革，六四之後，他是唯一沒有去探望在鎮壓行動中受傷士兵的部長，並且因此下台。

意在「兼容並包」

查建英說王蒙是體制內的改革派，她甚至表示，王蒙有自己對國情的理解和行為底線，查建英說：「你不能要求所有人都做我哥哥查建國一樣的事。」從這句話看來，身為文化評論者，查建英的包容性很強，難怪美國總統歐巴馬會在中國政策方面會找她擔任諮詢和顧問。

1998 年，王蒙夫婦造訪休士頓並在萊斯大學發表演說，查建英擔任他的英文翻譯，近年來香港衛視鳳凰網「鏘鏘三人行」的節目裡也不止一次見到查建英和王蒙一同在該節目出現，二人同調談論、感嘆大陸的流行文化受到商業的侵擾。

就像查建英形容她父親「是一個很複雜的人」，並不那麼容易歸類，查建英這兩篇「公敵」與「公僕」的取角和陳述，也反映出她也和父親一樣難以歸類。

查建英在《八十年代》裡訪問了十一位引領潮流的風雲人物，請他們回憶當年的詩歌、小說、音樂、文學、電影、美術等活動，以及此一年代承先啟後的作用。該書問世之後，媒體的報導和讀者的熱情反應令查建英感到吃驚，論者以為：中國既然成為世界的經濟引擎，如何平復歷史傷痕，同時發動一個文藝復興的運動刻不容緩。《八十年代訪談錄》出版以後，查

建英在大陸成為各種媒體節目爭相邀請的對象。

　　為了保存在媒體節目中的發言權，她也不得不生活在老大哥的陰影之下，與之妥協，查建英記憶最深刻的一次是葉爾欽去世的第二個星期。她參加一個脫口秀的錄影，來賓談到葉爾欽在俄羅斯民主過程中的貢獻，當他們離開錄影室之前，主辦當局宣布節目內容沒有通過檢查，要大家重新做一個談俄羅斯文學的討論。她說諸如此類的碰撞，並沒有摧毀她促進中國現代化的意志和決心。

　　她所寫的《八十年代訪談錄》引起無數共鳴，甚至有學者主張成立「八〇年代學」，但是查建英認為這十年夾在極度政治化和非常商業化的兩種社會之間的過渡期，研究有其必要，但沒有必要誇張它的重要性。此一看法也顯示身為作家，她所表現的冷靜和自制。

　　查建英本身無疑也是一位八〇年代的弄潮兒，今日她記述當年潮起潮落的景象，也就是一種撰史的工作，她曾說過：「我離開中國之後才逐漸懂得中國。」她寫史的意向和撰述成績，也值得深入探討。

　　2012 年春，查建英的名字登上美國新聞媒體，正是中國國家副主席習近平訪美前夕，美國白登副總統接見人權運動人士此次會見名單包括：「中國人權組織創始成員李曉蓉、哥倫比亞大學中國司法系統專家李勃曼、中國媒體與流行文化專家查建英等。」姑且不論 2012 年美國大選的結果如何，環顧近數十年中美恢復外交關係之後，能以作家論述中美文化現象，而被聘作白宮中國政策顧問的，查建英似乎是第一人。

活到老，寫到老的馬德五

2012 年，馬德五留影於自宅車庫——
石麗東攝。

馬德五透露在最初磨練英文的階段，每天早上在英文報上讀到一篇好文章，就把它譯成中文，然後再翻回英文，如是反覆來回。除了自我磨練，他也參加數個同好的組織，如「美國愛情小說家協會」（Romance Writers of America）、「美國神祕小說家協會」（Mystery Writers of America）、「休士頓作家協會」（Houston's Writers League）；他是以上三個組織中唯一的老中，其中只有 Houston's Writers League 的工作坊（workshop），每次聚會，拿出寫好的作業，任由同窗相互討論、批評，他覺得唯有這種方式，才能受益。

英文專欄帶領風騷

如果你在休士頓的華人社區提起馬德五的名字，許多人都知道他是一位雙語作家，每年都有新書發表，而且樂意做志工，經常帶著不諳英語的華人同胞赴移民局或社安局等處爭取福利。

今春年屆八十的馬德五先生，可以有條不紊地引用數據訴說他寫作的緣起和果實；1987 年，他在懷俄明州經營中餐館，向該城的英文日報寄出第一篇專欄文章，截至 2002 年為止，一共發表近七百篇，英文專欄於是成為他和讀者文字因緣之起點，同時也是馬德五邁向作家之路的利器。

馬德五成為作家的故事，無異讓愛好寫作的銀髮族得到極大的鼓舞。1996 年，他結束餐館生意退休南下，擇居冬日無需掃雪的陽光帶，另一個重要的原因是他三個子女之中的老二任職休士頓。就在這一年，他自專欄作品中選取數十篇，出版了第一本英文著作《*Chinese Fables and Wisdom*》（《中國人的智慧及其寓言》）。

十三年間出版十五本書

寫作人最關心的是作品能否付梓？馬德五自六十四歲到七十七歲之間出版了十五本書，其中六本英文書由美國公司出版，五本漢英對照在大陸出版，另外三本在臺出版（兩本漢英對照及一本中文），另一本因文化交流在波蘭出版波漢對照本（這也是唯一沒有版稅的一冊），有時書稿付梓之前，出現兩

家書商都有意問津的情況，這是一項足以傲人的事實！

再進一步看他的寫作題材和內容；一方面向英語世界的讀者推介中華文化，如翻譯《論語》、《道德經》、中國寓言、《聊齋》……，另一方面是向漢語世界的讀者介紹西方社會的人文景觀及歷史典故；譬如他在《傳記文學》雜誌所發表的〈賽珍珠的一生及其中國情結〉、〈評介杜魯門的一生〉、〈近代七位美國總統的中國緣〉……。

問起最滿意的一本？思索良久，他說：兩年前問世的《天堂遊》，算是我最喜歡的一本，先以英文在美國和讀者見面，而後翻譯成中文，由臺灣文史哲出版了漢英對照本。這是一本創作性的愛情小說，和以前非虛構性的專欄寫作大不相同。「請問下一部要寫什麼？」答案：「也是一本愛情小說，將以《西遊記》和《封神榜》的支架和特色渲染，寫一部外國女性和中國男人的戀愛故事。」

創作愛情小說

瀏覽馬德五的寫作歷史，最初以英文專欄起步，恰巧遇上波瀾壯闊的全球化浪潮，他抓住了時代的脈搏，以平易近人的文字，融會、包裝東西文化，藉由雙語增加文章的賣點，正也投合美國及海峽兩岸出版商之所好。但他並不以此自滿，仍舊鍥而不捨，從事更終極的文學追求，要創作一部別出心裁的愛情故事！就像名作家王鼎鈞先生所言，寫小說是寫作人終歸攀登的金字塔。

追蹤馬德五熱愛文學的根苗，源於年幼時癡迷長輩所講的

鬼故事。為了躲避戰亂，他在蘇北鄉間讀私塾，只念過三年初中，遷台後以同等學歷考進臺大中文系，他回憶當年的課程注重經史子集，目的在培養學者，並不鼓勵創作。昔年和他同堂上課的林文月偶爾投稿、發表之後，還被老師叫去訓話。詢及課堂間和逯耀東一同在「望月台」觀美女的傳奇，他不禁呵呵大笑。

叔岷恩師的嘉勉

大學畢業之後，六〇和七〇年代正是臺灣經濟起飛的年代，他投入外貿和金融業，曾在美求學一年。第二度來美後，決計前往懷俄明州開餐館，閒暇撰寫英文專欄。九〇年代寄給臺大王叔岷恩師一百四十篇的剪報，王老師在信中嘉勉他「以學人身分從商，仍保持書生本色，將寫作融入生活，聖門子貢，有厚望焉。」（子貢是孔門徒弟中的大商人）。

王老師信中另有一段話道出馬德五為文的特色和本質，「弟以幽默、趣味啟發性為主旨，撰寫日報專欄，當易著筆，然謂有時困坐書齋打字機前，半日不能竟一頁，師有時寫一字，輕重之間亦感困難也。」

馬德五被王叔岷老師所稱讚「幽默、誠篤」的個性，可從他寫的〈我最怕上英文課了〉一文表露無遺，他的寫作之路從英文起步，自然英文程度超乎一般之上，為什麼又怕上英文課呢？只因戰亂耽誤了正規的學校教育，於是英文能力大多得自苦讀和自修。他說日後走上英文的寫作不歸路，是老來學做吹鼓手的結果。

努力寫英文日記

馬德五在這篇文章裡說，他寫專欄源自勤寫日記的習慣，而此一習慣的養成又出於自六〇年代在西密西根州立大學念書時，選讀「各體文習作」（Advanced writing），一位英文老師除了課堂一般作業，還督促學生每週繳三篇以上的日記，每篇日記必須言之有物，不能寫吃飯睡覺的流水帳。待步入中年，生活穩定之後，他便開始寫英文日記，「於是乎把儒家、道家和佛家思想都寫進了隨筆式的日記。」

他透露在最初磨練英文的階段，曾有數年時間每日在英文報上讀到一篇好文章，就把它譯成中文，然後再翻回英文，如是反覆來回，他認為這是學寫英文的上好途徑。

除了自我磨練，他也參加數個同好的組織，如「美南華文寫作協會」、「美國愛情小說家協會」（Romance Writers of America）、「美國神祕小說家協會」（Mystery Writers of America）、「休士頓作家協會」（Houston's Writers League）；他是以上三個組織中唯一的老中，其中只有 Houston's Writers League 的工作坊（workshop），每次聚會，拿出寫好的作業，任由同窗相互討論、批評，他覺得唯有這種方式，才能受益。

抓住幾隻老鼠

馬德五自抒他的英文先天不足，後天失調，什麼「敵哽死」、「殺死閉鴉」等英國文學領域裡的大文豪，他從無意願去敲他們的大門，在英文寫作的路上只是一隻瞎貓寫英文日

記，萬幸抓住了幾隻老鼠……，如今年近古稀仍在這條明知是死胡同、但仍在弄堂裡孑然獨行，整天在不歸路上喊「歸去來兮」。

馬德五所謂「萬幸抓住了幾隻老鼠……」顯然是自謙之詞，事實上，他在 2007 年所出版的第十本書《*Tutor*》（改寫《聊齋誌異》中二十一篇）得到美國十個最受歡迎書友會的推薦，成為年度好書，還有一位名叫 Sabrina Williams 的書評人在《*Front Street Reviews*》上寫了一篇評論，先推介該小說集子帶有佛、道神祕色彩的中國民間傳說，結尾讚揚馬德五文筆簡潔、充滿趣味性，讓讀者一窺中國古代的民間市井文化。

馬德五涉筆成趣，也和他喜歡嘗試新鮮玩意有關：1994年，他在中副發表了一篇〈我是美國市議員候選人〉的文章，全文使用詼諧的筆調敘述自己繳了二十五元登記費，原以為可以揀個便宜官，等他度假回來發覺有五位對手，於是硬著頭皮參加各類競選活動，但是絕不掃街、按人門鈴或插牌子，當時他的另一半說：「安靜的日子不過，也去瞎湊什麼熱鬧」，結果居然得了百分之十的選票，馬德五回憶這段有意從政的鎩羽經驗，他說：「我從心底覺得非常公平，心安理得，而且愉快。」

坦蕩蕩一路豐收

馬德五對世俗事務的熱心和關懷也表現在他替華人社區做志工；帶人看病，填英文表格、甚至寫英文訴狀等大小事，他替人服務，決不接受任何報酬，連走他老婆後門送的禮也一概

拒絕。近兩年，他動了兩次手術，出現久坐腰痛或腿關節不適的情況，志工量大減，連文章也少寫了許多。

最近體力逐漸恢復，又開始在電腦前咬文嚼字，妻子趙耀文依舊是他的第一位讀者，雖然一動筆寫文章，屋裡到處是紙片和書，賢內助必須替他收拾，但仍「以夫為榮」。

是什麼樣的動力讓馬德五活到老，寫到老，且樂此不疲？馬德五說，對他而言，寫作最大的報償是引起讀者共鳴，不時收到來自臺灣、大陸、和美國的讀者來信，也常有編者來函約稿，有一回甚至說，下一期的版面為你留著呢。

他帶著自嘲的口氣說：整天在不歸路上叫「歸去來兮」，心想還是寫在臺大所學的那一套吧，可是早已迷失路途，找不到老家何在？如今苟且度日，天天坐在電腦前動腦筋，不過是想藉此防止將來得老人癡呆症罷了。

懷著這樣的低調和胸襟，馬德五的作家之路走得坦蕩蕩、笑口常開，且收穫豐碩！

雕塑家王維力揚名異域

王維力所創作老布希總統浮雕在休士頓市立公園落成，左起布希夫人芭芭拉、休士頓市長比爾懷特、王維力和老布希總統。（照片由王維力提供）

王維力說：「一件雕塑品從每個角度觀看都必須美，最主要的是表現精神之美，和人的尊嚴。」他說自己幹起活來像駱駝一樣，可以長時間不吃不喝，專心一意，直到滿意為止。譬如2008年，他為數學大師陳省身塑第一座雕像，一共做了四個多月，即使做到別人都認為可以，但自己在某一角度上找到不滿意的地方，仍要繼續琢磨，直到無瑕疵可挑剔的地步方才歇手。

顛覆「刻板印象」

不論在現實生活當中，或虛構的小說裡，古今許多藝術家和「窮困潦倒」形影不離，藝術家與現實生活掙扎的故事屢見不鮮，然而旅居美國休士頓逾半甲子的雕塑家王維力，卻徹底顛覆這種刻板印象。

由於王維力在雕塑和繪畫方面所擁有的才分和不懈的努力，他在 1981 年離開中國大陸之前，便已揚名立萬，七〇年代末葉曾替宋慶齡做過雕塑，其中一尊被收藏在北京中國美術館。來到美國之後，王維力受聘替好萊塢電影紅星加利格蘭、德州企業家喬治布朗及其他政商名流和社區宗教領袖塑像；2003 年，休士頓市議會聘請他為老布希總統塑造四塊浮雕放在市立公園，表彰第四十一任總統生命中的四個重要的轉折點；2009 年，他替知名數學家陳省身教授塑了兩座雕像，一個送往天津南開大學，一座放在加大柏克萊校園……。

身材高挺的王維力，長年戴著一副寬邊墨鏡，似乎替他的藝術世界也抹上一層神祕色彩，或許由於藝術家能見人所不能見的異稟和創作力，或許出於作品獲眾人青睞所累積的自信心，一種望之儼然的神態油然而生。

藝術家打開話匣子之後，一口京片子摻合著悅耳的男中音和笑容，讓你感受即之也溫的親切，訪問中他回憶在中央美術院求學以及到邊疆采風的往事，自抒「我也具有演戲的天分」，讓聽者分享他戲一般的人生。

人生閱歷豐富

　　王維力豐富的人生閱歷孕育自一個不同凡響的家庭，試問有幾人能在年幼時有機會隨著父母親受邀到莫高窟看敦煌壁畫？他在《王維力美術作品集》的序文中寫道：「父親有許多機會挑選好的工作，但他卻選擇最艱辛的一條路，把公路、鐵路修到最邊遠的地區，希望貧困的中國能早日富強起來。他和志同道合的朋友開闢了一段新路之後就遷移到另一處窮鄉僻壤，可以說是名符其實的開路先鋒。」王維力記述聰慧美麗的母親，專習中國文學，雖然出自名門，卻能吃苦耐勞，不論生活條件多麼艱苦，永遠把家庭氣氛營造得那麼溫馨，每搬至一個修路的新據點，母親就把裝衣物的皮箱上鋪塊漂亮的桌巾，或採摘路旁的野花作瓶花，家中手足一共九人。王維力說，父母親舉行婚禮時，是由當年同窗、後來知名的科學家吳大猷擔任男儐相。

　　根據百度百科全書的記載：他的父親王竹亭於 1923 年以第一名考取北京大學工學院，因家貧無力入學，為獲取公費而就讀北京交通大學俄文班，畢業後考取中蘇哈爾濱工業大學的全額獎學金，三〇年代前往美、德、蘇留學，專攻鐵道工程，回國後投身鐵路建設事業，1941 年，受鐵道部委任籌劃並進行西北大鐵路的測設工作。王竹亭先生於五〇年代初期轉職北京鐵道學院，直到 1987 年退休，被譽為「中國鐵路選線設計學的開拓者」以及「優秀的鐵路工程教育家」，八〇年代後期曾當選全國政協委員。

　　就在四〇年代，當王維力六、七歲的時候，他父親在西北

進行築路工程，接獲當時敦煌研究所所長常書鴻的邀請前往參觀，王維力說：「當進入莫高窟的千佛洞，我感覺踏上了仙境……。」他不止一次跪在高凳、趴在桌前看畫家臨摹壁畫，看雕塑家用泥土臨摹洞窟中的觀音塑像。他說敦煌的一切使他著迷，並且中魔似地學大人不停地畫，畫飛天、畫觀音，「畫我看到的一切，也畫我聽到的故事」。雙親對於王維力在繪畫方面的喜好鼓勵有加，在物資極為匱乏的情況下，盡量給他買紙、顏料及圖書，甚至請專人製作了厚厚的「維力畫冊」供他習畫。

美術院專攻雕塑

　　高中畢業那年，他經過層層考核與逐步淘汰、學校的千挑萬選，而成為中央美術學院雕塑系所招收的七位新生之一，當時美術界最出色的名家都在該校任教，像劉開渠和滑田友教授早年留學法國，在雕塑方面極有成就，但都放棄了自己的創作，全心全力投入教學工作，使得學生們終身受益。

　　他說，當時在美術學院專攻雕塑，基本課程採西方體系，從人體解剖、結構及比例和透視入手，練就嚴格的寫實功夫，待打好這個基礎之後再回頭欣賞、理解我們民族的優秀雕塑傳統，特別是「意到筆不能到」的高超意境。

　　王維力表示：自 1962 年從中央美術院畢業一直走到今天，他從未間斷自己的藝術生涯，王維力有心揉合中國和西方的長處，希望能創作出更完美的作品。藝術創作不只是他謀生的手段，更是他生命的全部。

壯遊新疆西藏

　　說到王維力的藝術創作，不能忽略的是他在中央美術院畢業後，前往新疆和西藏的經歷；1961 年，中國大陸正遭遇天然災害，他帶著自己的糧票，和班上同學一塊去甘肅采風，在天水參觀了麥積山石窟藝術之後，決定一人再往西行，深入新疆整整生活一年。他出發時的動機是探索神祕的遠方，從而發現少數民族善良樸實的品質，交到知心的朋友，日後從作品中自然反映了那些美好的東西。

　　1974 年，王維力和幾位雕塑家和畫家應拉薩市博物館的邀請前往西藏工作一年，期滿之後本應飛回北京，結果又隻身行走康藏公路去觀察山河之壯麗。他認為藝術工作者若有了深廣豐富的閱歷，便會影響他作品的選取角度和內容，他指出唯有在深入生活、瞭解生活之後，才能獲得創作的靈感和衝動。有時候在深入生活方面，可借助閱讀文、史、哲和地理等書籍來加強自己的分析能力和對事物的認識深度。

　　例如王維力在著手做孫中山先生的雕像之前，熟讀他的生平事蹟，從而瞭解孫中山不僅是推翻帝制的革命領袖，而且是一位真誠、善良的人，王維力希望大家從那座雕像的眼神中看出創作者的寓意和視角。

視覺藝術怪才

　　曾任中央美術院民間美術系主任的楊先讓教授，在九○年代居住休士頓十餘載，他讚許「王維力的確是一個少見的善於

掌握視覺藝術的怪才，不僅勤奮，更忠於自己所喜愛的藝術而全心投入。」楊教授所列舉王維力擅長的視覺藝術除了本行的雕塑，還包括：油畫、插畫、宣傳畫、肖像、裝飾畫、壁畫、漫畫……。楊教授說：「除了版畫和中國傳統筆墨之外，他幾乎全包了。」

在休士頓的公眾視野範圍之內，王維力應邀所完成的創作有：

＊休士頓聯邦移民局辦公室所懸掛的大型壁畫。

＊休士頓城區喬治布朗大會堂的企業家布朗銅像。

＊德州前副州長威廉・哈比的塑像。

＊德州醫學中心美以美教會醫院大廳所陳列「耶穌療傷」的雕塑。

＊德州醫學中心聖路克醫院所懸掛一位白衣天使的塑像，

＊德州醫學中心路德教會主教的油畫肖像，歷年來因教會行政人事變遷，他已繪製六幅，這個系列的數目仍將繼續增加。

＊替數學大師陳省身塑造兩座銅像，一座全身像放置加大柏克萊分校數學大樓庭園，一座半身像放置天津南開大學校園。

＊2009 年完成孔子青銅像，矗立休士頓赫門公園。

王維力表示：這些放置廣場和醫院的作品，是別人出題目給我創作的機會，但無任何局限，目的性很強。每天和許許多多的人見面，尤其像孔子和耶穌這樣的人物，我希望別人看了能和我有同樣的感受。

許多人對他如此多才多藝驚訝不止，於是追問王維力最鍾愛和得意的作品；藝術家說除了雕塑和油畫之外，由於對電影

藝術的迷戀和愛好，他喜歡替電影設計海報，譬如謝晉所導演的〈牧馬人〉，曾被香港《電影雙週刊》評選為歷年來最佳電影海報，因為此類招貼畫大多從遠處觀看，除了構圖鮮明，顏色必須強烈對比。他感慨時下美國的電影海報為了省錢都以照片為主體，令人追昔撫今，不勝遺憾。此外，王維力使用幽默筆法，以漫畫形式勾勒中外電影明星微妙微肖的特徵，中國大百科全書出版社為他出版了《王維力漫畫群星專集》。

替巨星塑像

王維力平日的另一嗜好是閱讀，他在國內時曾替一些文學作品畫插圖，其中有一組是《伊索寓言》的插畫，在他「作品集」的畫頁中收錄四幀，構圖典雅優美，充滿故事性。王維力說他的每一件作品都是他的兒女，創作的時候都全力以赴，完成之後絕不偏心，皆一般喜愛。

我在休士頓從事自由撰稿多年，記得第一次見到王維力是1995 年 6 月採訪在休士頓太空中心附近舉行的〈阿波羅十三號〉首演會，那晚男主角湯姆・漢克斯、導演 Ron Howard 一一到場、王維力陪伴豔光照人的盧燕出席盛會，隨後聽說他在好萊塢替天王巨星加利格蘭塑像的故事。八十二歲的加利格蘭在去世的十天前於自宅內宴請王維力，為表示對藝術家的尊重，特別在屋前迎迓，加利格蘭並且親自為他開車門，他告訴王維力：「無論表情和內心，你怎麼把我琢磨得這麼像。」

日後港星李麗華看見加利格蘭的塑像也驚訝不置地稱讚：「這個雕像比加利格蘭本人還要像他的本人。」

雕塑之為藝術究竟包括那些要素？根據王維力多年創作的心得，他說雕塑是立體的，有重量和體積，所以是一種占據空間的藝術，創作的信念是捕捉所感受的純美，但「美」並不單是漂亮，而是「含有藝術，有技巧」。誠然各門類的藝術都有其原則和規律，大致說來傳統的西方藝術講求健康、生動，其技法重科學，注意空間、光色、透視、解剖，中國的藝術則不是對景寫生，而是畫心中之畫，強調意境。

力與美的結合

王維力希望融合中西的藝術理念可從他 2007 年所完成的舞蹈系列淋漓盡致地表達了「力」與「美」。舞蹈系列中的兩尊雕塑一為西班牙鬥牛士，表現出明快和隨機應變的節奏，雖是靜態的作品，卻表現強烈的動感，如果將之名為陽剛，則另外一尊中國女性舞者所呈現的即是陰柔之美；她的體態略豐潤，姿勢輕盈飄逸，自衣角紋路的旋轉和身體線條可以顯露中國傳統的婀娜多姿。

王維力說：「一件雕塑品從每個角度觀看都必須美，最主要的是表現精神之美，和人類的尊嚴。」他說自己幹起活來像駱駝一樣，可以長時間不吃不喝，專心一意，直到滿意為止。譬如 2008 年他為數學大師陳省身塑第一座雕像，一共做了四個多月，即使做到別人都認為可以，但自己在某一角度上找不滿意的地方，仍要繼續琢磨，直到無瑕疵可挑剔的地步方才歇手。從王維力的這段話看來，一位藝術家的成功，除了天生異稟，必須再加上苦功，所謂動心忍性，具有堅韌的毅力。

工作室一家人

　　兼受東西方藝術浸潤的王維力，在休士頓定居後，發現美國學生的基本功較差，於是成立王維力工作室，每星期六聚會，並不收費，大多數教授繪畫、素描，偶爾也教雕塑，二十年來，工作室成員超出百人，已經情同朋友、家人一般。每年一塊出國旅遊，選擇的地方以人文為主，風景為次，參觀博物館成為重頭戲，以收切磋觀摩之效。

　　王維力的藝術創作腳程從中國大江南北、新疆、西藏走到北美洲，可謂名符其實的揚名異域，他努力掙得的境遇可以稱得是「圓滿的人生」。對於採訪者而言，描寫一個圓滿的人生好像是替人撰寫公關廣告詞，忽而想起他選擇終生獨身之路的故事，他親口告訴楊先讓教授為何不婚的理由：「由於自己的性格不完美，如果做朋友可聚可散，要永遠在一起太傷神，又浪費時間，為此我不能傷害別人。」王維力把實際生活難以達到完美的缺憾，一古腦變成藝術創作的力量。

來自山東的芭蕾王子李存信

國際芭蕾舞星李存信。（休士頓芭蕾舞團提供）

第十二章

李存信在北京五七藝校的基本訓練，十分嚴格，每天清晨
五點半就得起床，例行的練功是：每次把左右腿分別向前
伸挺十六下，然後在水泥樓梯上下跳躍四層樓，接下去再
安排中國功夫和平劇把式的操練，李母在訪問中提起：
「那時聽人說存信在北京練功時非常努力，別人休息時，
他一刻也不閒，常常出力到眼淚都掉了下來。」李存信回
憶：「在北京舞蹈學校畢業的時候是班上的尖子，不過僅
限於基本功，來到休士頓舞團跟隨史蒂文生學習以後，在
藝術表達方面進步很多。」他說：「經過好長一段時間，
我才逐漸了解，先有了感情，而後技巧才跟著來。」

從共產社會舞向資本世界

芭蕾舞台為他開闢了一生所行走的道路；1961 年出生於山東農村的李存信，十二歲那年被中央來的領導挑選到北京五七藝校習舞。1979 年，他名列「新中國」第一批官派藝術留學生來到美國，次年背負叛逃的罵名，隨即加入休士頓芭蕾舞團；1982 年，他躍升為該團的首席舞星，緊接著參加三個國際芭蕾舞賽，分別奪得銀牌與銅牌；1986 年，他榮膺（摩洛哥王妃）葛麗絲公主基金會的舞座得獎人。

此後他舞遍全球知名的芭蕾舞台，三十八歲那年（1999 年），李存信選擇在他專業狀況最佳的時候收拾舞鞋、自澳大利亞芭蕾舞團退休，而後轉業股市經紀。2003 年，他出版個人傳記《毛的最後舞者》，成為暢銷書作者；六年後該書改編成同名電影，在西方世界造成轟動，但未批准到中國大陸上演。

從芭蕾舞星跳躍到現任澳大利亞證券公司亞洲部的經理，其間道路蜿蜒曲折，辛苦備嘗，如今名利雙收，2010 年還錦上添花地當選澳大利亞全國的模範父親。李存信不同凡響的人生際遇也和他身處的時代有關；1961 年他出生的時候，文革即將拉開序幕，到了 1973 年他入選五七藝術學校習芭蕾舞，文化革命已近尾聲，新的形勢正蓄勢待發，但藝術界的革命情懷正濃，江青被推為藝術學校的名譽校長，李存信整整跳了六年的樣板芭蕾。

九歲才上小學

　　對於他自小習舞時的點點滴滴，我在 1991 年前往李宅訪問了休士頓芭蕾舞團的當家小生和他的妻子兼舞台搭檔，包括那時自山東赴美探親的李母，李存信回憶他被挑選習藝的經過，他說：「我出生的時候，一連鬧了三年天災，加上中國須償還蘇聯外債，所以鄉下缺糧沒東西吃，生活很苦，因此我也拖到九歲那年才上小學。」

　　李存信的母親在一旁補充，她的七個孩子都很孝順，尤其存信最聽話。在他十一歲離家到北京學舞之前，每天放學回家一定先問：「娘，要不要我幹活？」母親告訴他：「沒活，你去玩罷。」她這排行么六的兒子總是先溫書，然後出門撿枯枝乾草拿回家當柴燒。

　　正答問之間，我發現客廳的長沙發上有一件色彩鮮豔的小孩背心，比起手工藝店賣的還要別致搶眼，忍不住追問在哪裡買的？李老太說，我在這裡閒著無事給孫女做的。它由多塊花布拼湊而成，圖案生動、活潑，又富創意，令人讚不絕口，轉瞬間也給李存信的藝術細胞找到了遺傳的基因。李老太告訴我，她澳大利亞籍的媳婦最喜歡吃她做的包子和麵食，採訪當中還聽見洋媳婦帶著濃重的山東口音叫李老太「娘」，家中洋溢著一片融洽和諧。

第一個轉捩點

　　李存信指出：1972 年是他生命中的第一個轉捩點，「有

一天學校來了幾位領導，要挑選跳芭蕾舞的學生，標準很嚴，除了體能之外，長相、家中父母和祖父母，甚至姨媽叔伯的高矮，樣樣都在考察之列。」

「尤其注重的是腿的軟度，以及上身和腿的比例。」那一年從北京、上海、山東和內蒙所選出的學生共十四名，李存信便是其中之一。李存信踏入芭蕾舞世界的時候，中共與蘇聯的外交關係尚稱友善，大陸的古典芭蕾舞也蓬勃興旺。但到了文化大革命時期，就慘遭摧毀。

李存信曾接受美國《芭蕾新聞》雜誌的訪問時表示：「在文化大革命期間，觀眾所看到的芭蕾舞劇一律是白毛女和紅色娘子軍，裡裡外外政治掛帥，都出於毛澤東愛人江青的指導，從編劇到戲服，一手包攬。江青雖是北京舞蹈學院名譽校長，但對芭蕾一竅不通，因此文革期間的中國芭蕾可說是一團糟。」

李存信所接受的基本訓練大致出自俄式 Bolshi 一派，雖然他們也有來自 Kiev 舞團的老師、同時也研習中國民族舞蹈、武功和奇技，或許因為陽剛色彩濃厚，造成大陸芭蕾舞者男比女強，許多外國同行到大陸訪問，都對前者的印象深刻。

藝術表達竅門

李存信在北京五七藝校的基本訓練，十分嚴格，每天清晨五點半就得起床，例行的練功是：每次把左右腿分別向前伸挺十六下，然後在水泥樓梯上下跳躍四層樓，接下去再安排中國功夫和平劇把式的操練。李母在訪問中提起：「那時聽人說存

信在北京練功時非常努力，別人休息時，他一刻也不閒，常常出力到眼淚都掉了下來。」

李存信回憶：「在北京舞蹈學校畢業的時候是班上的尖子，不過僅限於基本功，來到休士頓舞團跟隨史蒂文生學習以後，在藝術表達方面進步很多。」李存信說：「經過好長一段時間，我才逐漸了解，先有了感情，而後技巧才跟著來。」這時初入資本社會的李存信開始拿捏兩種社會的同與不同之處。

日後他告訴另一位媒體記者，他在舞台上不止一次扮演王子，但在當時受到中國無產階級專政的文化影響，完全不知道如何表達王子的傲慢。

李存信十八歲那年，班・史蒂文生（Ben Stevenson）前往北京舞蹈學院授藝，他對幾名男學生表現驚訝不止，於是邀請李存信和張偉強到休士頓參加夏令營，集訓結束以後，二人回到北京；同年十一月，李存信在「中共領導」的同意之下，再以見習生的身分前去休市舞團深造。

留美繼續跳舞

十七個月後，即 1981 年 4 月 29 日那天，他改變了原先預定的歸期，宣布和美籍芭蕾女學生祕密結婚的消息，決定留在美國繼續跳舞。

雖然事隔十年，當我訪問李存信時，「叛逃風波」依然屬於敏感話題。我猜測除了事件本身，他還有家人在大陸過日子，因此拒絕回答和它相關的任何話題，使我不得不回到圖書館查閱報紙檔案。

根據英文休士頓郵報 1981 年 4 月 30 日頭版的一則標題「中共舞者獲釋」的新聞所載：來自「中華人民共和國」的芭蕾舞生李存信被該國休士頓領館強押二十一小時後於昨晚獲釋。

　　「現年二十歲的李存信於週一（4 月 27 日）和休士頓芭蕾舞生伊莉莎白・麥基祕密結婚，並且希望留美繼續舞蹈生涯。」

　　「李存信在進入領館申訴他結婚請求時，共有八位和舞團有關的人員和他一塊入內，其中包括他的律師福斯特、舞團總監、李的新婚妻子、休市舞團董事會主席約翰・寇克蘭、前芭蕾舞團董事卡特夫婦、和休市芭蕾舞校校長等。」

　　「星期二上午九時一刻，雙方初步接觸交談，後中共人員表示要把李存信叫到另一個房間單獨談話，當時李抗議如果沒有律師跟隨，他拒絕入內，於是在當日下午有三個領館人員將李強行押離會議室而移入另一房間。」

　　「星期三早上，休市聯邦法庭出現一宗告訴狀（新聞中沒提誰遞的狀子），要求釋放李存信，法官辛蔦頓令中共領館在星期五早上帶李出庭，並且申明限制他人身自由的理由。到了星期三下午六時，李步出中共領館大門，這道法官限令也就不解自除。」

波濤洶湧

　　同一新聞指出：「美國務院發言人費雪說，李案是當日國

務院和中共華府使館之間『緊急溝通』的話題，中共使館在下午傳話給美國國務院，李可以自由離開休市領館。」

多年後李存信的自傳披露：身在白宮的副總統（老）布希當時接通了中南海的電話，他向鄧小平求助，事後老布希告訴李存信，鄧小平對「叛逃」一事表現得十分開明，認為這要尊重李存信的選擇。鮮為外人所知的是：老布希的妻子芭芭拉是休士頓芭蕾舞團的董事。於此同時，李存信的私人律師福斯特也接到國家安全顧問李潔明從白宮打來的電話，詢問磋商的進度，就連雷根總統也風聞此事。

依法律程序，李存信留美非屬投奔自由，其實李決定留在美國繼續跳舞一事，正秉承自 1960 年代以來共產國家芭蕾舞者投奔西方社會的傳統，他與蘇俄的紐瑞耶夫和巴瑞雪涅考夫轉身縱入資本社會舞團的目的相同；一則追求藝術上的表達自由，再則西方各種條件充裕，在劇目、編舞和其他方面配合的多元因素的吸引之下，共黨政權很難責備佼佼舞者反身飛騰而去。

李存信在中共領館滯留廿一小時期間，曾有芭蕾舞團同事、中外友人通宵達旦守候領館門前，再從有人替他找律師，並迅速到法院遞訴狀的種種跡象看來，除了一般熟知許多美國人生性熱心、樂意助人的一面，主要還是惜才愛才之故。李存信隨後在專業方面的努力和表現，也不負舞團對他的愛護和期望。

他說原在加盟休士頓舞團三年之後，紐約芭蕾舞團就私下遊說他轉業美國東部，但中國人講求 Loyal（或許他為了強調這個字，而用了英文），所以一口回絕（美國東海岸人文薈

萃，尤其跳芭蕾一行，到了紐約也表示有了登峰造極的環境）。

聰敏好學加苦練

李存信從共產社會舞進資本世界，他在專業道路上所憑藉的除了天賦的身材和面孔，還靠著聰敏好學與苦練，1991年，我訪問他時，李存信回憶：「十一歲被挑選出來跳芭蕾，當初很不喜歡，一心想唱歌或平劇。兩年後開了竅，就非常努力練習，目的在把舞跳好；別人吃十分苦，我就吃二十分，因此成為班上的尖子。」

「做尖子」便要樹立好榜樣，在感情生活方面，政府規定二十二歲以前不能結婚，因此也不許交女朋友，當時也曾私下喜歡過好幾個女孩，但身為「尖子」，便絕對不能表現出來。「即使和女生搭檔練舞的時候，我們從舞台的左右兩端跳到中央會合，連手都不能放在她的腰上。」

「因此來美結婚以後，完全不知如何處理男女關係。」李存信告訴《休士頓紀事報》的一位記者，他「第一次婚姻純粹是少年羅曼史裡無奈的一折（a desperate act of youthful romance），如果不是當時有歸國期限，大概也不會趕在行期的兩天之前結婚。」他還強調：「伊莉莎白是生平第一個接觸、而又愛戀的女子，後來她到阿肯色舞團工作，而我留在休市。」夫妻相隔千里，終而導致離婚一途。

再結人生伴侶

此後他下定決心，絕對不和同行結婚，但在 1985 年遇到瑪麗・馬凱瑞以後，這項決心便開始動搖。澳大利亞籍的馬凱瑞原在倫敦芭蕾舞團工作，1979 年，她隨團到北京表演，當時李存信正準備畢業公演，當年曾經擦肩而過。1985 年，她受聘為休市舞團的首席女星之一；1986 年 1 月 28 日，他們一同到華府甘迺迪中心首演史蒂文生所編導的《神奇滿洲大佬爺》，因為原定女主角珍妮・派克足傷，臨時由瑪麗代替上場。李說，當他跪在舞台上仰視馬凱瑞的時間，突然發現對方如此性感而有魅力，因此戲中追逐女主角的飛躍和騰空動作，一點也不吃力。

「我知道她喜歡我，但不確定是不是願意嫁給我，原以為她會拒絕，沒想到瑪麗說了 Yes。」結婚三年後，他們添了一個漂亮的寶貝女兒──蘇菲，如果你看過《機器戰警第二集》（*Robocap* II），她正是其中一幕華裔女演員陳燁懷抱的嬰兒。陳燁的夫婿 Charles Foster 自始擔任李存信的私人律師，後來被推舉為美國亞洲協會德州分會主席，兩家因為華洋聯姻的情況相同，而且孩子的年齡相仿，遂結為通家之好。

在專業追求當中曾遭遇什麼阻難？他回答：「通常不是選角的問題，而是表演過後，和同事一起看錄影帶，自己情願閉眼不看。因為我是自己最嚴厲的批評者，這種個性有長、也有短，長處是督促自己可以進步，短處是自己的信心不足，有時會影響演出水平。」

轉業股票經紀

除了對跳舞執著之外，他在 1991 年的訪問中表示，他從小就對數字好奇，也時時想學點新東西，因此到社區夜間大學選修會計課，同班發覺他是芭蕾舞星以後，都和他半開玩笑：「你不用來囉，將來你一定不會轉業做會計的。」跳舞、上課之餘，他每日抽空閱讀《華爾街日報》，研究投資股票的策略，希望給兒女積攢教育費。

李存信在 1995 年褪下芭蕾舞衣之前，繼續花了兩年半讀夜校，修滿學分拿到金融理財的文憑，隨後在股票經紀一行做得有聲有色，如今已陞任澳大利亞一家證券公司的亞洲部門經理，成為澳大利亞芭蕾舞團董事會成員，並協助成立基金會，幫助退休芭蕾舞演員轉業。

毛最後的舞者

2003 年，李存信出版自傳體的《毛最後的舞者》，那一年他到休士頓打書，新書發表會上他的恩師史蒂文生前來道賀，那時她的女兒蘇珊在休士頓芭蕾舞校習藝，妻女一同出現在發表會上，留下許多感人的畫面和鏡頭。

《毛最後的舞者》在澳大利亞發行以來，印行逾五十刷，十八個月高踞暢銷榜，贏得該國的年度國家圖書獎。2009 年，該書改編成同名電影，上映後成績不俗，名列澳大利亞電影史上賣座前十名的影片。

李存信揚名西方芭蕾舞世界的故事，反映了大陸的文化革

命結束之後，新舊政治的巨大漩渦，人性和教條互相角力。李存信在兩個時代的夾縫中行走，造就他與眾不同的人生。

直到去年，他在澳大利亞接受訪問時，依然為三十年前的往事作辯解，他說：「一個人為自己的國家、人民做出貢獻，並不一定要留在國內，心裡有祖國比喊口號更為重要，我在國外那麼多年，沒見哪一個中國人達到我的芭蕾舞水平，西方人說我是中國芭蕾舞者，我在接受採訪時也會說感謝中國舞蹈院給我的栽培。」李存信又說，他美國的恩師班・史蒂文生，常跟他帶著開玩笑的口吻說：「那麼我給你的幫助為什麼不提呢？」

歸根結柢，來自山東農村的李存信身在時代的波濤之中，握緊羅盤，看清方向，走出共產社會，並且使盡所有的氣力，終於抵達資本世界的成功彼岸！

再摘「最佳導演」桂冠的李安

2013 年，李安第二次獲得奧斯卡「最佳導演」
獎。（照片轉載自美南新聞）

第十三章

李安說：「我覺得如果世間有所謂
的最終價值，那麼經過時空的篩
選，逐漸就會有一些價值沈澱出
來；這件事你沒辦法避免，你不服
氣也沒有用，事實就是如此。從一
部電影誕生的那一刻起，它就開始
經歷不斷的檢驗過程，如今經由網
路的訊息交換就更加便捷，鍛鍊的
火也燒得更旺，至於有多少真金，
就看滅火之後的灰燼中留下的是什
麼了。」

再創事業高峰

　　李安所導演的《少年 Pi 奇幻漂流》，在 2013 年 3 月 22 日全球矚目的第八十五屆奧斯卡金像獎典禮上，再摘「最佳導演獎」，同時拿下最佳音樂原創獎、最佳攝影和最佳視覺效果獎，是當晚典禮上的大贏家，李安同時也是唯一兩度獲得奧斯卡「最佳導演」的亞洲人。

　　早於 2007 年，李安導演的《斷背山》替他拿下第一座奧斯卡金像獎最佳導演，然而同性戀的主題即使在二十一世紀初葉的美國若干地區，依然觸犯禁忌。它的票房和受歡迎程度仍略遜於 2001 年獲得「最佳外語片」《臥虎藏龍》。

　　如今回頭看「臥」片在美不僅叫座（票房超出一億美元，打破以往外語片的記錄）而且叫好！在眾多影評之中，以千禧年底《紐約客》雜誌 Anthony Lane 所寫的氣派最恢宏，且具世界觀。他稱讚《臥虎藏龍》不僅是同類功夫片中的登峰造極之作，並且認為李安能沿著三、四十年代歐洲傑出導演 Michael Curtiz（《北非諜影》等名片）的足跡，以一個外來人的身分，解讀神祕的新大陸，而創造另一種不同形式的電影，而使美國的影業無懼於外來的威脅，Anthony Lane 說，好萊塢亟需像李安這樣品格高尚、富幽默感的藝術工作者。若仔細玩味這番話的涵義，似乎有一絲沙文主義。縱觀好萊塢影業獨步全球數十年，美國影評人難免會帶著曹操煮酒論英雄的口氣，讚賞劉備。

促進文化交流

　　《臥虎藏龍》除了叫好叫座，創下票房佳績，這部影片的最大意義，在於李安能藉用好萊塢的方式來包裝中國文化，而達到廣為流傳的目的，使之成為流傳國際的文化現象，雖然前此，胡金銓、侯孝賢和楊德昌等，能在國際影展獲得獎項，為中國人揚眉吐氣，但是他們的影片卻不能普及一般大眾。

　　《臥虎藏龍》風行全球之後，想當然耳，對於中西文化的交流產生若干影響，李安在《十年一覺電影夢》的自傳中就此提出他的觀點，李安說，《臥虎藏龍》打破了中西文化的藩籬，證明西方主流觀眾已經開始接受不同的電影語言和文化，同時顯示大眾文化的主導權並非美國專利，各國都有機會參與製造。李安說：「人有共通處，也有相異點，你可以表達自己的真正想法，有時有機會成為主流，這對美國以外的大眾文化是一種很好的鼓勵，對美國也是一個很好的教育。」從李安的這段話看來，《臥虎藏龍》對於近代史上百餘年來「西風壓倒東風」的大趨勢，竟然也發生了或多或少的扭轉和衝擊力量。

　　2001 年的奧斯卡金像獎揭曉之前，《紐約時報》刊出近兩頁的李安專訪。它是「名導演」系列訪問之一章，在這篇對話裡，李安透露對他影響最深的一部國片，是樂蒂和凌波所主演的《梁山伯與祝英台》（以下簡稱梁祝），他坦言這並不是一部最偉大的中國電影，但卻能使觀眾如癡如醉，對於當時的社會和他個人都投下不可磨滅的印象。

　　李安在這篇文章中告訴《紐約時報》的記者 Rick Lyman，《梁祝》之所以能轟動票房，創下許多觀眾一看再看的紀錄

（甚至有人看了五百遍），是因為片中所流露的華夏風味；李安說，中華民國政府從 1949 年遷台以後，人們對於故土及文化仍懷眷戀，但是年輕一代並無具體印象。李安當年看了這部電影，以為這就代表中華文化。當《紐約時報》記者要求和李安一同觀賞一部他所鍾愛的電影，並請他解釋其中奧妙的時候，李安挑了《梁祝》，他說，這個片子也連帶讓他想起自己天真無邪的年代。

《梁祝》風靡臺灣

李安說，《梁祝》屬於比較舊式而又女性化的電影，男主角是由女明星扮演男人角色，女主角女扮男裝出外求學，或許若干知識分子會看出同性戀的意味，但一般觀眾卻對電影當中的性別問題分辨得十分清楚。他記得那時候家住臺灣的東部，〈梁祝〉先在北部及西部上演，當他觀賞這部影片之前，其中的歌曲，已經流行開來，他也能朗朗上口。印象最深刻的一次是，颱風來襲，他父母親叫他們兄妹好好在家待著，他倆要去看《梁山伯與祝英台》。據他所知，有些人帶了便當，從早看到晚。他說他對華夏文明最早的認識，亦部分得自該片。

甚至後來回大陸拍電影，他仍舊對真正的中國欠缺瞭解，於是擷取腦海中的一些中國印象（包括《梁祝》一片所打造的），來塑造電影裡的鏡頭。李安解析梁祝情史裡的小橋流水、深宅大院、名山古剎及忠孝節義的觀念，也就是《臥虎藏龍》裡的故事架構。

李安認為，由李翰祥所導演的《梁祝》，並非中國電影裡

的頂尖之作，可是它所表達的方式直率、無邪，讓你一邊看，一邊落淚，即使和《紐約時報》記者一塊觀賞的時候，看到樓台會的那一場戲，李安仍舊情不自禁地流下眼淚。他再列舉像英格瑪柏曼的《處女之泉》、狄西嘉的《單車失竊記》、和《東京故事》等佳片，都讓你感覺看完以後，好像換了一個人。「但是等我人生閱歷漸豐，就不太容易流淚，尤其是開始拍電影以後，我就不記得曾經在戲院裡掉過眼淚，即使流淚，也因為聯想到其他的事，而非單為那部電影。」

回望中原文化

李安描述這部邵氏公司出品的《梁祝》，一開始的時候，是一場街景，鏡頭接著轉向女主角閨房閣樓的陽台，背後有女聲吟唱蕙質蘭心的祝英台，被關鎖在高牆和後花園之內……。李安向《紐約時報》的記者解釋，中國的電影起頭的時候，先瀏覽四周的環境，然後再把焦距放到主角身上，描繪她（或他）眼裡所見的東西；通常觸目所及，大多是自然界的景物，像天上的月亮，園內的花草，然後再看自己。他強調傳統中國電影的手法，總是繞彎子，借隱喻之物，來表達主角的心情或意向，很少開門見山地攻略主題。

李安指出，《梁祝》在劇情上有兩點打破傳統：第一，父母親頑固，判斷力差，因此毀了女兒的一生。第二，祝英台聰慧異常，當初便以假扮男郎中的計策，說服父母，讓她出外求學；待進了書院，幾番以她的機智，化解洩漏女兒身的破綻；在進德修業方面，她對孔夫子言行的瞭解亦超出同儕之上。李

安說，這些違反中國傳統的劇情發展，並不為顛覆社會秩序，而是為了加強悲劇的效果。

李導演認為《梁祝》之所以感人，還因為它是從中國的地方戲改編，黃梅調的唱詞優美，引人入勝；像十八相送的一段，揉合觀魚、看牛、鵝、牡丹等，一路借「物」反映女主角的心事和感情，其中配合男、女主角走台步、理水袖、舞弄摺扇的表演，真是無一處不美。他說《臥虎藏龍》之中，玉嬌龍在酒樓的一場武打戲，安排她手中拿著一把鐵扇，存心融合「美」與「力」。

融合陰陽之美

拍攝《臥虎藏龍》的時候，李安想把中國傳統戲劇中女性的陰柔之美，摻合武俠片裡的陽剛之氣，相互搭配，同時在人物塑造上，更兼採西方心理分析學個性發展的模式。他說拍攝時，並無信心是否被人接受，當時所預期的觀眾是亞洲人，或愛看藝術電影（arts film）的西方觀眾，沒想到竟被西方主流社會的觀眾所青睞。

李安說，梁祝情史在戲劇層次上，段落分明，前半部是喜劇，後半段是悲劇，到了長亭送別，片子的步調便慢了下來……。他指出許多西方觀眾，甚至亞洲觀眾都沒認識到，過去二十五年，中國功夫片在西方漸受歡迎，其中架構皆源自中國戲劇的傳統，它的三部曲是：先擺好架式，爾後重整方位，然後再擺好架式，如此周而復始。

凡看過《臥虎藏龍》一片的，對於章子怡最後飛騰而去的

鏡頭，都留下深刻印象。李安說，直到一個月前，他有機會重看《梁祝》，才發現：兩片女主角的結局相同，她們都是從橋上一躍而下，然後再飛向雲端。事實上，〈臥虎藏龍〉的小說原著也有這一景，正和他記憶中的《梁祝》結尾相似，想來也不是偶然。

在電影主題方面，《臥虎藏龍》和《梁祝》情史也有異曲同工之妙。因為傳統禮教的約束，使得相愛的男女，不敢說出心中的感覺，凡此迂迴的表現方式，也成為另類的藝術表達，那股受壓抑的情感，即是潛伏的龍與虎。

李安最後總結：每部好看的電影，都有它曲折動人之處，像《臥虎藏龍》就是「不能訴諸語言的感情」；像《理性與感性》，就是兩姊妹個性的轉變，兩人經歷情感的波折之後，互換個性，本來外向的變得內斂，另一位則適得其反……。李安說，他希望自己拍的電影，能把曲折動人之處先予沉潛，讓觀眾坐在漆黑的戲院細細品嘗，直到曲終人散，而後領會它的奧妙之處。

第一次見李安

1991 年，我第一次見到剛出道的李安，當時他攜帶處女作《推手》前來德州參加休士頓國際影展。記者會上，他穿著白襯衫、米色卡其褲、白球鞋，衣著簡樸，言語態度謹慎、謙和，乍看之下幾乎令人難以相信此人具有複雜和多變的創作力。若細探李安的文化根源，他是臺灣出生的第二代外省人，父母皆從事教育工作，替他中原文化的傳承打下深厚的基礎，

除了立志做導演違背父意之外，他一向循規蹈矩，並無其他叛逆行為。從他的成長歷程和日後打拚事業的成果來看，李安本身就是一位充滿戲劇性和衝突性的人物。

他的第一部電影《推手》的主題談的即是文化衝突。《推手》的劇情敘述一位老父自中土赴美投靠兒子，與洋媳婦之間，因語言隔閡，產生疏離、誤解，最後老先生離家出走，無法適應美國商業社會的現實，衍生一連串的曲折情節；李安描寫在美的中國老年人的境遇，入木三分。1991 年，該片在臺灣創下國語片的最佳票房紀錄。

他說：《推手》一片是先獲得新聞局優良電影劇本獎，才受到中影公司邀請攝成，僅憑新聞局四百萬臺幣的國片輔導金和中影九萬美金的資本，在二十四天拍攝完畢。過程當中的心理壓力很大，影片裡的中餐館、中文學校和華人活動場面，都是靠華人社團大力協助，得以如期竣工。他並且感謝在醫院實驗室工作的妻子，讓他全力鑽研電影，寫下《推手》的劇本。

李安在記者會上表示：正因為近年來國內製片跌到谷底，他才有機會拍片，因此，最壞的時候也未嘗不是一個契機與轉機。李安的這番話顯示他寬闊的視野和胸懷，難怪日後身列國際知名導演之林。

一位大導演，自然身經百戰，走過高山也遇到低谷，李安在他自傳中提到二十世紀末的 1997 年和 1999 年拍過兩部自認主題不俗、但票房不佳的《冰風暴》及《與魔鬼共騎》。李安說，無論影片主題、攝影、美術設計、音樂都具有藝術上的獨特性，籌劃時他是以局外人的身分看美國社會的轉折年代（1970 年代），當時走進一個地雷區，抓著「家庭」的主題，

從反面角度切入，談家庭的解構及改變。根據李安分析：1973年的美國開始性革命、種族抗爭、反越戰、石油危機、大學裡迷毛語錄……。即使在美國所拍的電影中，也很少看到有什麼嚴肅的影片探討過這個年代，李安說他喜歡《冰風暴》的原因也在於此。但這部片子和兩年後所開拍討論南北戰爭的《與魔鬼共騎》，都遇到票房不理想的事實。後一部片子在發行的時候，有些地區居然出現「影片商不收貨但付錢的情況」，讓李安的心裡十分不好過。可是李安補充說道，當人們介紹他導演《理性與感性》及《臥虎藏龍》時，大家會說好，但是一提到「冰風暴」，多半眼睛為之一亮。

這段票房失利的經驗，引出李導演一番頗富哲學意味的感慨，他說：「我覺得如果世間有所謂的最終價值，那麼經過時空篩選，逐漸就會有一些價值沈澱出來，這件事你沒辦法避免，你不服氣也沒有用，事實就是如此；從一部電影誕生的那一刻起，它就開始經歷不斷的檢驗過程，如今經由網路的訊息交換就更加便捷，鍛鍊的火也燒得更旺，至於有多少真金，就看滅火之後的灰燼中留下的是什麼了。」李安這段話的背後包含了世間真金不怕火煉，精益求精的可貴定律！

李安在電影上的耀眼成就，無須他人錦上添花，當舉世盛讚他的影藝才華之時，而最令人動容的是他在接受桂冠的那一刻，不忘本，他說：「如果沒有臺灣，不可能拍出這部電影。」事實上，像他這樣的國際大導演，到什麼地方拍片都會受到歡迎，他選擇到臺中去製造影片中的驚濤駭浪，到墾丁拍外景，此無他，目的是向國人鄉親示範如何與國際接軌，追逐夢想，創造未來！

休士頓電影節訪謝晉

2000 年 2 月，謝晉（左一）出席休士頓
電影節，與印度導演、好友董鼎山文學
教授及兒子謝衍（右一）於記者會上留
影——石麗東攝。

第十四章

余秋雨借用謝家宴賓客的一幕來
描繪「人道主義」的實踐；原來
謝晉導演做得一手好菜，他常手
握鍋鏟招待好萊塢明星、法國導
演，或日本製作人，然後通過翻
譯介紹兩個兒子的特殊情況，隆
重請出兒子與賓客見面。余秋雨
說謝晉看兒子的笑容和動作，就
是人類最原本的可愛造型，因此
滿眼是欣賞的光彩。他把這種光
彩帶給整個門庭，也帶給所有的
客人。

最後的貴族

千禧年二月，中國知名導演謝晉在兒子謝衍和友人董鼎山教授的陪同之下參加「休士頓電影文化節」，那一年七十七歲的謝晉，雖然在影展開幕的前一晚趕到休士頓，但現身記者會時神采奕奕，毫無倦容。立時變成訪問的焦點，他馬上表示：「我來了，打斷你們原先的話題，不太好吧！」第二天在影展開幕酒會上，一群華文記者簇擁他拍照訪問，謝晉提醒我們：「這樣是否妨害了鄰桌的安寧？」在我採訪經驗當中，像這般處處替別人著想的名人，的確鳳毛麟角。

中國大導演謝晉的名聲，即使在海外的華人世界也如雷貫耳；早在八〇年代便風聞《芙蓉鎮》是一部不可多得的佳片。第一次看謝導演的電影，是 1996 年北美洲華文作協在休士頓舉行年會，白先勇攜來由謝晉導演的《最後的貴族》（白的原著《謫仙記》所改編），引起會場熱烈的討論。1999 年在休士頓當地所舉辦的電影節又觀賞了《鴉片戰爭》，對於謝晉導演能把這樣一樁中國近代史上的大事以細膩、富戲劇性的手法表達出來，確實難能可貴！

東山謝氏

媒體記者如果在時間條件允許的情況下，每於採訪之前好好做番準備工作，必然臨陣能有更多的斬獲。本著這個原則，在採訪謝晉之前搜尋有關中國電影事業的資料，於赴謝導演記者會的途中，筆者試著草擬訪問的話題，忽而靈光一閃，發現

「謝晉」這個名字大有玄機，莫非謝晉的父母給新生兒命名時，希望他成人以後能像晉朝的謝家人那樣光耀門楣？或謝導演根本就是東晉謝安家族之後？

果然，伴隨謝晉前來休士頓的兒子解答了我的疑問：「按家譜排序，我父親是東晉謝安宰相的第 53 世孫，至今浙江紹興上虞謝堂鎮的祠堂，還有父親謝晉的名字，他排行最後一名，到了我們這一輩就斷了。」1987 年，謝晉拍攝白先勇的《謫仙記》，更名為《最後的貴族》，恐怕也有切身的感受？

直到 2011 年底，我讀到余秋雨所寫的一篇悼念謝晉的文章，知悉大導演有兩個智弱的兒子，恍悟他處處替人著想的細心與周到，乃出於人道主義的實踐和來自生活之中的錘煉。余秋雨在這篇〈門孔〉的文章裡說：「謝晉在中國建立了一個獨立而龐大的藝術世界，但回到家卻是一個常人無法想像的天地。」而謝晉卻能把「錯亂的精神漩渦築成人道主義的殿堂」。

人道主義

接著余秋雨敘述謝家宴賓客的一幕藉以描繪「人道主義」的實踐；原來謝晉導演做得一手好菜，常手握鍋鏟招待好萊塢明星、法國導演，或日本製作人，然後通過翻譯介紹兩個兒子的特殊情況，隆重請出兒子與賓客見面。余秋雨說謝晉看兒子的笑容和動作，就是人類最原本的可愛造型，因此滿眼是欣賞的光彩，他把這種光彩帶給整個門庭，也帶給所有的客人。

根據深圳文化評論家周思明在 2012 年初所寫〈謝晉電影

與文化自覺〉一文中指出，2008 年去世的謝晉，從影半世紀有餘，一直到二十世紀末葉所做的影視調查統計數字顯示：在北京、上海和廣州三地一千五百位十八歲以上的市民做抽樣調查，仍有百分之二十五的觀眾選擇謝晉是他們所欣賞的國內導演，其得票率高過張藝謀。究竟謝晉擁有什麼利器可以打動人心？周思明歸納：謝晉對於民族文化、民族精神、民族靈魂有著深刻理解和準確把握，這是他作為一個電影藝術家最可貴之處。謝晉說，一個人不管從事什麼事業，首先要愛你的家鄉、你的民族和國家，舍此，你就做不好任何事情。除此而外，謝晉還擁有深厚的人道主義的悲憫精神，他擔任全國殘聯副主席，特別強調因為和這兩個兒子的生活經驗，使得他對殘疾之人以及需要幫助的人懷抱悲憫情懷。

謝晉所導演的影片之中，有一類把鏡頭對準歷史上中華民族受屈辱的事件，像 1997 年問世的《鴉片戰爭》，和廿世紀末所策畫的《拉貝日記》；《鴉片戰爭》開啟中國近代史上，列強欺侮中國人的序幕，《拉貝日記》本來打算依照德國商人拉貝目睹「南京大屠殺」的日記為依據，揭發日本右翼分子、意圖否認可恥的戰時罪行。後來《貝拉日記》的電影計畫未能實現，但是謝導演正視歷史，愛民族國家的情操令人肅然起敬。千禧年，謝晉在「休士頓泛文化電影節」的開幕酒會後，告訴即將觀賞《鴉片戰爭》的滿堂來賓：這部片子完全根據歷史，實實在在搬上銀幕，在 1997 年讓香港的年輕人看一看一百五十年前，老祖宗如何丟掉這片島嶼，如今事過境遷，我們可以用電影來反思這件國恥，他說電影同時也是一個很好的交流工具。

鼓舞作家

　　謝晉的影片除了取材中國的歷史事件，也喜歡改編文學名著，譬如 1986 年完成的《芙蓉鎮》，出於古華的原作，再如 1980 年拍攝的《牧馬人》，得自張賢亮獲獎的小說《靈與肉》，還有白先勇的《謫仙記》。1997 年，中國大陸在杭州舉行「謝晉從影五十年研討會」，張賢亮回憶當年「聽說謝晉對他的小說有興趣時，簡直受寵若驚」，後來《牧馬人》（《靈與肉》原著改編）的成功，大大提高了張賢亮的名聲；他在一篇文章中指出影片的觀眾數以億計，於是知名度大增。張賢亮認為，在當代的中國社會若享有盛名，就往往能享有某種程度的精神自由，而精神自由又是文學創作不可缺的條件，因此謝晉對於張賢亮的精神解放起了不小的作用，鼓舞他一次次闖禁區，放棄平穩過日子的想法，而打算在文學的路上百尺竿頭，這也是張賢亮一直感激謝晉的原因。

　　二十年後，謝晉打算拍攝《牧馬人》續集，當年的劇情講述一位華僑回國探訪在青海下放的兒子與媳婦，時至今日，它要表現什麼主題？謝晉的兒子謝衍將擔任續集的導演，他在休士頓的記者會上說：「如今牧馬人來到舊金山，投靠親戚，它主要表現二十年來親情、人與人之間、以及人與金錢等諸種關係的變化。」當追問這部片子是否有意表現中西文化衝突的題目？八〇年代中葉來美留學的謝衍，自電影系畢業後，曾先後在紐約公視台和華納電影公司任職，他認為，文化衝突是老套說法，純屬新移民初來乍到的一種感覺，他現身說法，來美十餘年，未曾有過文化衝突的感受。

謝衍說，他進入導演這一行，和父親一樣走的都是寫實的路線，注重故事和人物，但因存在年齡的代溝，所以對文學作品的理解不同；譬如數年前所拍攝的《花橋榮記》（白先勇《臺北人》系列中的一個故事），我拍得有點黑色幽默的味道，但父親說，如果由他來拍，就會拍得蒼涼一點。除了《花橋榮記》，謝衍還導過《女兒紅》，由歸亞蕾主演，在北美，他拍過一部紀錄片《陳果仁的媽媽》（陳果仁在美國密西根州底特律市因種族歧視遇害），該片記述一位從廣東來的照片新娘，如何因兒子遇害而成為美國民權運動中的一名活躍分子，若從題材看，頗見乃父之風。

深諳影業形勢

　　高中時代便與謝晉結為摯友的紐約市立大學退休教授董鼎山，千禧年陪同老友一塊參加休士頓影展，專研文學的董教授指出：謝晉很早就有意打開國際市場，1985 年他在長沙開拍《芙蓉鎮》的時候，便邀我前去參觀，很想瞭解美國觀眾的喜好和口味。

　　曾任美國電影藝術與科學院成員的謝晉，深諳國際影業大勢，他說人家（指好萊塢）已具八十年的經營歷史，還有自己一套院線的發行系統，很難和他們競爭。對於華人演員成龍、周潤發紛紛前往好萊塢打天下的情況，謝晉說那是個別現象，「如果要進軍世界影壇，必須先打開自己的電影局面。」

　　的確，中國人必須開創自己的電影事業，像《鴉片戰爭》和《拉貝日記》，只能由身歷其痛的炎黃子孫掌舵製作，才能

搔到癢處。屹立大陸影壇五十年的謝晉，在休士頓記者會上答問時表示：「我最好的電影還沒有拍出來！」

　　這番豪語不禁使人聯想謝晉的先祖，遠在東晉南朝，曾出現了中國歷史上最傑出的一位山水詩人謝靈運。那個世代的藝術形式，是以詩歌、書畫為尊，而今則以電影媒介帶領風騷。就電影藝術的內涵看，它包括文學、音樂、繪畫、舞蹈等一切其他的視覺藝術。縱觀這十六個世紀以來的文藝表達形式，雖物換星移，其間還有一縷遺傳基因，為之綿延不斷，王謝堂前的燕子，可能已飛入百姓之家，然而滄海桑田之後，不得不令人訝異華夏家族強韌的生命力！

白手起家的華文媒體鉅子李蔚華

美南新聞報業集團創辦人李蔚華。
（美南新聞提供）

第十五章

到目前為止，李蔚華最感驕傲的創業項目是成立 ITC 非營利機構，藉以推動休士頓地區和外界（包括亞、非及中南美洲等國家）的商貿活動。李蔚華表示，自己移民美國已超過三十五載，他走過世界上不少地方，幾乎很難找到像美國這樣的國家，讓你接受良好的教育，而且給你創業的機會。李蔚華說，我的人生哲學是自己站穩之後，再幫助別人，然後再回饋美國社會……。

以五百美元起家

1970 年代初葉，李蔚華自政大外交系畢業，服完兵役，自臺灣赴美留學、打天下。就像許多家中子女眾多並無餘錢供給深造的軍公教子弟，李蔚華登陸後的第一站是到舊金山的中餐館打工，計畫積攢一些學費和生活費用，這種自力更生、克勤克儉的幹勁，也就成為他日後創業的核心動力。

四十年後，他和妻子朱勤勤當初以五百美元起家的美南報業電視傳媒集團（Southern News Media Group），如今地產、印刷廠和相關企業的資產以千萬計，員工逾兩百二十人，在平面媒體方面，共有十餘家姊妹報和加盟報遍布全美十一個城市；其中包括：休士頓《美南新聞》（總社）、《芝加哥時報》、《達拉斯時報》、《華盛頓新聞》、《西雅圖新聞》、《奧斯汀新聞》、《聖路易新聞》、《波特蘭週報》、《堪薩斯新聞》、《亞特蘭大新聞》、《波士頓新聞》。除了報紙，1982 年，他在休士頓購置一家印刷廠，如今承印逾百份報紙，並且每年發行一冊華文黃頁電話簿。在電子媒體方面，創辦美南新聞電子報和美南國際電視台。此外它還有美南國際貿易中心（非營利文化貿易社區服務中心），及兩家金融關係企業（休士頓美南銀行及拉斯維加斯的華泰銀行）。

除了以上所列舉李蔚華所經營的私人企業之外，目前他是休士頓國際經理區（Houston International Management District）的董事會主席，該區經德州州議會通過法令，州長簽字批准於 2006 年設立，法令規定給予國際區多項優惠，每年有一百二十萬來自地產稅收的預算，所剩餘款項不必繳還政府，

可用於地方建設，它在十二公里的方圓之內，推出十二位董事共治。李蔚華說這項與政府有關的職位，時下占據他大部分的精力與時間；目前最緊要的工作是建造一個國際公園，希望吸引具有文化特色的團體前來設立據點，就像深圳「小人國」那樣的園地（最近休士頓國際區剛和河南少林寺簽約造寺），由於治安對一個地方的聲名非常重要，所以僱用多名警衛巡邏，花費不小。他說，此外我們努力美化環境，讓人們知道有這塊地方，自動前來吃喝、購物和投資。當然還有一個長遠目標是在國際區創造就業機會。

由於美南報業集團的總部和國際貿易中心 ITC 位於國際區的中心地段，李蔚華又任該區董事會的主席，加上他總社和自宅前的廊柱和白宮的外形相似，有人調侃他畫地為王。李蔚華聽聞此一說詞不免連忙解釋：我純粹碰巧喜歡這種形式的建築，而且我沒在美國出生，不能競選總統，不無遺憾，造棟稱心的房子來住，也是彌補之道呀。

律師樓一席談

從當年一窮二白的留學生變成今日遊走媒體、銀行業及推動國際商貿事務，李蔚華如何跨出立業的第一步？他回憶 1974 年獲得德州州立拉瑪大學的政治學碩士，畢業後決定留在美國繼續打拚，於是去找律師申請綠卡。律師細看履歷表以後，建議他辦一份中文報紙，因為以前在臺北中廣公司做過撰稿及翻譯的工作，多少和新聞事業有淵源。「但如果不是律師建議，我很可能從事餐館或旅館業，律師樓的一席談話的確是我創業

的轉捩點。」

李蔚華說，最初我和一位從事印刷業的李政先生合辦《西
南時報》（*Southwestern Chinese Journal*），它主要是一個服
務社區的月報，當時有一位潮州來的沈展如老先生使用手寫方
式辦《華聲週報》，純粹是為了興趣和嗜好。但是我辦報的目
的是為謀生創業，所以在《西南時報》工作一年之後，獨自創
辦了《美南新聞》。最初幾年，打字、編輯、拉廣告和送報都
由我和妻子兩人肩挑，由於業務蒸蒸日上，就想改為每週出兩
次報，但承印的公司說沒法接我的額外印刷量，加上那時候一
位《聯合報》的知名記者劉宗周提醒我：你辦報而沒有自己的
印刷部門，就像開餐館沒有廚房一樣，於是下定決心購買自己
的印刷機器。

貸款購印刷機

當年二十五萬元的貸款不是一個小數目，但是為了印刷自
己的報紙，李蔚華必須踏出這一步，有了機器以後就做起印刷
生意。「如今我承印遠近各族裔的週刊及報紙的數目接近一百
份，其中許多是我的老客戶，我深知小報生存的困難，幾乎很
少漲價。」就事論事，這些由少數族裔所創辦的報紙，其成立
的宗旨是「為民喉舌」，它所表達的乃移民心聲，意義非比尋
常，同時也變成李蔚華日後推動社區活動、開創國際貿易中
心，從事社區聯繫的一個著力之點。

環顧美國過去二、三十年的報業，由於電子媒體的崛起，
逐漸分食廣告大餅，平面媒體每下愈況，若干美國大城就連一

城一報的局面也支撐不住。再看大陸之外的華文報紙除了臺灣聯合、中時兩家報團和香港的星島和明報報系早在半世紀之前打下根基，而北美洲的美南新聞報業集團是八〇年代以來、獨立經營而且打出一片天地的後起之秀。

報團形成因素

美南新聞報業集團三十餘年來能夠在美國十一個大都市成立社區報紙，而且得以穩健發展，除了資訊科技的推波助瀾，根據李蔚華在 2011 年 7 月回答萊斯大學所做的一份華裔傑出人士的口述歷史，歸納其成功因素如下：

首先他在休士頓發展了一套有利可行的營業方式，自一開始，報紙就不收費，任人取閱。它所刊載的新聞強調社區人物和活動（並且大量使用照片），日積月累之下和社區建立關係，李蔚華說：「《星島日報》和《世界日報》寫大新聞，我寫小新聞，等到挨家挨戶到商號拉廣告時，無疑是一個有利的條件。」

日後李蔚華就使用這個休士頓的模式到其他華埠創辦華文報紙，當他籌劃建立一個新據點時，必定在該處待上一段時間，短則六個月，長則兩年。每逢李蔚華在外奔波之際，他的人生兼事業伴侶朱勤勤女士則坐鎮總部，她畢業於政大西語系，也曾供職中廣公司編輯部，平日置身幕後而不多言，總是默默地耕耘。

李蔚華發展報團的另一個有利的條件是手足六人，分據各處，在溝通和執行方面比較靈活有效。每一份姊妹報的成立就

像攻克一個戰場，為贏得最後的勝利奠基。

華文報紙比主流英文報更為有利的一個條件是：僑社不斷有新移民，他們需要看報瞭解新環境、找工作機會、或住處等；新移民不像大多數的英文報讀者逐漸轉而上網看報紙，它也使平面媒體流失了一項主要財源，即分類廣告。

資訊科技之助

最後李蔚華強調，科技的進步對於他報團的成形和發展極有幫助，早在 1993 年，他到《天津晚報》參觀，看見編輯部整頁的編排都在電腦上搞定，詢問之下，所用的軟體出自北京大學的研發，於是他立即到北大買下「正方軟件系統」，此一軟件　減去鉛字排版的手續，而且節省人力、時間。只要在休士頓本部排好版面，便可電傳到姊妹報所在地印刷。

對於資本不豐厚而又有鴻圖的後起者，科技真乃天外飛來的天兵神將。乘著科技的翅膀，美南報業在 1995 年擁有全美第一家環球電子報，次年，《美南新聞》成為報團之內唯一每天出報的龍頭，報團內其他的姊妹報每週出版一、兩、三次不等。

回敘報團的成長和擴張過程，李蔚華指出，因為辦報的客觀環境和先天條件與其他報紙不同，所以沒有現成的模式可仿，只有自己一步步摸索。當初在草創期，他全力投入經理業務，曾自臺灣聘請《中央日報》總編輯任熙雍和《中國時報》的副社長常勝君，後來有《聯合報》的江國砧、《中央社》的方銀城先後主持編務。近年來中國移民蜂擁而至，美南報業所

需編採的人員大多來自中國大陸，印刷工廠工人多為西語裔。

「時機」不可失

李蔚華總結報團的形成因素時指出，另一個重要的關鍵是抓緊「時機」，誠然科技幫助了像我們這樣白手起家的大忙，緊接著媒體事業所涉及的電視、電腦網路……等的資訊科技接踵而來。當初如果想進入電視市場，因為所需要的資本太大，簡直是不可能的任務，後來電腦網路的科技問世，你就要抓住時機，趕快迎上。隨著數碼電視信號時代，美南國際電視在三年前開播，如果不及早策畫，那麼電視廣告就被人搶走了，所以凡事要及早作番策略規劃。

李蔚華強調他傳媒事業的擴展得力於資訊科技之助，自喻「每晚睡覺之前都想明天找點不同的事來做」，報團將於今年八月推出一個「美屏」電子平台 DSIGN，這具數據終端機，希望為平面媒體走進電子媒體而提供新的平台，它所儲藏的資訊可展示氣象報告、可以閱讀新聞及電子報、可替商家做廣告；總而言之，花費不多，但滲透力強。根據李蔚華的構想，這座美屏數據終端機可以放在超市門前、寫字樓、銀行、醫院、大學、旅館、旅遊景點……依個人需要尋找資訊。這架機器的軟體可以和微軟、蘋果的視窗配合，最大的優點是二十四小時可提供資訊。李蔚華說該展示機已研發三年，投下數百萬的資金，目前的計畫是只出租供人使用，而不售賣。

到哈佛取經

　　前面談到美南媒體的策略規劃，李蔚華說，他所以能在美國大城擴展媒體事業的據點，多少得益於前往哈佛大學商學院深造的啟發，在為時三個學期的進修過程當中，有許多「個案研究」（Case Studies）的課程，他的同窗多半是事業有成的主管人員，每個人把自己工作領域中所遭遇的問題，諸如人事、財務經理，提出來讓大家共同討論，每一位學生都必須發表自己的看法，而後由教授做結論。同學之中許多來自美國之外的地區，無形中具備了國際觀點，李蔚華認為：這趟遊學的意義，不在求取學位，而是交換解決企業管理的方法，對於擴張他的視野頗有幫助。

　　眾所周知，資本主義社會的媒體生存必然和廣告收入息息相關，李蔚華透露美南報業的分類廣告收入占其總收入的三分之一。他指出，美南報系的內容除了一半是廣告，另一半是新聞資訊和休閒文章，不像街頭放置的 Green Sheet（廣告刊物），刊載的全是廣告。美南報業的今日讀者成分也以不斷增加的大陸新移民占百分之六十，其次說到《美南新聞》歷年來廣告內容的變遷也隨著華人經營事業的種類變遷而白雲蒼狗……。譬如最初的廣告來源多為餐飲業，如今大幅增加房地產、保險業、銀行業及電腦業的廣告，隨著亞裔、華裔經營事業的多元化，也增加了美南報業擴充廣告篇幅的機會。

推助國際貿易

在美南報團所經營業務的項目之中，國際貿易中心（International Trade Center）成立於 2008 年，坐落新聞大樓東面的兩層建築物。李蔚華說，近年來休士頓的經濟和美國一樣低迷不振，許多中小型企業有意向海外開拓市場，貿易中心資料庫中便有四千多個這樣的中小型商家，該中心所做的工作即促進國際商貿買賣的意見交流；譬如有人想赴中南美洲的哥倫比亞做生意，貿易中心 ITC 就邀請該國駐休士頓的領館人員來談談該國的商機及所應注意事項。例如 2010 年，由該中心主辦的德州和非洲商貿高峰會議，借址萊斯大學公共政策中心舉行，多位非洲大使和美國前駐聯合國大使安德魯楊大使前來出席，由於成績不俗，仍有續辦之議。

自 2006 年成立以來，在國際貿易中心設立辦公室的有美國商務部出口協助中心、專精中國貿易事務的律師事務所及數個非洲及拉丁美洲的領事館、以及數個同業及商會組織，來訪的賓客有前美國總統柯林頓、前休士頓市長李布朗、比爾懷特、哈里斯縣行政主管、菲律賓政府代表團、奈及利亞國家石油主席及日本、印度、匈牙利、加拿大駐休士頓總領事等。

休士頓國際貿易中心每年的預算有四十萬美元，除了房租收入，還舉辦各種文化活動希望能打平支出，像藝術展覽、插花、烹飪、繪畫課程及語言學校，計畫日後將增加職訓班教授電腦、金融會計等課程，讓失了業的人能增加技能而重回職場。

李蔚華說，他自 2006 年所推動成立的休士頓國際區和國

際貿易中心的目的，就在展示亞、華裔的創業方式而做為主流社會的參考；他舉例有一回到大陸訪問，晚宴接近尾聲，主人問：「李先生，我們這有塊地，你願不願意來開戶投資？」當時他猛然醒悟到這就是中國經濟引擎轉動的重要因素。回頭看美國的行政主管一般不做這種多元推廣的工作，外國商人來了沒有安排一些拉近距離、請吃飯的事。李蔚華說，我們應該向中國學習，如何從細微處來啟動經濟活動。到目前為止，李蔚華創業項目當中最感驕傲的是成立 ITC 這個非營利機構，藉以推動休士頓地區和外界（包括亞、非及中南美等國家）的商貿關係活動，此一工作似乎和他大學的專修「外交系」也重新連上了線。

回饋美國社會

李蔚華表示自己移民美國已超過三十五載，他走過世界上不少地方，幾乎很難找到像美國這樣的國家，讓你接受良好的教育，而且給你創業的機會，李蔚華說：「我的人生哲學是自己站穩之後，再幫助別人，然後再回饋美國社會。」

1948 年出生於雲南龍陵的李蔚華，一路走來所獲的重要榮譽包括：1976 年當選中華民國海外傑出青年，1983 年獲全美傑出青年獎，隨即被市長任命為休士頓市公共電視委員會委員，1990 年在哈佛大學商學院進修企業專修班，1997 年美國領袖人才訓練班畢業，2004 年美南報業集團被《商業週刊》評選為「休士頓小型商業一百強」。

李蔚華現任的職銜之中，包括美國亞洲協會董事、休士頓

市長顧問、休士頓印刷博物館、美術博物館、哈里斯縣醫學委員會董事等職。2010 年 6 月，他接獲中國國際貿易促進委員會（又名中國國際商會）的來函，邀請他進入董事會；該商會成立於 1956 年，邀請全球各地的華人參加，其中的成員包括香港的李嘉誠、霍英東等。據瞭解，該組織是聽到李蔚華所推動的德州和非洲商貿高峰會議而發出請帖。

言及於此，李蔚華說，他人生的奮鬥過程尚未結束，在媒體作業方面續有新機會和新狀況源源不絕，他希望自己的公司能夠與時俱進，變得更好、更壯大，希望對於整個社區做出更大的貢獻！

一位華裔女法官 張文華

華裔女法官張文華。（張文華提供）

畢業於臺大化學系的張文華，移民美國後，從工程師轉業法官。她告訴十五歲的兒子自己初作法官的心情：「一個人的意志力決定他的行動，如果你先告訴自己可以做得到，你就能辦到！就像媽媽第一次坐上法官的位置，你以為我不怕嗎？我當然害怕！但是我告訴自己，我可以做得到，待第一天過去以後，就會一天比一天好！你開車也是一樣的道理，當你第一次上路以後，取得一些經驗和信心，下次就會開得更好，這一切都由你的腦袋和意志決定，換句話說，你的腦袋和意志力決定了你的行動。」

具有權威的專業

「一般美國人都比較守法」，這經常是華人同胞初履北美洲所得的第一印象。久住之後，一旦入了美國籍，如果又到法庭擔任過陪審團員，在庭上看見律師開口之前，必須得到法官（Your Honor）的許可，立即感受到法官是一個極受人尊敬而又具有權威的專業。

在美國司法系統之下的法院，分成聯邦、州及地方三級法院，聯邦的法官是由總統提名，國會通過後予以任命，而州和地方級的法官一般都是經過投票選舉產生，假使你是第一代外來移民而想選擇這個職業，有如登天一般困難；除去通曉英文，熟悉法條，瞭解社會風俗習慣，並且在兩方律師激辯之時，能夠下令煞車，當機立斷！

2012 年 7 月暑期的一個上午，我前往哈里斯縣的休士頓第二民事法庭，目睹一位臺裔第一代移民的女法官審理十餘宗民事案件。當天還有暑期來美研習的臺灣學生也到法庭參觀，身為法官的張文華（Theresa Chang），在台上宣布：今天有臺灣來的大學生觀察我們的司法運作，請律師們的行為不要出軌。庭上揚起一波笑聲。

出生台中市

1958 年出生於臺灣臺中市的張文華，自小數理成績突出。1979 年獲臺大化工系的學士學位，隨後負笈美國德州攻讀石油工程學系，她表示並非厭倦工程方面的工作而轉習法律，而

是因為從事多項新工程時，常要受到法律的規範和影響，於是
興起攻讀法律的念頭。日後她發現原來的工程經驗，對於她的
法律專業還頗有助益，真應驗了「水幫魚，魚幫水」的俗諺。

張文華有兄姊手足三人，父親因受抗日戰爭的影響未能完
成大學課程，因此格外注意子女的教育；他任職臺灣菸酒公賣
局，母親是典型的賢妻良母，喜歡蒔花和縫紉，偶得空閒就替
張文華縫製花樣別致的衣服。因為兄姊讀大學時的年齡相近，
每到開學繳學費的時候，常以打會或借貸的方式度過家中經濟
難關。

家中經濟不寬裕的事實，也和她 1979 年出國念書的第一
年就打三個工有關；在臺北申請美國大學的時候，她獲得全額
獎學金，但那筆錢來自美國聯邦政府的補助，開學後，她的指
導教授還沒拿到那筆經費，因此跑到物理系做助教，又在本系
帶學生做實驗，晚上去「31 種冰淇淋店」打工，一度曾到 Stop
& Go 便利商店工作。兩年後，她獲得碩士學位，束裝前往休
士頓啟動兩件人生大事：就業、結婚。

活躍華洋社區

張文華回憶她念中學的時候，曾參加樂隊、合唱團和繪畫
班，常被同學推舉做班長或參加演講比賽，父親時而提醒她應
以課業為重，到後來為了升學，便以父親不同意為由而推卻了
一些課外的活動。待八〇年代來到休士頓安家落戶之後，她的
領導特質便很自然地在參與社團活動時開花結果，二十餘年來
她曾先後擔任過會長的社團包括：休士頓中華工商婦女聯合

會、同源會、美華協會、亞裔共和黨組織和美南國建會，中華文化中心理事會主席，緣於她兩個兒子就讀長青週末中文學校，所以曾任該校董事會主席；又因為她參與主流社會的社區組織替老布希總統助選，而涉足共和黨的基層政治活動。

以上的社團若以會員的背景分類：第一類以土生華僑為主，如同源會和美華協會；第二類以臺灣移民為主，如國建會和工商婦女會；第三類則為主流社會，如共和黨的草根組織；最後一類和她日後擔任休士頓大學校董、做法官有著比較直接的影響。若干僑社人士認為，張文華夫婿的父親張士拯大使曾任職國府駐休士頓的北美協調會處長，或許和張文華早期活躍僑社有著或多或少的關係。

從 1982 到 1996 年為止，張文華供職休士頓附近的石油工業，職稱 Process Engineer，工作包括設計海邊或岸上的石油或天然氣的生產設備，後來升任資深工程師之後，常在夏季出外勘測尋找新的工程計畫，再配以預算數字，交給上司及領導層峰，由他們決定選擇新的工程計畫，有時候涉及購買土地的作業，就由公司的法律顧問，把相關的法條拿給大家研讀，當年「空氣潔淨法」和「水潔淨法」在國會通過之後，她親眼看見法律對於石油工業所產生劍及履及的影響。那時候，張文華發現只把自己的工作做好仍嫌不足，必須要瞭解司法制度和相關的法律條文，所以決心進法學院進修。同時她攻讀法律學位的志向也得到父親及另一半張少歐心臟科醫生的鼓勵和支持。

決定攻讀法律

　　雖然志向已定，但是如今依然記得當年也改行學法律的賴清陽律師告訴她其中的艱苦：「每個人讀學位的情況不一樣，大家都知道必須堅持到底，有時難免會產生倦怠感，不免嘗到苦海無邊的滋味、必須咬緊牙關。」張文華說：「三年的課程，打算用四年讀完，曾私忖如果不修法律學位，四年還是這樣過去，不如拚一拚，或許有個什麼結果。」她說，四年當中，起頭和最後一年都還好，就是中間那兩年特別辛苦，由於母親和她同住，張文華的大兒子非常幸運有外婆幫忙看顧。

　　自 1992 年至 1996 年，她過著白天做工程師，晚上讀法律夜校的忙碌生活，這段期間她沒有足夠時間陪兒子。當她即將取得法學博士之前，便徵詢九歲兒子的意見，到底「希望母親將來到大的法律事務所工作，忙得見不到面，還是希望媽媽到公家機關做事，朝八晚五能按時上下班？」兒子立即選擇後者。她於是在做了十五年的工程師之後，轉行到哈里斯縣民事檢察官辦公室工作；不僅當了助理檢察官，而且先後擔任該處的歲入 Revenue Division 及循法 Compliance Division 部門主管。1997 年，由時任德州州長的小布希任命張文華為休士頓大學的校董。她在校董會一共做了七年，該校的德州超導中心即是由朱經武教授所領導。

　　2007 年，張文華由五十九位哈里斯縣的地方法官一致通過任命她擔任哈里斯縣法院的書記長，任期到 2008 年為止，哈里斯縣是德州人口最多最大的縣份，次年（2008 年），張文華在共和黨初選會上擊敗對手，但在大選中，與民主黨候選

人交鋒而落敗，獲得五十二萬張選票。根據選後的分析，張文華在哈里斯縣法院書記長的工作崗位上勤奮努力，節流有成，而被對手批評她給員工的薪水較低，對手以「替大家加薪」做競選支票因而比她多出兩萬張選票。

選後敗部復活

選戰過後，休士頓市長（民主黨籍）任命共和黨籍的張文華擔任市立法院的法官，三年之後，更上層樓，因哈里斯縣的第二民事法庭的法官出缺，她又被縣政委員會提名遞補，足見她的學經歷和做事能力獲得肯定，雖然在落選後出局，仍舊能夠敗部復活，捲土重來。

以常理判斷，第一代移民到一個新國度謀生活、打天下已屬不易，而張文華經過三十年的職場奮鬥，竟然坐上法官的位置，我請她敘述自己的心路之旅：她說目前家中十五歲的二兒子，正開始上駕駛學校心裡十分害怕，她就用這件事來對照自己初做法官的心情，當兒子抱怨第一次上路時心裡很害怕的時候，她告訴兒子：「你的意志力決定你的行動，如果你先告訴自己可以做得到，你就能辦到，就像媽媽第一次坐上法官的位置，你以為我不怕嗎？我當然害怕！但是我告訴自己，我可以做得到，我就做到了！待第一天過去以後，就會一天比一天好！你開車也是一樣的道理，當你第一次上路以後，取得一些經驗和信心，下次就會開得更好，這一切都由你的腦袋和意志決定，換句話說，你的腦袋和意志力決定了你的行動。」

情理法三寶

2012 年 7 月 27 日，我前往哈里斯縣的第二民事法庭目睹張文華法官審理十餘宗民事案件，那天的案子沒有陪審團，法官一路聽取兩方律師的申訴和辯論而作審判。休息時間，我問鄰座的一位律師：「你覺得法官對今天的案件判得如何？」她回答：「這是我第一次坐進她的法庭，我覺得她判得公平，而且所引用的法條也很恰當。」在法警宣布重新開庭聲中，這位律師向我擠了擠眼，笑著說：「你注意到沒有，她今天戴的白珠耳環很漂亮，真沒想到著黑袍的女法官也有一個引人注目的服飾亮點。」

根據一般瞭解，法官最重要的工作是「判」，張文華法官說，在法庭上判案子，最重要的依據是法條，我個人的祕訣是師法中國人「情理法」三項法寶：所謂情就是英文裡的 empathy，對於判輸的一方，不要讓他輸得太難看，給一個 middle ground。所謂理，就是合不合道理，What is the reasoning。她認為法律之外兼顧情理是炎黃子孫所承襲的更為圓融的準則。

張文華表示研讀法律之後，進一步瞭解到，美國以憲法立國，美國的法律屬海洋法系，不同於德法等國的大陸法系，後者審判的時候不用陪審團，也沒有個案法（Case Law），但是美國的法典卻衍生許多 Case Law，當你研讀 Case Law 的時候就可以瞭解社會的變遷過程，在攻讀法律之前，張文華說，她有時候不太瞭解有些美國人士的想法和作為，但是現在念了法律，才了悟到人們意見的改變造成了社會法律的改變。即使是聯邦最高法院也隨著歷史和歲月的推移，而從判例中透露法律

思維的變遷。

怕患「黑袍症」

詢及以前工程師的經驗對於判案有幫助嗎？令人意外的是：「有的」。張文華說，她工程方面的訓練使她很快能看到法律爭議之所在，而且每星期拿到審理案件的清單，她過目後立即可以依案情的簡繁分個類，把比較短的先予處理，長的放在後面。她法庭的書記告訴她，這就是司法效率（Judiciary Efficiency）！張文華說，這套方法也得自過去處理工程事務的歷練。

回顧四年來擔任法官的作業和心得，她說，每天早上六點鐘起床，七時半之前就趕到法院，先把當日審理的案子過目，要引用什麼法條心裡也先有一個數。張文華說，身為法官，在法庭上受到每個人的尊重，若開口說話，更是一言九鼎，所以自己必須做好準備工作，希望能夠經濟時間，提高效率。有時求好心切，週末也去上班。在庭上每個人都稱你「Judge」或「Your Honor」，日久天長，有些法官得了「黑袍症」，症狀是法官以為自己是上帝，絕對錯不了，張文華說，她每天提醒自己「像別人一樣是一個普通公民，我也必須守規矩，像別人一樣遵守法律，我禱告祈求上帝讓我謙卑地做一個公正的法官。」

「做法官是妳專業的終極目標嗎？」張文華說她喜愛法官的工作，「所以十分努力地希望做到公平正義，並且計畫在第二民事法庭做上一段時間，但不確知這是否就是她的專業終極

目標。」

懷鴻鵠之志

張文華表示，一旦另有機會可以讓她的經驗或技能對社會做出更大的貢獻，她也會毫不猶豫地接受挑戰，張文華說有一個成語叫「蓄勢待命」，這也是休士頓知名律師詹姆士・貝克（James Baker）雖然在法律專業上遠近聞名，但仍舊抓住機會出任雷根總統的白宮幕僚長，後來替老布希做國務卿，完成許多了不起的外交任務。再譬如另一位休士頓的名律師里昂・桀沃斯基（Leon Jaworski），後來受命擔任水門事件的檢察官。從這段話看來，張文華並沒有畫地自限，仍懷鴻鵠之志。

過去五年之中，張文華獲得主流社會所頒發數件值得注目的獎項；2011 年，獲得母校 Texas A&M University Kingsville 的傑出校友獎。同年被德州律師公會聘任為律師風紀委員會（Commission for Lawyer's Discipline）委員，任期三年，每月開會一次，處理五十到七十宗有關律師風紀的案件。此委員會當初由德州最高法院裁定設立，其用意一在保護大眾的權益，如果受到律師不公的待遇，可有申訴管道，另方面若干律師遭到檢舉，如果能除去害群之馬，對於律師行業的聲譽有益。

2010 年，張文華當選德州婦女領導組織（Texas Executive Women）的會長，任期一年，它是該組織創立三十年以來的第一位亞裔出任此職。在她任期內，張文華增加會員人數，更新修訂了組織章程，並且擴大該會的活動項目。

2010 年，《休士頓婦女雜誌》（*Houston Woman Magazine*）

選出五十位休士頓最具影響力的女人（Houston's 50 Most In-
fluential Women），是由讀者和該出版社工作人員投票產生。
雜誌社為此出版專刊，名單中包括休士頓女市長、德州最高法
院女法官，另有兩位亞裔女性，一位是服裝設計師，另一位是
萊斯大學校長夫人孫如萍（本業律師，哥倫比亞大學法學博
士）。

　　2012 年夏天，張文華獲得休士頓亞美律師協會的傑出成
就獎，她致答詞時，分享自己奮鬥成功的祕訣：除了待人誠
信、踏實努力之外，她強調人生有如馬拉松賽跑，短暫的失敗
和成功都如過眼雲煙，最重要的是對生活拿出積極的態度，凡
事全力以赴，走出自己的安樂窩，取得最終的勝利。

　　言及走出自己的安樂窩，張文華與夫婿張少歐相識於 1970
年代末梢的休士頓，那時他在萊斯大學求學，張文華加入他和
朋友組織的合唱團，因而相識結緣。他認為妻子最大的長處是
待人熱心，三教九流都能相處。他二人結縭逾半甲子，育有兩
子。

　　張少歐是一位心臟醫生，工作之餘長期參與華人社區一年
一度的「全僑健康日」活動，近年專注醫療保健的宣導義工，
他說他的週末和週日一樣忙碌，但到了週末，無論如何要把兒
子的事放在第一位。如今這一對事業雙雙有成的醫生和法官，
兩人在旅途的前半段，張文華是那位「成功男人背後的女
人」，如今張少歐扮演了「成功女人背後的男人」，他們替新
時代的婚姻伴侶做了最佳的詮釋。

熱衷推廣藝文活動的銀行家戴建民

戴建民主持銀行慶祝春節的活動。（照片由首都銀行提供）

第十七章

自美國的金融海嘯以來，休士頓首都銀行的股票在 2008 年大幅下滑，那時深深體會到企業的經營每天都遇著難題，並且認識到任何慘敗事件不僅發生在別家機構，同時也會發生在自己的身上，只有在痛苦的經驗中學習、反省、重新評估，才能捲土重來！

華裔經濟實力崛起

只要你置身美國的紐約或洛杉磯華埠市區中心，觸目即見華資銀行的招牌林立，這也是近數十年來亞洲經濟實力茁壯的表徵之一。德州休士頓的中國城是美國華人移民聚集都市的後起之秀，自然也不例外，當地華文媒體時而把擁有十餘家銀行的百利大道（Bellaire Blvd），稱為中國城的華爾街。

對於美國華埠街道觸目皆是銀行的景象，休士頓首都銀行的總經理戴建民指出，近年來美國的整體經濟雖然不振，但由於亞裔移民刻苦耐勞，又善於連結祖國的經貿關係，努力發掘商機，而金融機構，原是一切經濟發展的啟動之點，於是穩健成長的華資銀行，與華人經濟實力的茁壯相輔相成。

在痛苦中學習

俗語說「花無百日紅」，華資銀行一路走來的成長曲線有高也有低，來自臺灣高雄市的戴建民解釋，若拿休士頓首都銀行做例子，自美國的金融海嘯以來，它的股票在 2008 年大幅下滑，那時深深體會到企業的經營每日都遇著難題，並且認識到任何慘敗事件不僅發生在別家機構，同時也會發生在自己的身上，只有在痛苦的經驗中學習、反省、重新評估，才能捲土重來！終於首都銀行在今年（2012）4 月 5 日慶祝創辦二十五週年之時，它所發出的新聞稿能夠揚眉吐氣地指出：「股市亦向首都銀行祝賀，近兩個月來首都銀行 MCBI 股價飆漲百分之六十。」

在休士頓的華資銀行之中，若以創辦時間做指標，1987
年創立的首都銀行排列在「金洋銀行」和「德州第一銀行」之
後，名列第三。成立前曾召開過五次籌備會議，都借址戴建民
家裡的客廳舉行，那時在主流銀行界「德州商務銀行」（Tex-
as Commerce Bank）工作的陳璞女士，擁有加大聖地牙哥分校
的經濟學博士學位，至今仍位居董事會，她的夫婿是聞名學界
的超導專家朱經武教授。她是這家華資銀行的學院派董事元
老，深知美國經濟理論和金融市場的文化。

登上 WSJ 頭版

首都銀行在 1987 年初創時的總資產額三百二十萬美元，
兩年後合併 Industrial National Bank，總資產增加到一億美元，
立即成為休士頓最大的華資銀行；1995 年北上達拉斯開設分
行之前，在休士頓設立五處分行。首都銀行業務的迅速擴張同
時受到美國主流媒體的注意，次年（1996 年）1 月 15 日，《華
爾街日報》以頭版左端位置刊載一篇特寫，主要記述休士頓首
都銀行的創辦、成長和經營特色及成功之道。該文引用了一家
華盛頓創投研究社追蹤六十六家亞裔所開辦的金融機構所做的
研究結果，其中顯示有十六家銀行未能符合聯邦頒行的「社區
再投資法案」（Community Reinvestment Act）而「需要改
進」，該法案要求銀行既然讓社區中低收入的客戶存款，自然
也應該給予他們貸款。

該研究指出六十六家亞裔創辦的銀行當中，只有三家符合
CRA 的評等，而三家之中，唯獨首都銀行積極走出自己的社

區，向收入偏低的西班牙語族裔開拓業務，這在當時族裔紛爭不息的年代，可說是跨族裔融合的一個奪目的標記。

早在 1989 年，美國會通過 CRA 法案之前，首都銀行批准一宗西班牙語族社團的百萬美元貸款，該社團的組織全名是：墨裔美籍人士策進會（ Association for Advancement of Mexican Americans），所貸款項是用來購買校舍，計畫教育那些未完成高中學業的墨裔青年。時任首都銀行總經理的菲律賓裔的 Ed Tioseco 說，這筆貸款不但解決了西語裔一所高中的校舍問題，同時讓首都銀行在彼社區打響了名號。

《華爾街日報》的長篇報導中所引述的另一件事實，即首都銀行的亞洲根基以及和西語裔社區建立的關係使得美國進出口銀行將首都銀行列為優先貸款者（Priority Lender），若以首都銀行的規模大小而言，這是一個非常特殊的例子。又因為拉丁美洲的公司行號想到亞洲尋找商機、或亞洲商人想到拉丁美洲做生意，首都銀行就有意在這種貿易關係當中做個牽線的人。

三代同堂半甲子

這篇十六年前《華爾街日報》所刊載的文章起頭就標明首都銀行是由來自臺灣的商人所創辦，當年的開路先鋒之一王敦正資本豐厚，迄今擔任董事長，戴建民任總經理，該文刊出兩年之後，首都銀行的股票上市，成為休士頓首家股票上市的華資銀行，它在 2005 年又併購加州的 First United Bank，隨即在聖地牙哥、舊金山開設分行；2007 年到廈門設辦事處；2008

年在重慶設辦事處，它似乎是順應全球化的潮流將營業觸角伸向國界之外。這段首都銀行走過的路途，也正是上世紀後三十年臺商胼手胝足在海外奮鬥的一段打拚故事。

　　現任首都銀行總經理的戴建民和董事長王敦正，同是該銀行創辦以來的棟梁人物，他們還攜手創建了全美唯一由華人所擁有的人壽保險公司，兩人先後擔任過休士頓臺商會理事長並活躍於北美及全球臺商會理事會或顧問職。畢業於臺北輔仁大學企管系的戴建民來美留學獲有企管碩士，1978 年赤手空拳到休士頓創業，和他的人生伴侶柯舜馨先後經營過三明治店、汽車旅館、和貸款公司，到了 1987 年成立首都銀行和新世紀人壽保險公司，首都銀行頭五次的籌備會議都在戴家客廳舉行，足以說明他豪爽好客的口碑。戴建民在休士頓僑社另一件為人熟知的傳統德行乃「孝順父母」，他常說這一生最幸運的是，移居海外以後仍舊能夠三代同堂，和父母親共同生活三十餘年。

熱心社區活動

　　除了經營金融和保險業，他還熱心社區活動，1993 年，戴建民被中華民國僑務委員會聘任為僑務異數，他是休士頓第一位任滿三年後自動提出辭呈，而未連任的異數。戴建民因出席年度全球僑務會議，看見文建會的預算及作業內容，發現它有一個全省圖書交換的活動，最後把剩餘的書籍集中在台中，屬於非賣品，戴建民於是籌計自己拿出海運費，把書運回休士頓，可供僑社人士閱覽。於是他成立蕭邦慈善基金會，自任董

事長，三萬多本的中文書運到休士頓以後，經過分類及電腦儲存，並且和臺灣圖書館建立連線的關係，可以讓讀者「上窮碧落下黃泉」找到想看的書，該館同時也接受休士頓僑社人士的贈書。就在首都銀行大樓底下的王朝廣場購物中心的西北角，有一個占地兩千平方尺的閱覽室，提供文史、藝術及保健的書籍，成為休士頓中國城鬧市之中的一塊文化綠地。

身為第一代移民，戴建民認為大家全力打拚事業之際，都忽略了精神食糧和身體的保健，尤其在保健方面，預防的功效事半功倍，勝過發病後的治療。數年前，他和妻子前往北京遊歷，經人介紹與劉忠齊教授相識，他發明了一架醫療偵測機器，中譯名「熱斷層掃瞄器」，英文縮寫 TTM。根據戴太太解釋，這具機器能以紅外線的掃瞄方式發現疾病發生的前兆，然後利用免疫系統加以治療，它是融合中醫和西醫的醫療技術。六年前戴建民訂購了一具這樣的機器，由於成本和操作的原因，他和劉教授合夥開設了一家診所，希望能幫助更多的人。據診所的記錄顯示：已有千人以上接受診斷，這些人以華裔居多，俄國人次之。從成立蕭邦藝文書廊以及購買熱斷層掃瞄器這兩件事看來，一如戴太太所說，她的另一半是「獨樂樂，不如眾樂樂的人」，這種個性也表現在戴建民邀請音樂家獻藝，以及支持社區合唱團辦音樂欣賞的活動。

創辦藝文書廊

自 2006 年蕭邦藝文書廊成立以來，所舉行的藝文活動種類繁多，若以類別分，包括：健康講座（心理和生理交替）、

音樂欣賞、書畫展覽、盆景盆栽展、兒童故事園地、贊助華語廣播電台的讀書節目、兩次中學生的華文徵文比賽；為增加比賽的人數，第二次徵文添加英文類，雖然是兩種語言的徵文，文字形式不同，但內容卻都和父母親情有關。最後值得一提的是蕭邦藝文書廊所舉辦的「文學講座和作家及貴賓來訪」，來訪的作家包括詩人余光中、瘂弦，作家張曉風、於梨華、趙淑敏、李家同、陳少聰和張讓等，其中以贊助的方式和美南作協及其他社團合辦。從這份作家的名單中可以反映蕭邦藝文書廊的活動品質高，符合了當初所釐訂「滿足華人心靈糧食」的目的，此外還有輔仁大學校長黎建球（兩度）及臺大校長李嗣涔都先後造訪過蕭邦藝文書廊，後者還借用該處舉行一次記者會。

蕭邦藝文書廊為了提高海外第二代華裔學習中文的興趣，曾舉辦兩次中學生的華文及英文徵文比賽，在海外舉辦徵文比賽，從出題、搜集卷子到評審結果和頒獎，所涉及的人力和經費，非親身經歷不知其難。蕭邦藝廊第二次舉辦徵文比賽委託一家公關社進行，省去前半段宣傳和搜集文章的工作，但所投下的精神和物力依然。

究竟戴建民先生推廣藝文活動的起點和觸媒劑為何？令人十分意外的是，「最初是受了大女兒的影響！」戴建民說自己的兄弟姊妹眾多，下一輩出了好幾位醫生，但是他的大女兒自小喜好藝術的東西，他注意到女兒念高中的時候就有創作的傾向，在室內布置方面常常很簡單地移動家具，或放置一些花卉和盆栽，就把周圍環境調理得更為悅目。

臺商的人文關懷

從女兒愛好藝術，他回憶在臺北求學念書的輔仁大學，他認為輔大和其他學校不同的地方是任教的修女和神父都離鄉背井，以一種無私的奉獻來教育年輕學子，在那種環境和氣氛之下，年輕人是為學習而學習。從 2006 到 2008 年，他被推舉為輔大全球校友會的會長，和老同學相聚，他發現大多數同窗的子女都讀文科（Liberal Arts），他們並不要求下一代做律師、醫師或工程師，同窗的結論認為：這和當年校園裡那種自由的環境和氣氛有關。

說到下一代的教育，回過頭來看戴建民的兩位千金，大女兒 Carol 專攻服裝設計，先在紐約知名的 Parsons 設計學院就讀，而後到義大利米蘭（Milan）留學兩年，回到美國之後，在一家大眾化公司從事珠寶設計。Carol 帶著自嘲的口吻說，工作雖然有趣，但是大量生產價格低廉的消費品，好像是給社會製造垃圾，後來因為祖母得病，家中需要人手幫忙，她就自願放棄在紐約尚有前途的工作而搬回休士頓。Carol 在藝術方面的鑽研和陶冶使她在父母親新屋落成時，得以施展所學；一切的室內裝潢，都由她來打理，一方面替父母省下不少銀子，再方面讓家人共享她藝術創作的成果。暑假期間，Carol 以半工方式教導三年級左右的孩童園藝、烹飪和美工，告訴他們如何吃得營養。她覺得孩童的智慧高，腦子充滿創作力，言語之間透露和小孩共處是一種享受，而非工作。另一方面，她個人目前正有計畫地從事系列的服裝設計工作。

Carol 的妹妹 Christina 和父親一樣學商，正在攻讀企管碩

士，並且到保險公司工作，她對姊姊的藝術天分十分欽羨，讓她打開學商之外的另一片視野，看到另外一種的人生追求。她倆不約而同地對家中三代同堂以及參與父親所推動的社區活動感到有趣，把它視為成長過程當中最珍貴的經驗，如果你和生長在美國的第二代華裔子女有過接觸經驗，便會瞭解這兩位年輕人的感言並非應酬語，其間融合了美國教育制度下「說真話」的特色以及家中父母親的身教。

　　戴建民是一位七〇年代移民美國的臺商，他在經營銀行事業有成之後，創辦蕭邦藝文書廊，六年來（自己主辦或與其他社團合辦）推動七十餘項藝文活動，把「除了吃飯穿衣，還要有精神生活」的人生目標推己及人，展現臺灣移民在海外事業有成之後的一種人文關懷和境界。

聯合國經濟計量專家林武郎

經濟計量學家林武郎、郭艾艾伉儷參加愛女畢業
典禮。（林武郎提供）

第十八章

林武郎的求學過程和一般留學生略微不同；他
最初念新竹師範，1957 年，以第一名畢業，半
世紀後獲得該校傑出校友獎。1961 年，他進入
臺大攻讀農業經濟，八學期共獲六次書卷獎，
不僅成績優異，同時也熱心課外活動。大二那
年，他當選臺大農學院學生代聯會主席，是臺
大第一位本省籍的代聯會主席，隨後又選上了
臺大全國自覺運動委員會的主席。

從農村到世界名都

獲得美國史丹福大學「經濟發展」博士的林武郎，自他出生的臺灣苗栗農村出發，因為一路上學業成績優異，在史丹福畢業後，就任世界糧農組織及聯合國紐約總部，前往亞、非、中南美各洲五十餘國推廣「經濟發展」。其奮鬥歷程自幼從阡陌縱橫的鄉野以至棲身世界第一大都會。1996 年，他自聯合國提早退休，回臺執教中山大學經濟研究所，並於 1999 年擔任總統府國安會議亞洲金融風暴專案研究小組的召集人。

林武郎的這番履歷，一則反映中國讀書人學而優則仕的傳統，同時也說明在全球經濟一體化的趨勢之下，經濟專才就如同春秋戰國時代的縱橫家，能夠跨越國界，施展平生所學。

根據《華爾街日報》在 2003 年底所作「聯合國」的一系列專題，其中 12 月 16 日的一篇文章指出，聯合國用人大致以地緣分配為優先考量，一般規則是，如有出缺，安理會常任理事國（中、美、英、法、俄）人員錄用機會較高，像林武郎在 1974 年初次進入聯合國的相關機構「世界糧農組織」，那時中華民國退出聯合國已歷三載，他之錄用、並非基於地緣政治的理由，而是和他的博士主修（經濟發展）及專門研究（計量經濟）有關。

與三位名人的淵源

「經濟發展」在今日資本主義風行的熱潮之下，是大家耳熟能詳的字眼，那麼「計量經濟」的意義如何？據林武郎教授

解釋，所謂計量經濟即使用數學和統計學的方法，和電腦程式來分析、解讀一個國家的經濟現象（如生產量、就業、收入等項目）。林武郎當初進入世界糧農組織，除了史丹福大學的博士學位，還因為在 1970 年代中葉，美國各高等學府競相從事「二十世紀末葉有關人口、糧食和環保的研究」，他的主修及畢業論文都與此類研究有關；再者，1969 年暑假他獲哈佛大學研究助理的工作機會，在該校裝設計量經濟的方程式，更由於這些天時地利的因素，林武郎得以進入聯合國工作。

　　1974 年，當林武郎前往世界糧農組織之前，他另外還有一個重要的就業選擇，與他面談的雇主，正是二十世紀末期在美國財經界鼎鼎有名的聯邦儲備會主席葛林斯潘（Alan Greenspan）。七〇年代，葛一邊做白宮顧問，一邊自營經濟諮議社，因季辛吉剛從北京歸來，掀起美洲大陸的中國熱，葛林斯潘需要一位通曉中文及東亞情勢的經濟專才研究中國大陸，林和葛在舊金山的機場貴賓室整整談了三小時。

　　但最後因為總部設在羅馬的世界糧農組織的工作範圍包括亞、非、中南美等地，視界較寬，薪酬亦豐，所以林武郎決定赴羅馬工作。除了葛林斯潘，林武郎和另外兩位享譽國際的知名人物也有淵源；1972 年，李登輝路經加州史丹福大學，緣於過去在臺大農業經濟系的師生關係，兩人重敘後，李鼓勵林武郎畢業後回臺工作，但因無合適的職位未果。

　　1979 年，林武郎轉職紐約聯合國總部，那時聯合國常需要向糧農組織借用林的專才，與其付他高昂的出差費，不如徵得林的同意，將之網羅。抵達紐約總部以後，後來任職聯合國祕書長的柯費安南（Kofi Annan），當時主管員工退休基金，

他有意延請林武郎兼理此一基金的投資業務。林考慮到這是工作同仁退休生活之憑依，責任重大，倘若投資股市，能賺固然好，如果賠了錢，豈不是無顏見江東父老？所以婉拒此一重任。

根據林武郎的觀察，安南的行政能力強，是歷屆祕書長之中唯一從聯合國本身員工升任龍頭的一位，早先展現他長才的是維和部隊（Peacekeeping troops）及難民計畫，後因上一屆埃及籍的祕書長與美國不和，幾經磋商之下，由安南接任。

風雲叱吒臺大人

林武郎的求學過程和一般留學生略微不同；他最初念新竹師範，1957年以第一名畢業，半世紀後並獲該校傑出校友獎。1961年他進入臺大攻讀農業經濟，八學期共獲六次書卷獎，不僅成績優異，同時也熱心課外活動。大二那年他當選臺大農學院學生代聯會主席，打破了國民黨和外省人慣做社團負責人的成例，當選為第一位本省籍的代聯會主席，就在同一年，加拿大一位留臺學生狄仁華在報間發表〈人情味與公德心〉一文，激起臺大學生發起的自覺運動。當時臺大校長錢思亮呼籲臺大的學生活動不要和社會的政治運動掛鉤，但國民政府想利用這個運動改革社會的腐敗現象，另有一派學生主張自覺運動應回歸到五四的精神和主張，就在這樣議論紛紜的背景之下，林武郎選上了臺大全國自覺運動委員會的主席。或許由於他在師範畢業後教書的社會經驗，激起他的責任感和領導欲，他表示在臺大課業之外的歷練，對他日後謀職處世皆有益。

進入聯合國後，林武郎擔任「企業管理主任」，他的三項重要工作：一、每年舉行大會時提供人口、經濟、企業與行政管理的報告，讓世界專家以此做參考、討論全球經濟發展的方向和策略。二、負責籌劃專家會議，並赴開發中國家舉辦人才培訓班。三、到開發中國家視察聯合國的經濟援助項目，一年平均有六次，每次約兩星期，走訪的地區包括非洲、亞洲、中東、中南美，最後到歐洲集會，商議如何協助開發中國家的經濟發展。截至 1996 年退休為止，林武郎在聯合國工作期間因職務的關係一共造訪五十餘國。

若以單一國家而論，林武郎任職聯合國時期、出差次數最多的即中國大陸（超過二十次，訪問四十餘城），幾項重要的任務包括：1984 年，大陸進行第一次大規模的人口普查，接受聯合國的技術指導，林武郎負責聯合國的援助部分，前後四年。1992 年，林武郎透過聯合國開發署研究計畫擔任中國武漢經濟信息顧問，北京國務院發展中心顧問，1992 年造訪北京時和朱鎔基、李鵬見面、共進晚餐。日後參與討論山東省國有企業管理、整頓黃河、及黃河三角洲、勝利油田的開發計畫，並自全世界邀請十餘位專家，完成聯合國的評估報告。

碩學參贊中樞

1995 年 8 月，高雄中山大學成立社會科學院，邀請林武郎擔任院長，他深感出國半甲子，有回饋家鄉之必要，但因辦理聯合國提早退休手續，直到次年 2 月才妥貼，所以回國後專心教書並未肩負任何學校的行政職務，一共指導研究生論文三

十餘篇。

　　回臺教書之餘，林武郎教授一邊擔任數項顧問職，自 1997 年至 2000 年，任總統府國家統一委員會研究委員，建言兩岸在和平的關係下，發展經濟。自 1997 年至 2001 年，任行政院經濟建設委員會兼任顧問。1997 年，他奉命參加李登輝總統中南美洲訪問團，所到之處包括巴拿馬、宏都拉斯、薩爾瓦多、和巴拉圭，林武郎在出發之前負責撰寫我國「第一屆巴拿馬運河全球會議」之背景報告，主旨在增進出席會議者瞭解該地區之總體經濟，作為我國對外援助及我廠商對外經貿之參考。林教授說，在此之前，美、日和巴拿馬三國斥資千萬美元，就巴拿馬運河問題從事研究，並合著三十冊書，而他的這份報告總共三十餘頁，分別從經濟、環保及工程重建三個角度，探討臺灣對巴拿馬運河區可開發或可貢獻之處。全文分成中、英、西班牙三種語言版本，受到與會者重視，巴拿馬總統為此特予召見勉勵。

　　1999 年至 2001 年亞洲金融風暴期間，林武郎任中華民國總統府國家安全會議的專案研究小組負責人，其間所研議的題目及作成的報告包括：

＊「評估中國大陸金融風暴的可能性」，1998 年 4 月 2 日。
＊「亞洲金融風暴之後續發展與評估我國之南向與西進政策」，1998 年 7 月 8 日。
＊「亞洲金融風暴對兩岸外貿之影響」，1998 年 10 月 8 日。
　有關東亞金融風暴的議題，他主持的研究小組一共提出十九本報告，總計文長四百多頁。

＊「朱鎔基之經濟理念與挑戰」，1999 年 3 月 20 日。

＊「日本經濟重組對亞洲經濟的影響」，1999 年 6 月 17 日。

＊「評論對科索沃的人道援助」，1999 年 6 月 23 日。

＊「兩岸加入 WTO 對經貿之影響」，1999 年 9 月。

＊「歐盟貨幣整合之影響」，1999 年 12 月。

＊「中國大陸西元 2020 年的經濟展望與挑戰」，2000 年 5 月。

其餘如「世界經濟展望」，「知識為發展之母」等專題，不再一一列舉。

經濟著作等身

綜計林武郎的中英文著作，包括十六本書及書冊、六十餘篇文章、十三本研討會的報告及研討會論文，研討題目包括經濟發展、企業與財政管理、中國大陸經濟與兩岸經貿關係、農業經濟、國際技術轉移及經濟模式。

林武郎教授在臺諸多顧問職中有一項是：「經濟部水資源局水資源經濟小組召集人」，林教授表示，水和經濟的關係密切，可以分成好幾方面看，譬如構成最基本經濟單位的「人」，不可一日無水，此外還有工業用水、農業用水及工程用水等，它是經濟發展當中不可或缺的要素，凡有新建設或開辦工業園區，「水資源」是首先考量的條件。

從林武郎在總統府國家安全會議的專案小組召集人的身分，以及他在經濟部的諮詢職務看來，不得不承認這位學養、經驗豐富的經濟專家具有參贊中樞的分量，林武郎強調這些諮議職是他書生報國的一番回饋。

另有一件事也流露他對出生地的濃厚感情；林武郎說，他在美國、臺灣課堂（紐約市立大學巴魯克學院、聖約翰大學、休士頓萊斯大學）及全球各地舉辦講習會時，臺灣是他講授「經濟發展」的絕佳案例；他所列舉的理由有三：第一，全世界沒有一個其他的國家像臺灣一樣，在五十年間，從兩百元的國民平均所得漲到一萬四千元。第二，此一成績全靠拚貿易，後期則仰仗高科技。第三，臺灣是在市場經濟之下，由政府制定政策指導成功的特例，另一個類似的情況是日本，不過臺灣必須負擔龐大軍費（日本在美國國防保護傘之下，無此支出），而且地狹人稠、缺乏資源的情況要更甚於日本。

　　但是在 2000 年陳水扁執政後，導致臺灣經濟惡化，乃有目共睹之事實，我請林教授以專家身分，分析其中的原因；林指出，首先在兩岸關係方面，民進黨舉棋不定，投資人對政府處理事物的能力缺乏信心，因此臺商情願往大陸跑，再者阿扁政府的經濟政策欠明朗，不能拿出具體的辦法（像蔣經國時代的十大建設工程，或新竹科學園區的開闢），換言之，開源的方法少，花錢的用度多，因此每下愈況。

　　八年前回到高雄中山大學任教的林武郎，決定於 2004 年辦理退休，他的愛女佩西已獲財務金融博士學位，繼承其衣缽，在加大 Riverside 分校執教，林武郎將和妻子郭艾艾定居洛杉磯，安享含飴弄孫之樂。他的長子弘智進入西點軍校，以優秀成績（第十五名）畢業，後提早退休，獲史丹福大學企管碩士，在新加坡創業有成。

經濟學的奧妙

　　知名經濟學家 Stanley Fischer 指出，經濟發展的最大敵人是貧窮，而掃除貧窮最有力的武器，莫過於促進經濟成長，欲達到此目的必須擬訂良好的經濟政策，Fischer 教授指出，世界上有三種人能對經濟成長發生影響力：一是已開發國家的政府官員，二是未開發中國家的官員，第三種即經濟專家。身為經濟專家，他在計量經濟學方面學有專長，而過去在聯合國方面的工作經驗難得，許多相識的朋友都認為他應推遲退休年齡，經濟學固然奧妙無窮，畢竟必須在實踐之中方見真章！

關無敵在美國兒童圖書界闖出名號

2004 年採訪關無敵——石麗東攝。

第十九章

關無敵記得做學生的時候，每年一定參加休士頓牛仔大會（RODEO SHOW）的繪畫比賽，每一次都得第二名，他告訴自己，仍要繼續努力，爭取第一！他的美國教育告訴他，只要心裡想做的事，一定可以達到目標。除此之外，他的華人血統和高棉出生地，賦予了多元文化的有利條件，使他覺得自己比別人添加了幾件登高望遠的裝備和利器。

平面媒體的生存空間

　　現代人的休閒時間，相繼被電視、電影、電腦、及後來的臉書（facebook）、推特（twitter）……攻占得體無完膚，一般大眾越來越沒工夫坐下來看書，這是鐵證如山的事實；同時也構成出版事業者首當其衝的一項挑戰。

　　就在這個前提之下，一位年幼時隨家人自高棉逃難來到休士頓的華裔青年 Vuthy Kuon（中文名關無敵），大學畢業後，做了兩年中學教員，投入出版事業。這一人公司 Providence Publishing Services，從 1997 年創辦以來，成長迅速，除去印刷業務，關無敵還教授繪畫，替人做公關，為新書做插圖，到中小學、公立圖書館、書店、教堂舉辦新書發表會，早在新世紀之初，他的全年收入就超出二十萬美元，這對一位初出茅廬的創業青年，可以稱得上成績斐然。

　　關無敵逐步在休士頓兒童圖書界闖出名號的例子，代表了中南半島移民來美、漸次融入美國主流社會的一個典型；他創辦印刷公司的故事，已兩度登上《休士頓紀事報》（全美第四大城的獨家日報），而以第二次分外搶眼，它出現在 2004 年 1 月 18 日的經濟新聞版，是以成功創業的角度切入，占去一頁半的篇幅，附了六張照片，其中有五張是他在一所小學的圖書館打書與學生互動的情景。三日之後，他收到德州華裔州眾議員黃朱慧愛的一封信，她說：「讀了紀事報的那篇訪問，內容充滿啟發性，希望來日能有晤談的機會。」

　　2012 年，我請關無敵細列十五年來創業成績，他回答：出版社已有八十本的成果，曾先後接受 ABC、NBC、CBS、

和 Fox 電視網的訪問，並成為節目中的特寫人物，此外他主持的工作坊和受邀到學校及其他團體組織的演講會，使他馬不停蹄。關無敵強調他的演說充滿幽默和能量，他深信在喜樂的氣氛下，才有利於聽眾吸收新的訊息和思想。

名字的來由

關無敵創業成功的故事，決非機緣或運氣，而是他一點一滴、全力以赴的結果；原籍廣東潮州，兄姊五人，在家排行老么，1975 年隨雙親逃出戰火肆虐的中南半島高棉國，途經泰國的難民營、加州聖地牙哥，由休士頓一個天主教家庭出面擔保，而安家落戶。至於關「無敵」的中文名字，緣於 1980 年代末葉，他在休士頓百利高中（Bellaire High School）就讀、選修中文課的時候，蔡淑媛老師依照 Vuthy Kuon 的英文發音所取，當然也必定參酌平日對學生的觀感和印象。事實上，這位富繪畫才藝、個性達觀外向、又兼具生意頭腦的潮州籍青年，的確組合了衝刺事業的「無敵」潛力；在東海岸羅得島設計學院的四年求學期間，他抓緊光陰，利用每一個暑假，謀得與主修有關的實習機會。

進大學後的第一年暑假（1991 年），他替高棉定居休士頓人士所辦的一份雜誌做編輯、畫插圖；1992 年，他在休士頓兒童博物館的材料部門，以學校所學的設計、雕刻和畫圖技巧，加入博物館的展覽工作；1993 年，他申請參加「少數族裔實習」計畫，進入休士頓美術博物館在美術設計及出版部門實習，為該館的《今日》雜誌設計廣告、編排或改寫內容；大

學畢業後，他到達拉斯雙子城福和市的一所私立中學，擔任美術和攝影老師。

他說：作了兩年老師，對於日後出外推銷新書必備的『公共演說』技巧，很有幫助。提起前往中、小學或書店向兒童做秀（介紹新書），就像開「大派對」一樣，挑幽默有趣的話來說，展覽插畫原件，讓每個小孩聽得開心，然後再給購買新書的人簽名，平均每兩次新書發表會的所得，約等於他以前做教師時一個月的薪水。

母傳的家風

關無敵的奮鬥精神，部分乃得自家傳，尤其是他母親的刻苦耐勞和生意頭腦，非比尋常。他的母親自幼失去父母，被人領養，就像童話故事裡的灰姑娘一樣，每天有做不完的家事，十來歲的年齡就懂得攢下零用錢，買了兩隻小豬，用廚房裡的洗碗水和剩菜飯做為飼料，待賣到市場以後，再變成四隻、六隻……。她和關無敵的父親結婚後，生養三男兩女，因不堪高棉軍人的暴政而逃亡。

逃到泰國難民營的時候，他們一文不名，幾個孩子沒有玩具和書看，他們就在營地找到橡皮筋、筷子等做成玩具賣給別的孩子掙錢，根據關無敵實際的體驗，窮困使得人更會動腦筋、更富有創意。最後他們移民美國，來到休士頓定居。

「在休士頓定居後，母親先做清潔工人，存下一些本錢，買了一家甜餅店（doughnut shop），待她接手之後，店裡的收入從過去每日兩百元，增加到六百元，父親原本自己經營烤肉

店，後來決定停業，跑來和母親一塊做。」就靠著這份生意，他們手足四人（一位哥哥夭折）完成了大學教育，他另有一個哥哥喜歡理工科，曾在休士頓太空中心附近的一家航太科技公司擔任經理級的職位。關無敵因喜歡畫畫，決定攻讀藝術設計，念高中的時候曾替甜餅店畫了一個戶外的廣告牌，至今依然豎立，地點在 45 號公路朝東南行，從 Scarsdale 街出口後的左手邊。關的父親於 1997 年去世，現在四個子女都成家立業，母親得以安享退休生活。

藝術的道路

關無敵說他的藝術天分得自喜歡油畫的父親，但是一切自己動手做的創業精神卻是承襲母親。他說自小就喜歡書，因為沒錢買，就自己做；譬如鄰居送給他一盒彩色紙，他就自己畫上了許多卡通，把它釘成小人書，放在書架上，一一按字母排列，好像是自己小圖書館的藏書。

他的同學十分喜歡關無敵所繪的漫畫故事，還花錢向他購買，替關無敵掙來學校的午餐費，這樣的藝術天分和高中優異的學業成績，使他進入全國頂尖並且名號響亮的羅得島設計學院（Rhode Island School of Design）。

他如今的畫風以光鮮大膽的顏色帶著稀奇不群的文字圖畫 Graffiti 的真實味道，得到小孩和成人讀者的喜愛，關無敵說：「我的靈感大多來自漫畫故事書，因為英語是我的第二外國語，語文並非我的強項，但是當我愈往藝術家的路途跋涉，我就變得愈為大膽，因此我的年紀愈大，所畫的作品就變得愈來

愈年輕。」

　　和母親一樣，關無敵當初投入出版業時的本錢不大，他從姊夫處借了一萬元，公司成立之前，剛出版自己撰寫的第一本兒童故事書《Humpty Dumpty: After the Fall》，為趕緊還清貸款，他前往休士頓附近學區的小學，拿著新書的樣品，先做讀書會的「秀」，待書運到，手中已掌握不少訂單。關無敵表示，依照美國規矩，當你成為作者以後，別人若請你演講，便應付給酬勞。

　　關無敵經營的出版事業是以童書為主，他打算日後朝向勵志性的書籍擴展。他開拓事業的方針有三：一，印出來的書，必須品質精美；二，訓練作者打書；三，直接向消費者推銷。

如何作「秀」？

　　他所出版童書的閱讀對象大多是從幼稚園到四、五年級的學生，通常先接洽學校的圖書館或主辦書展的當局，安排時間。每到一個學校，往往要做兩個到四個讀書會，每節四十五分鐘，休士頓一所小學的圖書館老師 Carl Bink 說，關無敵擅長繪畫，並且能在教室裡說故事，他習慣當場請一位老師或學生做模特兒，因此能帶動場內的情緒，讓學生有了參與感。譬如一般學校都編有固定的預算，一年要請幾位作家來校演講，其中半數都找了關無敵，最主要他說起「書」來，知道如何掌握與學生互動的訣竅。

　　關無敵經常跑到中小學作秀，他對美術教育也有一番試之中西皆準的箴言，他說，眼見時下公立學校都為了全校會考總

成績，就注重填鴨式的「記憶」，以便取得考試時的好分數，這就違背了學習的真正精神。關無敵說，「藝」不一定要針對「術」，有時候「藝」教的是一種思維的方法。

關無敵指出，以前每次跑到書局打書，充其量只能賣上一、二十本，但是造訪學校一趟，就能銷到六、七十本。因此，訓練他的作者打書即是推展出版業務的一個重要賣點，否則印了書賣不出去，無法推廣，也是枉然。所以他積極遊說簽約出版的作者自己直銷，也可節省中間人的費用，增加作者所得。休士頓一位小學教師 Marie Helena Cortes 由關無敵經手，出版了一本《My Annoying Little Brother》；她也和其他的出版公司洽談過，比較之下，關無敵能給她更多的自主權，提供許多建議，在她身上花了不少時間，即使讓關無敵賺了她的錢，也心甘情願。

關無敵說，出外打書的作者必須認識到，你自己就是成品的一部分，大多數時候，書能熱賣，主要因為「誰」是作者的緣故，若干名人寫的書都賣得好，這是由於他的名字響亮，許多演員和名記者推銷書，也都有識於此。尤其這些名人懂得在公共場合或借媒體與人溝通，藉以表達自己的想法，比較容易取得書市消費者的好感。關無敵強調打書的技巧固然一半天生，但一半可得自後天的訓練。他十分樂意向有興趣出書的人提供諮詢服務，這也是他出版事業的營業項目之一，追問他的收費標準，他笑稱在四位數之譜，至於更詳細的數字有待面洽。

多元的優勢

為了符合經濟效益，關無敵守住「一人公司」的規格，若他需要人手幫忙或出門打書的時候，就以合約方式請人畫插圖、接應辦公室的電話等工作，我問他將來有沒有換碼頭的打算？他說他的工作區域以休士頓為主，北至達拉斯及福和市雙子城，因為早先在那教過書，所以對它熟悉，他和這些學區內各校的合作融洽，仍舊具有發展的空間。

關無敵表示：他主要的工作對象和市場寓於主流社會，但亞裔身分給他的專業帶來一些優勢條件；譬如他出版公司的書籍都在香港承印，不但品質高，而且成本低，這是因為他比美國人掌握更多的資訊和生意管道；又如休士頓大都會區域、若干亞裔學生人數較多的學校，像艾利芙一帶，校方非常歡迎他去舉辦新書發表會，因為他能向亞裔學生提供一個楷模（Role Model）。

他說他父親和哥哥也喜歡畫畫，由於他們的鼓勵和影響，自己才進入現在的專業，但兩人都已去世。記得做學生的時候，每年一定參加休士頓牛仔大會（RODEO SHOW）的繪畫比賽，每一次都得第二名，他告訴自己，仍要繼續努力，爭取第一。他的美國教育告訴他：只要心裡想做的事，一定可以達到目標，除此而外，因此他的華人血統和高棉出生地，賦予了多元文化的有利條件，使他覺得自己比別人添加了幾件登高望遠的裝備和利器。

為南京浩劫一書尋根——
記英年早逝的張純如

照片右起張紹進、張純如、張盈盈，及張純如胞弟。

第二十一章

《南京浩劫——二次大戰中被遺忘的大屠殺》一書的作者張純如說，她寫這本書的最大願望是希望世人不要忘記一件慘痛的歷史教訓，而更重要的是激發日本人的良知，坦承他們應對大屠殺負責，她並引用諾貝爾和平獎（1986年）得主維瑟爾（Elie Wiesel）所提出的警告：遺忘大屠殺，就是第二次的屠殺。

歸屬與傳承

人是歷史動物，活得愈久、便愈能體會生命意義中的歷史成分，倘若世間歲月少去「歸屬」和「傳承」的情操，那麼人的存在又何異於其他動、植物？歷史有如一面鏡子，史書乃鑑古知今的依據，單就撰史的工作而言，炎黃子孫已遠落列祖列宗之後，中國近代史學家吳相湘認為：第二次中日戰爭的史實對當代或後代的中國人最具啟示和鼓舞作用，但學術出版界卻少有此類史書，尤其傳媒如電影、電視充斥其他朝代的故事，卻很少宣揚抗戰史實。

史失求諸野

不意抗日戰史中最殘絕人寰的一頁——「南京大屠殺」發生後的六十週年，1997 年 12 月，卻在美國的主流社會出現了一本記述這段歷史事件的專書，數月之間，印行十六刷，銷售十二萬餘冊，直搗《紐約時報》的暢銷榜。

《南京浩劫——二次大戰中被遺忘的大屠殺》一書的作者張純如說，她寫這本書的最大願望是希望世人不要忘記一件慘痛的歷史教訓，而更重要的是激發日本人的良知，坦承他們應對大屠殺負責，她並引用諾貝爾和平獎（1986 年）得主維瑟爾 Elie Wiesel 所提出的警告：遺忘大屠殺，就是第二次的屠殺。

正如哈佛大學歷史系主任威廉·柯比（W. C. Kirby）在書前的序文所說：作者張純如的分析，比過去任何人都要透徹清

晰，為了更深入瞭解整個事件，她大量地使用各種資料，包括第三者不容懷疑的證詞。所謂第三者是日本進入南京時還留在城內的一小撮歐美人士，他們組成「南京安全區國際委員會」，甘冒生命危險，拯救數十萬中國難民，更難能可貴的是：這些受過高等教育的外籍牧師、教授、商人，深諳語文溝通的技巧，留下影片和文字記錄，有助於證實歷史的真相。

細察這本書在坊間所造成的先聲奪人之勢，除了「書」本身的優越條件，還因撰述期間，張純如在 1996 年發現了珍貴的一手資料，係德國商人拉貝所整理有關南京大屠殺的兩千頁文件，其中包括目擊報告、剪報、電報及暴行照片。《紐約時報》獲悉後，特別選在南京大屠殺五十九週年紀念的前一天（12 月 12 日）予以顯著地位刊載，接著美國 ABC 電視網主播比得‧堅尼斯、有線電視新聞 CNN、美聯社及其他媒體相繼跟進。

《南京浩劫》一書的本身優越條件為何？第一，在美出生的張純如學歷、資歷完整，伊利諾大學畢業後，曾擔任美聯社及《芝加哥論壇報》記者，後獲約翰霍普金斯大學寫作研習計畫獎學金，在該校取得碩士學位，她的第一部書《錢學森傳》廣獲好評，榮膺麥克阿瑟基金會「和平與國際合作計畫獎」。第二，若從多元文化的背景著眼，她的父母親畢業於國內臺灣大學，赴美雙雙獲得哈佛博士，她順理成章地攝取了兩種文化之優點。如果從歷史角度掃瞄，目前生活在北美洲的炎黃子孫，乃中華文化繁衍過程之中，享有的自由最多、而且是物質條件比較富裕的一群，《南京浩劫》一書發軔於此，絕非偶然！

缺史之緣由

加大柏克萊東亞研究中心前主任衛克曼（Frederic Wakeman）指出：二戰以後研究中國問題的學者們，都把精力放在中國內戰和中國共產黨的崛起，很少有人追究戰爭期間日本軍人在中國的殘暴行為。

衛克曼認為：形成世人不批判日軍罪愆的另一個原因，直接和美國戰後在亞洲的政策有關，身為自由陣營領袖的美國，因擔憂共產勢力蔓延，一心希望加速日本的重建工作，只有少數的幾名軍事領袖受到懲罰，其餘便草草了事，以至於美國在戰爭結束後所沒收日本記載本身暴行的文件和證據，都悶聲不響地裝箱運還東京。曾於 1994 年手著《日本的囚犯——二次大戰太平洋戰區的俘虜》一書的澳大利亞歷史學者道斯（Gavan Daws）說：日本在戰爭期間所犯的種種罪狀因此便自國際政治舞台的議程表上銷聲匿跡。

更由於二戰後，大陸變色，中共最初希望得到日本的外交承認，繼之經貿和資金方面亦有求於彼，於是不鼓勵人民公開討論或分析抗日歷史，並且屢次禁止民眾向訪日的官員作公開抗議，它的教科書裡也一向低調處理日本的侵略行為，刻意突顯國民政府的過錯。

毛感謝日本

根據李志綏所寫《毛澤東私人醫生回憶錄》的記載，毛曾說我們要感謝日本，如果沒有日本侵略中國，我們就不可能取

得國共合作，我們就得不到發展。1972 年，日前首相田中角榮訪問北京，其所受禮遇一如尼克森，而與毛交談的融洽，更勝於尼克森，「當田中替日本人為大戰期間侵華的罪行道歉時，毛說如果沒有日本侵華，也就沒有共產黨的勝利，更不會有今天的會談。」

放眼海峽的另一岸，國民政府痛定思痛，致力生產建設，朝向現代國家的規模邁進，但在對日關係上，與中共的處境和姿態相同，為了切身生存問題，亦有討好東亞經濟強鄰的苦衷。

日本的憂慮

本文主旨不在重複 1937 年底日本獸軍於中國六朝古都所製造的但丁煉獄，而著眼記述張純如這位美國出生的華裔青年，是在怎麼樣的主、客觀條件之下，促成她撰寫此書，這本書又如何在海外華人社會引起熱烈迴響。

至於《南京浩劫》一書之昂然進入世界媒體舞台，其有案可稽的證據，即行銷數字達三百餘萬冊。美國《新聞週刊》於 12 月 1 號摘錄該書的精華，同時在日文及韓文版亦刊出該書的摘要，歐洲版則是以英文與該地區的讀者見面。

1998 年 5 月 11 號出版的《時代雜誌》在它的獨家新聞欄指出：日本現今處於經濟萎靡的低潮，十分擔憂《南京浩劫》一書對日本國際形象和外貿所造成的影響，日政府特別在 5 月初僱請蓋洛普公司進行調查，藉以試測美、日友誼是否受到損害。

典型在夙昔

追溯張純如撰寫該書的根源，她的父母親張紹進、張盈盈於 1960 年代初葉，自臺灣隨著留學潮和美國亞裔移民上升的曲線來到哈佛大學深造，後來兩人分別自該校拿到物理及微生物博士學位。

張純如的祖父張迺藩先生，畢業於南京中央大學，做過江蘇省太倉、宿遷兩縣縣長，這兩地於抗戰之初，相繼淪為戰場，他一路目睹日軍暴行，並於大後方購得《南京大屠殺實況紀錄》，告諭四個兒子不可忘記血的教訓。民國 38 年（1949 年）來台後任職黨部、教育部主任祕書，民國 61 年（1972 年）退休，任私立元培醫專校長，四年後移居美國，1998 年 1 月逝世前，知道孫女純如撰成英文書寫的《南京浩劫》。

張純如的外祖父張鐵君先生，是中華民國知名報人，曾任國民黨中央評議委員，畢生宣揚儒家及國父思想，建構三民主義哲學體系，著作等身，1994 年歿於紐約，張純如的母親排行老三，大姊張菱舲是一位詩人，曾在臺北《中華日報》跑過文教新聞。

週末的絃歌

張盈盈說：「我的父親一生維護中國文化，要我們保持優良的道德倫理觀念，他經常提醒我們科學師法西方，但在道德上，可要向我們中國人學。當我有了兩個小孩以後，念及做一個中國人至少要會說中國話，於是在美國中西部伊利諾州的大

學城，我們和幾家要好的朋友如鄭錦全、劉兆漢（按：中華民國前行政院副院長劉兆玄之兄，其子大川曾被柯林頓政府網羅，替總統寫演講稿）等成立了一個中文班。鄭教授是位國際知名的語言專家，課餘自編教材，到了週末和五個蘿蔔頭周旋，而這幾個小孩又非常頑皮，不好好上課，氣得鄭教授幾乎不想教了。」而張盈盈口述開辦中文班的往事，在美國華人聚集的大城或小鎮，顯然具有普遍性。

展露文學天分

張純如自小便展露文學天分，喜歡讀書、說故事。小學四年級的時候，寫了一首題名為「詩」的詩，行文之間把詩的意境比作蠶結繭。

張純如的母親回憶：「這首詩和其他幾首彙集成一個小冊，拿去參加整個學區的作文比賽而得到冠軍，並且代表學區參加『州』的比賽。後來純如寫的第一本書英文名叫：《*Thread of the Silkworm*》，好像又和蠶絲有關，中文譯本的書名為『錢學森傳』，不知情的人乍看英文書名，還以為寫中國人如何養蠶抽絲呢！」

1995 年，當純如決定寫《南京浩劫》的時候，張盈盈一則以喜，一則以憂；喜的是，她有這種抱負和志向，要讓西方人和全世界的人民瞭解這段歷史的真相，賦予三十萬受難者在歷史上一個適當的位置。憂的是，兩三年內要和這許多殘酷的圖片和資料為伍，對她的身心會產生怎樣的影響？「果然女兒有時深夜從加州打電話來告訴我，因為看了那些照片、資料而

氣得發抖、睡不好覺、做噩夢。有一陣還嚴重到掉頭髮、減輕體重。」

進入暢銷榜

《南京浩劫》出版兩個月後便進入《紐約時報》的暢銷榜，當時她正在休士頓打書，果然她的三場演講，對休士頓學習中文的華裔少年產生了影響，事後（4月12日）《美南新聞》星期周刊登載了三篇華裔少年聆聽張純如演講的感想，他們除了讚美《南京浩劫》一書的成就，也紛紛抒發自己未來的夢。一位名叫傅婷婷的十六歲 Bellaire 高中女生寫道：「長久以來，我都擁有一個成為作家的夢想，所以很重視妳對這方面的探討……妳的鼓勵給了我勇氣去突破亞裔『數理專家』的模式，雖然我很尊重醫生、科學家和電腦程式師（我父母都是電腦程式師），但是我知道我的最愛還是寫作，而今由於妳的一席話，使我有了勇氣正式去告訴別人，我真正的興趣所在。」

1998 年 3 月中旬，張純如到華府打書，當地僑社替她舉辦盛大的餐會和演講會，前中央日報駐美特派員王嗣佑在《華府郵報》上撰文：「如果胡適博士還活著的話，一定會發起為她建一個銅像」。同年 5 月初，她再度前往華府接受美華婦女協會頒贈的「年度傑出人物獎」，她致詞時把自己的成就歸功於母親及家人的鼓勵；又過了一個月，她前往伊利諾大學所附設的實驗中學接受傑出校友獎。

推手「史維會」

張純如動筆寫《南京浩劫》的近因則是 1994 年，她參加「世界抗日戰爭歷史維護委員會」在加州庫比提諾（Cupertino）所舉行的一次會議，紀念在南京暴行下的無數罹難者，當時她在展覽廳看到的照片，把小時候聽到的故事一一定了影，一些被斬斷的首級、開腸破肚的人，和被強暴婦女痛苦和羞慚的表情，讓任何人看了都椎心刺骨。

在會議中，她還聽說有兩本關於南京大屠殺的小說正在書寫之中——《天堂樹》和《橙霧帳篷》（1995 年出版），另有一本圖片集（《南京大屠殺：一段不容抹煞歷史圖片故事》），但在當時，還沒有一本用英文寫成的專書。於是張純如興起了「舍我其誰」的豪情壯志。

史維會的全名是：「世界抗日戰爭歷史維護委員會」，成立於 1994 年。早先擔任史維會舊金山分會的三屆會長張碚表示：史維會是一個歷史及文教性的團體，鼓吹人道人權，主張回歸歷史真相，替南京大屠殺的倖存受難者、慰安婦、及細菌部隊的受害者討回公道。張碚說，我們是一個業餘的社團，只能盡力而為。

張純如寫《南京浩劫》是因為看到史維會的展覽圖片而起，書成之後，北美各地史維會的分會對張純如巡迴打書的活動都盡了最大能力，予以協助，這些城市包括紐約、芝加哥、聖路易、休士頓、波士頓、底特律、舊金山、洛杉磯、明尼蘇達州的聖保羅、加拿大的多倫多和溫哥華市等。至於沒有分會的城市，只要她打電話需要幫忙，史維會一定想辦法在該地找

熟人,替她安排華人的集會。

休士頓一瞥

單以休士頓為例:事先向中、英文媒體發布新聞,聯絡接受採訪的時間,安排僑社餐會,布置演講會場,提供張純如前往各處拜會、活動的交通工具,準備每次演講會後購書、簽名所需的數百本的書。又譬如在休士頓萊斯大學圖書館所舉辦的演講,華、洋聽眾不下四、五百人,史維會的十幾位義工特別準備了精美的點心、飲料。至於其他城市如多倫多、華府舉辦的音樂會和數百人餐會,則勞師動眾的規模就更大。

休士頓史維會聯絡人劉虛心,臺大商學院畢業,擔任銀行副總裁十餘年,她說:張純如的機票由出版商負責,但旅館費和其他費用全是休士頓的史維會所張羅,三場演講會一共賣去六百餘本書(不包括在美國書店售賣者),這對於平日沒有買書習慣的華裔而言,已是一項不錯的成績。

根據分散北美各地史維會的聯絡人交換心得的結果,大家都是盡量動用自己的人脈關係和資源,把新書發表會辦得有聲有色,史維會的成員則希望能幫助它推向「叫座」的巔峰。爾後,《南京浩劫》打入了暢銷榜,其間,史維會的推波助瀾之功不可沒。但張純如到美國書店簽名銷書時,華、洋讀者經常各居其半,亦為不爭的事實。

父母親的驕傲

　　張純如到達休士頓的第二晚，劉虛心安排她和美南華文作協的二十餘位會員舉行餐會，會外人士包括休大超導中心正、副主任朱經武、朱唯幹及同校沈良璣教授三對夫婦，他們都是張純如父執輩的朋友。其中，沈教授在她父母親結婚典禮上擔任男儐相，朱唯幹太太和純如母親是高中的同窗好友；於是席間讚美聲摻和了叮嚀語，那份溫馨的背後交織著華人同學、鄉親等連綿環繞的人際關係。

　　1998 年採訪張純如，是一次十分愉悅的經驗，那年她所推出的《南京浩劫》一書，不但進入美國暢銷榜，日後還成了國際暢銷書，但萬萬沒想到風華正茂的文壇才女，在 2004 年 11 月 9 日竟厭世身亡。根據美聯社 11 月 11 日的新聞報導，張純如早先兩日被人發現在自己的汽車內自殺身亡，她的經紀人蘇珊·拉賓說，張純如患有嚴重的憂鬱症，數月前曾入院治療，生前正為第四本著作進行研究工作，得年三十六歲。

　　張純如的母親張盈盈女士於 2011 年出版《不能遺忘的女兒》一書，它披露純如生前六個月著手二戰期間美軍在菲律賓俘虜營的一段歷史書寫，因壓力過大，服用鎮定劑，根據張盈盈（曾獲哈佛大學生化博士）所做研究，這類藥物在使用和停藥的初期，患者可能有自殺傾向，竟違背女兒的本性而輕生。

　　逝者不可追，但張純如所留下的《南京浩劫》一書，不僅是她雙親張紹進和張盈盈兩位教授的驕傲，同時也為抗日戰史彌補缺憾，永垂青史！

也是雪泥鴻爪

　　這是個人採訪經歷之中的一個自選集，也算是投入新聞寫作逾半甲子所留下的雪泥鴻爪，小我的個人經歷原無足輕重，比較值得注意的是：這些故事記述了數十位傑出華人，當他們留學美國之時的奮鬥歷程，以及對美國社會的貢獻，其中有好幾位並返鄉回饋母國。

　　回顧過往四分之一世紀，因築巢休士頓太空中心附近，加之擔任《中央日報》特約撰述，遂形成寫報導的習慣。所謂近水樓臺先得月，緣地利之便，得以記述華人從事航太業的動向和成績，有一回將採訪「太空衣」Beta 纖維發明人唐鑫源博士的一篇特寫，寄給紐約李又寧教授所主辦的《華美科技族》雜誌，承她來函鼓勵多做此類文章，並且指出它的重要性；李教授說：美國二十世紀後半葉，國力鼎盛，主要是拜科技之賜，而美國科技領先，包含許多華人的努力和成績，美國史對此略而未提，我們華人必須把它記錄下來。這段話對於喜讀歷史的我，發生醍醐灌頂的作用，它透露了史學工作者的不平之鳴和同胞愛。

　　前此，凡碰到科學的採訪題目，能免則免，原因寫科學的人物和事蹟，總是事倍功半，準備的功夫多，內容不易掌握，文字表達也較費周章，但經過華僑史專家李又寧教授的提點，同時也認識到自己文學創作的才情有限，於是轉而嘗試紀實的文類，另闢寫作的空間。

計議已定，此後就盡力多寫華裔的科學故事。加上千禧年新世紀降臨，「時不與我」所帶來的心理衝擊，便開始整理過去陸續採訪了十餘載的三位華裔太空人（張福林、焦立中和盧傑，1985 年第一位升空的王贛駿我沒趕上）。再配以中國近代科學和國力不振，炎黃子孫赴美求學的背景，一共寫了一萬多字，以「行者無疆」為題，於 2004 年獲得臺北華僑文教基金會華文著述獎新聞寫作類首獎。

　　隨後又接受李又寧教授的建議，把這四位太空人的故事寫成論文形式，送到國際漢學家組織 ISSCO（世界海外華人研究學會）第六屆年會（2007 年）。在兩日數十篇論文宣讀的會議當中，它與一篇談鄭和的論文同堂發表，緣因他們都屬於人類歷史上的探險家，所不同者；前後相隔五百年，明朝鄭和所使用的船隻乘風破浪，華裔太空人則搭乘美國太空梭，以火箭為推進器，隨著火燄呼嘯飛奔太空。

　　位於美國陽光帶的德州休士頓，較之東西兩岸開發較遲，於其如此，發展的空間較為廣闊，因而吸引大批華裔英才，在我所報導的華裔科學家當中，有休士頓大學德州超導中心的朱經武和德州農工大學郭位，日後分別受聘為香港科技大學及城市大學校長，德大醫學院的伍焜玉受邀回臺擔任國家公共衛生學院院長，丁肇中家住波士頓，他為研究宇宙起源所設計有關「反物質」的物理實驗，需要飛來休士頓太空中心把「磁譜儀」載上太空。本書科學篇的前言中，也述及過去五、六十年留美科技人材輩出的現象。事實上，因作者時間和精力有限，許多在美南工作的華裔菁英未及撰述成篇，常懷遺珠之憾。

　　本書的人文部分包括科學領域之外的歷史學者、漢學家、

藝術家、法官和企業家……；有耶魯大學漢學教授孫康宜、大陸轉型期的學者李澤厚、來自山東的芭蕾王子李存信、擁有美國十餘城連鎖華文報紙的李蔚華及女法官張文華……。他們在各行業的奮鬥歷程及傑出成就，足為其他華裔及整個美國社會的楷模。在人文篇之首〈移植金山的一株蘭〉，亦借敘述華僑史學者李瑞芳的研究成果而呈現逾百年來華人赴美移民的歷史背景。

本書三十六篇的人物與事蹟，過去曾以不同的形式或長短篇幅，在不同的平面媒體發表，此番匯集成書，則是資料比較完整，撰述期間改寫最頻仍的一回，每位人物都有過面對面的接觸或敘談，並非僅是閱讀資料後書寫報告。由於個人和族群的歷史有其源頭和延續性，當撰寫每篇約四千字左右的報導時，不僅從縱的方向敘說故事主角的奮鬥人生，同時也希望藉由橫座面的相關事件而加深讀者的瞭解。

本書主旨在於呈現華人的奮鬥歷程與卓越成就，他們的故事也包含現代社會相關的重要知識，如太空探險、高溫超導、生醫科技、計量經濟……。在進行訪問之時，也有意記敘他們跨越文化疆界所遭遇的阻難，以及調適之方，近百年來的中國近代史就是一部迎接西潮、追求現代化的過程，作者希望從移民和留學生身上反映此一趨勢的點點滴滴。

綜觀海外華文寫作文類之中，最初寫鄉愁、文化震盪和心理衝突，至今有人記述華人成就以及融入美國主流社會的過程。拙作落筆之時，有意朝此方向努力，書成後若變成浮光掠影，至少曾經為此盡過棉薄之力。

　　　　　　石麗東寫於 2013 年春　美南德州休士頓市。

新萬有文庫

誰與爭鋒：美國華人傑出人物

作者◆石麗東

發行人◆施嘉明

總編輯◆方鵬程

主編◆葉幗英

責任編輯◆王窈姿

美術設計◆吳郁婷

校對◆趙蓓芬

出版發行：臺灣商務印書館股份有限公司

臺北市重慶南路一段三十七號

電話：（02）2371-3712

讀者服務專線：0800056196

郵撥：0000165-1

網路書店：www.cptw.com.tw

E-mail：ecptw@cptw.com.tw

局版北市業字第 993 號

初版一刷：2013 年 5 月

定價：新台幣 400 元

誰與爭鋒：美國華人傑出人物／石麗東著. --初版.
　-- 臺北市：臺灣商務，　2013. 05
　　　面　；　　公分. --（新萬有）

　　ISBN 978-957-05-2828-2（平裝）

　　1. 世界傳記

781　　　　　　　　　　　　　　　　102005869

傳統現代　並翼而翔

Flying with the wings of tradtion and modernity.

讀者回函卡

感謝您對本館的支持，為加強對您的服務，請填妥此卡，免付郵資寄回，可隨時收到本館最新出版訊息，及享受各種優惠。

- 姓名：_____ 性別：□ 男 □ 女
- 出生日期：_____年_____月_____日
- 職業：□學生 □公務(含軍警) □家管 □服務 □金融 □製造
  □資訊 □大眾傳播 □自由業 □農漁牧 □退休 □其他
- 學歷：□高中以下（含高中）□大專 □研究所（含以上）
- 地址：_____
  _____
- 電話：(H)_____ (O)_____
- E-mail：_____
- 購買書名：_____
- 您從何處得知本書？
  □網路 □DM廣告 □報紙廣告 □報紙專欄 □傳單
  □書店 □親友介紹 □電視廣播 □雜誌廣告 □其他
- 您喜歡閱讀哪一類別的書籍？
  □哲學・宗教 □藝術・心靈 □人文・科普 □商業・投資
  □社會・文化 □親子・學習 □生活・休閒 □醫學・養生
  □文學・小說 □歷史・傳記
- 您對本書的意見？（A/滿意 B/尚可 C/須改進）
  內容_____ 編輯_____ 校對_____ 翻譯_____
  封面設計_____ 價格_____ 其他_____
- 您的建議：_____

※ 歡迎您隨時至本館網路書店發表書評及留下任何意見

臺灣商務印書館 **The Commercial Press, Ltd.**

台北市100重慶南路一段三十七號 電話：(02)23115538
讀者服務專線：0800056196 傳真：(02)23710274
郵撥：0000165-1號 E-mail：ecptw@cptw.com.tw
網路書店網址：http://www.cptw.com.tw 部落格：http://blog.yam.com/ecptw
臉書：http://facebook.com/ecptw